Sascha Adamek

DIE
facebook-
FALLE

Sascha Adamek

DIE
facebook-
FALLE

Wie das soziale Netzwerk
unser Leben verkauft

HEYNE ‹

Verlagsgruppe Random House FSC-DEU-0100
Das für dieses Buch verwendete
FSC®-zertifizierte Papier *Super Snowbright*
liefert Hellefoss AS, Hokksund, Norwegen.

2. Auflage
Originalausgabe 02/2011
© 2011 der deutschsprachigen Ausgabe
beim Wilhelm Heyne Verlag, München,
in der Verlagsgruppe Random House GmbH
Redaktion: Thomas Bertram
Herstellung: Helga Schörnig
Umschlaggestaltung: Hauptmann & Kompanie, Zürich
Satz: Leingärtner, Nabburg
Druck und Bindung: GGP Media GmbH, Pößneck
Printed in Germany 2011
ISBN: 978-3-453-60180-2

www.heyne.de

Dieses Buch widme ich in Liebe
meinen Kindern Anna, Nils und Max;
Mélanie;
meinen Eltern;
und den Freunden, mit denen ich so viel teile.

Gute Nacht, Freunde,
es wird Zeit für mich zu geh'n.
Was ich noch zu sagen hätte,
dauert eine Zigarette
und ein letztes Glas im Steh'n.
Für die Freiheit, die als steter Gast bei euch wohnt,
habt Dank, daß ihr nie fragt, was es bringt, ob es lohnt.

REINHARD MEY

Von dem, was die anderen nicht von mir wissen,
lebe ich.
PETER HANDKE

Inhalt

*Wie rette ich meinen Ruf? • Spurenbeseitigung ist ein lukratives
Geschäft • Was immer wir getan haben, es holt uns ein •
Schmutzige Rache des Ex-Freundes • Falscher Glaube an die
Glücksversicherung • Facebook tötet nicht, nur manchmal •
Cybermobbing unter Schülern weit verbreitet • Erfahrungsberichte
aus der Welt des Schüler-Mobbings • Abu Ghraib an deutschen
Schulen • Zerplatzte Jobträume • Unternehmen strafen freie
Meinungsäußerung ab • Ein Ermittler auf der Spur von Top-
Managern • Das Matrjoschka-Prinzip – was in der Netz-Identität
steckt • Pikante Fotos von Mark Zuckerberg*

*vorherrschaft der Dilettanten · Wie Lobbyisten das Web 2.0
manipulieren · PR-Agenten betreuen Ministeriums-Website ·
Angeheuert, bezahlt oder einfach nur bescheuert? · Nur auf
das Internet zu setzen grenzt Menschen aus · Die Legende von
der Twitter- und Facebook-Revolution · Facebook ist ein Segen
für das iranische Regime · Stehen wir vor einem digitalen
Imperialismus?*

*Facebook-Grüße aus Moskau · Einbrecher hocken längst nicht
mehr im Gebüsch · Facebook, die Hilfssheriff-Plattform ·
Die Cybercops vom BKA · Betrüger unterwandern Facebook ·
Der geniale Coup mit dem »Dislike«-Button · Die Cyberkriminellen
nehmen unsere Identität ins Visier · Zahl oder ich lösch dich! ·
Kinderpornografie: Wo virtuelle Taten reale Seelen zerstören ·
Eine Journalistin stellt Sextäter im Fernsehen bloß · Der Mann
einer Pastorin machte Nacktfotos von Kindern · Am Ende stand
die Vergewaltigung · Facebook reagiert schleppend · Rechtsextreme
unterwandern die Netzwerke · Ein digitaler Katalog zur
Rekrutierung neuer Aktivisten · Brauchen wir den Staat im
Internet?*

Einleitung

Die Legende vom »sozialen« Netzwerk

Wäre Facebook ein Land, wäre es schon heute das drittgröß-te der Welt. Ein wirklich erstaunliches Land, wo Menschen in siebzig unterschiedlichen Sprachen miteinander kommunizieren und ihr Privatleben in großen Gruppen von durchschnittlich 130 Freunden miteinander teilen.[1] Rund die Hälfte der gut 500 Millionen »Bürger« dieses Landes meldet sich jeden Tag bei der Zentrale dieses weltumspan-nenden sozialen Netzwerks an. Im Schnitt verbringen die Mitglieder von Facebook pro Monat rund 700 Milliarden Minuten im direkten Austausch mit ihren Freunden. Monat für Monat laden die Nutzer drei Milliarden Fotos und zehn Millionen Videos hoch. Wäre Facebook ein Staat, wäre dessen »Regierung« auf diesem Wege bestens über die privaten Belange, Konsumvorlieben oder politischen Haltungen seiner Bürger informiert. Selbst über Dinge, die diese Bürger nicht einmal ihren Freunden anvertrauen würden. Denn wie restriktiv jeder Facebook-Nutzer seinen Privatsphäre-Filter auch einstellt, alles, was eingespeist wird, landet unweigerlich in den 40 000 Großservern rund um den Globus und verbleibt dort ohne Zeitbegrenzung. Selbst die Profile von Verstorbenen bleiben erhalten, sie werden im »Gedenkzustand« weitergeführt.

Was fasziniert uns so an Facebook? Ein befreundeter Dokumentar- und Musikfilmproduzent schwärmte schon vor Jahren von MySpace, später dann von Facebook. Wie er begeisterten sich anfangs viele Angehörige der alternativen Kulturszene für Facebook, für sie ein Symbol des öffentlichen, des gemeinsamen Netzes. Dahinter steckte zu einem Gutteil die diffuse Sehnsucht nach einem emanzipatorischen Aufbruch, vielleicht auch nach einem Gegenpol zu den herrschenden Verhältnissen. Das Internet wurde vielfach als ein Medium der Befreiung empfunden, das Menschen an den entlegensten Flecken der Erde soziale Teilhabe ermöglicht. Google sei der moderne Kiosk der Medienwelt, schreibt der Blogger und Medienexperte Jeff Jarvis. Und was ist dann Facebook? Dessen Gründer Mark Zuckerberg möchte seine Erfindung zum Fenster des World Wide Web machen, und er ist tatsächlich auf dem besten Wege dahin. Um zu expandieren, integriert Facebook die Skype-Internet-Telefonie, eine Suchmaschinenfunktion und sogar eine eigene E-Mail-Funktion. Allein in Deutschland haben sich fast 13 Millionen Menschen in dem Netzwerk angemeldet, und es werden immer mehr. Facebook ist in kürzester Zeit ein Mainstream-Medium geworden. In einigen Branchen ist es als Kommunikationsmedium mittlerweile sogar unverzichtbar. Wer dort nicht präsent ist, der existiert nicht. Spätestens wenn wir gezwungen sein werden, dort mitzumischen, wird das freiwillige »soziale« Netzwerk von Freunden endgültig zur Legende.

Aber wer steckt hinter diesem Netz, dem wir uns bislang begeistert anschließen? Bei aller Euphorie über die Vision eines weltumspannenden, herrschaftsfreien Dialogs müssen wir die Frage stellen, wer die Gönner und Macher im Hintergrund sind, die an dieser Vision arbeiten, und welche Interessen sie verfolgen. Eine der Schlüsselfiguren bei Facebook neben Mark Zuckerberg ist beispielsweise ein milliardenschwerer Futurologe und Hedgefonds-Manager, der globale Probleme am liebsten dadurch lösen würde, dass er den Staat als Hüter des Gemeinwohls verbannt. Einer, der findet, die Menschheit habe überhaupt keine Probleme, und wenn doch, dann seien sie allein durch den technischen Fortschritt zu lösen. Er steckt Millionen Dollar in die Erforschung Künstlicher Intelligenz und träumt von einem transnationalen, technischen Zeitalter. Und ein weltumspannendes Datenmonstrum wie Facebook ist, wie wir auf den folgenden Seiten sehen werden, bestens geeignet, diesem fragwürdigen Ziel näherzukommen.

Bei den Recherchen für dieses Buch bin ich ganz ›facebooklike‹ vorgegangen. Ich habe Freunde und die Freunde der Freunde von Facebook gesucht, um mir ein Bild davon zu machen, wer welche Interessen mit der weltweiten Expansion dieses Netzwerks verbindet. Gelandet bin ich teilweise in ziemlich rückwärtsgewandten Kreisen, die so gar nicht zum Image des liberalen, weltoffenen Netzwerks passen. Ich stieß auf Menschen mit Kontakten zur CIA, auf Obama-Hasser und auf den bereits erwähnten Futurologen. Facebook-Gründer Zuckerberg ist sicher kein CIA-

Agent, und Facebook ist ganz gewiss keine Staatsverschwörung. Aber man muss sich stets vor Augen halten, dass man auf den Seiten dieses sozialen Netzwerks nicht nur Freunde trifft. So leistet sich Facebook beispielsweise einen Lobbyisten in Washington, der unter anderem Kontakte zum US-Geheimdienstsektor unterhält, was sowohl Google als auch Microsoft und Apple bislang gemieden haben. Längst nutzen große Konsumgüter-Konzerne sogenannte »Opinion Mining«-Programme, um unsere Meinung in sozialen Netzwerken auszuforschen. Alles, was wir uns auf Facebook mitteilen, wird auf Stichworte hin durchforstet und analysiert: Sind wir einem Produkt gegenüber aufgeschlossen, oder kritisieren wir es? Die Programme erkennen sogar unseren »Tonfall«. Genau derselben Methode bedienen sich von der CIA bezahlte Firmen, um die Meinung der Weltnetzgemeinde abzuhören. Die Freiheit des Internets droht sich gegen uns alle zu kehren.

Dessen ungeachtet lieben wir alle das Netz und können nicht von ihm lassen. So haben die Aktivitäten von Google Street View in Deutschland im Jahr 2010 zwar Politiker aller Parteien auf den Plan gerufen, weil sie die Privatsphäre bedroht sahen, aber all diese Kritiker sollten sich besser fragen, wann sie selbst zum letzten Mal beispielsweise vor Antritt einer Urlaubsreise bei Google Maps stöberten, um sich zu vergewissern, ob der Strand wirklich sauber, der Weg dorthin nicht zu weit oder die Straße nicht zu nah ist. Wir alle sind das Internet – und ohne uns gäbe es kein Facebook. Und dieselben Politiker, die sich für Datenschutz und die Wahrung der Privatsphäre im Netz stark machen, geben selber auf Facebook ihr Privatleben preis, um bei einem Teil ihrer potenziellen Wähler zu punkten. Die Aufregung der Politik über Google Street View steht in keinem Verhältnis zu den wirklich privaten Daten, die Nutzern und Nichtnutzern digitaler Dienste im World Wide Web aus ihren Computern gesaugt werden. Und die diese bereit sind, mit der Weltnetzgemeinde zu teilen. Die Satirezeitschrift *Titanic* stieß bei ihrer getürkten Aktion »Googlehomeview« auf erstaunlich wenig Widerstand und konnte zahlreiche deutsche Wohnzimmer filmen. Aber was treibt uns, einst dem engsten Freundeskreis vorbehaltene Informationen und intime Details im Internet auszubreiten? Definiert sich das Private heute anders, und was ist noch wirklich privat?

All diesen Fragen geht das vorliegende Buch nach, und es werden Menschen vorgestellt, denen ihr virtuelles Treiben im realen Leben zum Verhängnis wurde. Mit den Spuren, die sie im Netz hinterließen, gefährdeten sie nicht nur ihren Ruf, sondern auch ihre Jobs und sozialen Beziehungen. Und natürlich sind nicht nur Arbeitgeber auf die Idee gekommen, des Öfteren einen Blick in die Facebook-Profile ihrer mitunter gelangweilten Angestellten zu werfen. Auch Geheimdienste, Kriminalpolizei und private Ermittler haben längst erkannt, dass ihre Klientel sich zwar real versteckt hält, ihre virtuellen Handlungen manchmal jedoch alles andere als verbirgt.

Vorgestellt werden auf den folgenden Seiten darüber hinaus Menschen, die sich um die Schattenseiten der Facebook-Welt kümmern, darunter eine Publizistin, die unter Polizeischutz gegen Kinderporno-Ringe im Netz kämpft, BKA-Beamte, die im Internet ermitteln, und ein Privatermittler auf den Datenspuren von Top-Managern. Außerdem eine Journalistin, die gegen Umtriebe von Rechtsextremisten auf Facebook vorgeht.

Schließlich spürt dieses Buch der großen Frage nach, ob und vor allem wie Facebook die Welt verändert. Mark Zuckerberg selber geriert sich öffentlich als radikaler Verfechter persönlicher Transparenz. Er glaubt, dass Menschen verantwortlicher handeln, wenn sie ihre Persönlichkeit, ihre Lebensverhältnisse, ihr Denken und Handeln öffentlich machen, weil auf die Weise die Folgen ihrer Handlungen öffentlich würden. Was die Welt auf Dauer ein Stück besser mache. Es ist eine etwas naive Theorie über das globale Dorf, in dem alle sich liebhaben.

Dabei ist Facebook in Wahrheit ein geniales Geschäftsmodell – genial wie Google, aber deutlich expansiver. Geschätzte fast 1,1 Milliarden Dollar aus Werbeeinnahmen und Spiele-Tantiemen wurden im Jahr 2010 in die Firmenkasse gespült. Der Wert des noch nicht börsennotierten Unternehmens wird mittlerweile auf mehr als 30 Milliarden Dollar taxiert. Facebook, darin sind sich alle Beobachter einig, ist längst zum großen Herausforderer von Google geworden und der Internet-Suchmaschine womöglich auf lange Sicht überlegen. Google wertet quantitativ aus, welche Websites wie häufig angeklickt werden. Das Google-Ranking macht den Wert einer Website für Werbekunden aus. Weil Google auch unsere IP-Adresse registriert, kann das Unternehmen Anzeigen auf den von uns angeklickten Seiten platzieren, die genau auf unsere Interessen und Bedürfnisse zugeschnitten sind. Facebook dagegen weiß noch sehr viel mehr über seine Nutzer – und das in Echtzeit. Dort kennt man unsere Namen, unser Alter, unsere Interessen, Bedürfnisse Vorlieben und Abneigungen noch sehr viel besser, sodass der Konzern Werbung weit zielgenauer platzieren kann. Für die Werbeindustrie bedeutet dies langfristig den Abschied von der Belästigung durch unerwünschte Werbung, denn Facebook bindet die Konsumenten ein. Der »Gefällt-mir«- oder »Like«-Button hat inzwischen 350 000 Websites erobert. Wenn ich beispielsweise bei einem Musikvideo auf »Gefällt mir« klicke, sind alle meine Facebook-Freunde sofort über meinen musikalischen Geschmack informiert. Und seien wir ehrlich: Gibt es eine bessere Werbung als die Empfehlung durch unsere Freunde? Zugleich aber bietet dieses Instrument Facebook die Möglichkeit, unsere Interessen an die werbetreibende Industrie zurückzumelden.

Was für die werbetreibende Wirtschaft vermutlich die beste Idee seit Jahrzehnten ist, wirft uns zugleich auf den mit Widrigkeiten gepflasterten harten Boden zwischenmenschlichen Zusammenlebens zurück. Denn wer sagt mir denn, dass meine Freunde überhaupt wissen wollen, was ich gerade gut gefunden habe? Ich hätte es höchstwahrscheinlich längst wieder vergessen, wenn ich einen von ihnen persönlich träfe. Facebook jedoch sorgt dafür, dass Unwichtiges dauerhaft Gewicht erhält. Und selbst deutsche Politiker lassen sich hier zu peinlichen Banalitäten hinreißen. Und während Facebook, Twitter und Co. in demokratischen Staaten das Niveau der politischer Information noch weiter verflachen, tappen in diktatorischen Ländern Menschen scharenweise in die Facebook-Falle. In Iran schlossen sich Menschen Online-Mobilisierungen der Opposition an und wurden anschließend verhört oder inhaftiert. Denn auch das Regime betreibt Facebook-Accounts, um seine Gegner auszuforschen.

Die Möglichkeit, uns vielen anderen gleichzeitig mitzuteilen, verlockt Menschen auf der ganzen Welt – aus unterschiedlichen Motiven. Wir alle dürfen uns wie Publizisten, Fotografen und Kameramänner fühlen. Ein Freund, der sich selbst als facebooksüchtig bezeichnet, schwärmt, die Plattform sei einzigartig, weil »ich ständig mit der ganzen Welt im Dialog stehe«. Er liebt es, auf der Straße oder in einem Lokal von Menschen erkannt zu werden, die ihn bislang nur von Facebook kannten. »So etwas ging früher nur, wenn man Dinge tat, die auch in der Zeitung oder im Fernsehen publiziert wurden.« Ist es also dieses aus der vermeintlichen Bedeutung des eigenen Tuns und der Beachtung der eigenen Person durch wildfremde Menschen im Netz resultierende Glücksgefühl, das uns alle zu mehr oder weniger Facebook-Süchtigen macht? Facebook ist Geben und Nehmen von Informationen, und wer sich einigelt und zu wenig von sich preisgibt, ist schnell wieder raus. Wer sich nach seiner Anmeldung bei Facebook in der Folge an Kommunikation nicht sonderlich interessiert zeigt und sich vielleicht nur alle paar Tage oder gar Wochen einloggt, der wird, so der Facebook-Jargon, »gedeadded«, sprich: ihm wird die Freundschaft gekündigt, er ist sozial tot. So jemand wird zum »Unfriend«, ein Wort, das die Herausgeber des *Oxford American Dictionary* im Jahr 2009 zum Wort des Jahres wählten.

Das Ganze erinnert ein wenig an die Nöte von Sigmund Marx in Aldous Huxleys literarischer Zukunftsvision *Schö-*

ne neue Welt. Dort ist die Familie abgeschafft, und monogame Beziehungen sind geächtet. Jeder soll mit jedem alles teilen, und je mehr Sexualpartner jemand hat, desto besser. Huxleys Protagonist findet sich in dieser Welt nicht zurecht. Nicht weil er sexuell überfordert wäre, sondern weil er einfach mal für sich sein will. So fliegt er mit seiner Angebeteten namens Lenina einmal in einem Hubschrauber über das Meer. Er schaltet das Radio ab, weil er die Dauerberieselung nicht mehr erträgt und ausschließlich mit ihr den Anblick des Mondes genießen möchte:

»Ich habe das Gefühl, als wäre ich mehr ich selbst, wenn du das verstehen kannst. Als wäre ich etwas Selbständiges, nicht nur ein Teilchen von etwas anderem. Nicht mehr nur eine Zelle im sozialen Organismus. Fühlst du das nicht auch, Lenina?«

Lenina schluchzte: »O wie schrecklich', wiederholte sie immer wieder, 'wie schrecklich! Und wie kannst du solche Dingen sagen, kein Teil des Ganzen sein zu wollen?«

Ganz so gruselig geht es im Facebook-Land natürlich nicht zu, und Facebook kann durchaus Spaß machen, wie jeder von uns schon erfahren hat. Also »teilen« Sie mit mir die Geschichten dieses Buches, wie Facebook sagen würde. Und seien Sie gewiss: Sie sind nicht allein.

KAPITEL 1

In der Facebook-Falle

Wie uns die Zurschaustellung des Privaten ins Verderben reißen kann

Mark Zuckerberg ist ein egozentrisches Arschloch. Diesen Satz hätte ich nie zu schreiben gewagt. Denn ich habe den Facebook-Gründer nie kennengelernt und auch kein Interview mit ihm erhalten, weil er keine Interviews gibt. Ich fand diese Formulierung in einer Rezension des Kinofilms *The Social Network* in der *Berliner Zeitung,* und die Autorin wagte sogar, sie ohne Anführungszeichen zu schreiben.[2] Die *Welt* platzierte diese charakterliche Einschätzung des Gründers und Chefs von Facebook sogar im Titel ihrer Filmkritik: »Zuckerberg – ein einsames selfmade Arschloch«.[3] Die Suchbegriff-Kombination »Zuckerberg Asshole« ergibt bei Google 310 000 Treffer, die deutsche Kombination immerhin noch 17 700.[4] In David Finchers Film wird Zuckerberg mehrfach als Arschloch bezeichnet. Gleich in den ersten Minuten macht seine genervte Freundin mit ihm Schluss und sagt: »Ok, du wirst später bestimmt mal ein sehr erfolgreicher Computermensch und wirst ein Leben lang glauben, dass die Frauen nicht auf dich stehen, weil du ein Nerd bist, ich möchte dir von ganzem Herzen mitteilen, dass das nicht der Fall sein wird, es wird daran liegen, dass du ein Arschloch bist.« Am Ende des Films taucht das Arschloch-Motiv abermals auf. Der Prozess um den angeblichen Ideenklau Zuckerbergs bei zwei reichen Harvard-Sprösslingen steht kurz vor dem Abschluss. Eine junge Anwältin, die ihn allem Anschein nach sympathisch findet, sitzt wieder mal mit ihm allein in einem Raum. Und wieder gelingt es ihr nicht, dem offenkundig sozial inkompetenten Zuckerberg menschliche Nähe abzuringen. Bevor sie den Raum verlässt, sagt sie, er sei gar kein Arschloch, tue aber alles, eines zu sein. Das Arschloch vom Anfang des Films wird in gewisser Weise abgeschwächt, aber in den Medien bleibt das Attribut an dem realen Mark Zuckerberg hängen.

Der reagierte gelassen auf den Film. In einer Talkshow wenige Tage vor dem Kinostart kommentierte er den Streifen knapp als »interessant, aber Fiktion«. Zugleich verkündete er, 100 Millionen Dollar für Schulen in der armen Region um Newark/New Jersey spenden zu wollen. Arbeitet Zuckerberg nun aktiv an seinem Ruf? Nach dem Film, der zu einem beträchtlichen Teil auf Aussagen von Zuckerbergs Weggefährten und Freund Eduardo Saverin beruht, der in dem Milliardenspiel um Facebook ausgebootet wurde und bereits in Ben Mezrichs Buch *Milliardär per Zufall*[5] zu Wort kam, dürfte ihm dies schwerfallen.

In dem Film sagt Saverin zu Zuckerberg, er verliere den »einzigen Freund«, den er je hatte – ein für das Image eines Unternehmensgründers, der aufgebrochen ist, alle Welt zu

»Freunden« zu machen, tödlicher Satz. Mark Zuckerberg war 19 Jahre jung, als er Facebook startete. Sieben Jahre später ist er 6,9 Milliarden Dollar schwer und kann eine Erfolgsgeschichte vorweisen, die Millionen Kinogängern gerührte Freudentränen in die Augen treiben könnte, wäre der Film anders, wären die Spuren aus seiner Vergangenheit einfach gelöscht worden.

Wie rette ich meinen Ruf?

Menschen, die sich Zuckerbergs Netzwerk Facebook anvertraut haben, geht es ähnlich. Sie stehen vor einem kaum zu lösenden Problem: unangenehme Spuren im Netz zu löschen. Jeden Monat stellen die Nutzer von Facebook drei Milliarden private Fotos und zehn Millionen Videos auf die Plattform. Die Chancen, dabei Fehler zu machen, stehen also nicht schlecht. Den einen werden Fotos von Jugendsünden bei ihrer ersten Bewerbung zum Verhängnis, andere schrieben Texte, die sie so nie wieder schreiben würden. Und wer sich früher für erotisch orientierte Facebook-Gruppen interessierte, hat womöglich später als Bankberater oder Topmanager ein Imageproblem. All diesen Menschen gemeinsam ist, dass sie glaubten, sich in einem »sozialen Netzwerk« frei bewegen zu können, bis sie plötzlich feststellten, dass sie sich damit im weltweiten Netz dauerhaft entblößt haben. Die Zahl der Menschen, die solche Fehler gemacht haben und nun ihre digitalen Spuren beseitigen wollen, wächst von Tag zu Tag.

Doch auch im digitalen Kapitalismus gibt es zum Glück

Unternehmen, die diese Not zu Geld machen: Die neue Branche heißt Reputationsmanagement und kümmert sich darum, den im Internet angeschlagenen Ruf von Menschen wiederherzustellen. Christian Keppel arbeitet für die Agentur »Dein guter Ruf.de« in Essen. Täglich erreichen die Agentur rund 30 Anfragen von erschrockenen Internet-Nutzern oder, im Fall von Kindern und Jugendlichen, von verstörten Eltern, die Hilfe benötigen. Ich fragte Keppel, was er Zuckerberg raten würde, um sein Arschloch-Image loszuwerden. »Ich würde ihm vorerst zum Stillhalten raten«, sagte Keppel, »denn jede sofortige öffentliche Reaktion bedeutet noch höhere Aufmerksamkeit für diese unangenehmen Geschichten.« Allerdings würde er ihm auch raten, einen Anwalt zu beauftragen, der ohne großes Aufsehen gegen Beleidigungen und mögliche Falschdarstellungen vorgeht. Vermutlich braucht Zuckerberg aber keinen Reputationsberater, denn er hat fast alles richtig gemacht. Er gab keine Interviews zu dem Film und erzeugte zudem mit seiner Schulspende ein positives Echo in allen großen Medien.

Spurenbeseitigung ist ein lukratives Geschäft

Reputationsmanager können viel davon erzählen, was Menschen sich selbst zufügen, wenn sie ihr Privatleben im Netz entblößen. Nehmen wir beispielsweise die Geschichte von Harry Sorglos[6], die den einen oder anderen, der einen solchen Zeitgenossen schon einmal erleiden musste, mit klammheimlicher Freude erfüllen mag. Harry hatte sich schon immer exzessiv amüsiert, was nicht weiter tragisch wäre, hätte er es nicht stets auf Kosten anderer getan. In letzter Zeit hat es der 38-Jährige wohl etwas zu bunt getrieben mit der Damenwelt, wofür er prompt die Quittung erhält. Einige der betroffenen Damen gründen eine Facebook-Gruppe mit seinem Namen und dem Attribut »Blender«. Das Profil-Foto präsentiert ihn als klassischen Goldkettchentyp mit offenem Hemd und Sonnenbrille. Es ist ein Foto aus seinem Facebook-Privatalbum, das für die gesamte Facebook-Gemeinschaft einsehbar ist. Auf der Pinnwand der Gruppe erfährt jedermann und jede Frau, dass er »der größte Angeber des Planeten« sei, dass er seinen weiblichen Opfern stets das sage, was sie hören wollten. Gern verspreche er Frauen zur Abwechslung einen coolen Job oder einen schicken Wochenendtrip, um sie ins Bett zu kriegen, was überhaupt sein einziges Trachten sei. Nicht gerade schmeichelhaft für den Gigolo, aber durchaus sachdienlich für seine potenziellen Opfer. Irgendwann muss dem Mann seine unvorteilhafte Netzpräsenz aufgefallen sein, denn er suchte die Reputationsmanager auf und investierte eine Stange Geld, die Gruppe zur Auflösung zu zwingen und die Einträge löschen zu lassen.

Die Geschichten aus dem Reich der Rufrettung beginnen meist bei Dingen, die Menschen auf Plattformen wie Facebook preisgeben, und enden nicht selten mit dem, was andere daraus machen. Manchmal trifft es auch Menschen, die gar nichts mit dem Internet zu tun haben. Ein Lehrer aus der Schweiz hatte das Problem vieler Lehrer. Er war gut drei Jahrzehnte älter als seine Schüler und hatte zwei »Schwächen«: Er lispelte und kämpfte mit einer feuchten Aussprache. Bei seinen Schülern scheint er aber auch aus anderen Gründen nicht sonderlich beliebt gewesen zu sein, sonst hätten sie sich kaum solche Mühe gegeben, ihm digital an den Kragen zu gehen. Sie gründeten eine »Fanpage«, eine »Fanseite«, für ihren Lehrer, samt einem Foto als Profilbild und einer Fülle von Aufnahmen, die ihn während des Unterrichts und bei einer Klassenfahrt zeigten. Allerdings versahen sie die »Fanseite« permanent mit üblen Kommentaren zu seinen Marotten und seinem Unvermögen, ordentlich zu unterrichten. Und auch die Bilder waren wenig schmeichelhaft. Da der Mann ansonsten im Netz kaum in Erscheinung trat, erschien seine Facebook-Fanseite bei Google schon an dritter Stelle – bei insgesamt fünf Treffern, denn Facebook hat ein gutes Ranking bei Google. Welche Schüler hinter der Aktion standen, fand der Mann nicht heraus, denn sie hatten die Seite unter einem Pseudonym gegründet. Also wandte er sich an die Essener Reputationsmanager, die das Löschen der Einträge veranlassten. Der Lehrer selbst war nicht einmal bei Facebook angemeldet.

Laut einer Online-Umfrage der Gewerkschaft Erziehung und Wissenschaft aus dem Jahr 2008 waren acht Prozent aller Lehrer schon einmal Opfer einer Cybermobbing-Attacke, auf ganz Deutschland hochgerechnet wären das 50 000 Lehrer.[7]

Was immer wir getan haben, es holt uns ein

Wir entgehen unseren Taten nicht. Und selbst wenn wir nichts getan haben, kann es uns überrollen. So ergeht es seit vier Jahren einem jungen Pianisten aus dem Rheinland.

Er spielt in einer mäßig erfolgreichen Profi-Band und verdient sein Geld ansonsten mit Musikunterricht. Irgendwann bemerkte er, dass Eltern den Unterricht für ihre Kinder plötzlich absagten. Er war ratlos, denn alle hatten sich bei den Vorspiel-Treffen stets zufrieden geäußert. Eine Mutter offenbarte ihm schließlich, dass etwas Schreckliches über ihn im Netz stehe. Bei seiner anschließenden Google-Recherche stieß er gleich auf der ersten Seite auf eine Facebook-Gruppe mit seinem Foto. Es war aber gewissermaßen nur zum Teil sein Foto, weil es ihn zeigte, wie er Adolf Hitler umarmte. Auch war auf der Seite vermerkt, er sei pädophil. Auf diese Weise versucht ein Stalker seit Jahren, ihn zu diskreditieren, und der Betroffene hat nicht die leiseste Ahnung, wer dahintersteckt. Um herauszufinden, woher der Stalker seine Fotos hatte, brauchte der Musiker allerdings nicht lange. Seit Jahren lädt er auf der Musiker-Plattform MySpace Bilder hoch und tauscht mit Freunden Songs aus. Aber irgendjemand dort draußen im Netz scheint ihn zu hassen, sodass er immer wieder für viel Geld die Reputationsmanager beauftragen muss, die Seiten löschen zu lassen. Aber der Stalker hat bis heute nicht aufgegeben.

Mit dem Löschen ist das aber so eine Sache. Jeder Facebook-Nutzer kann sein Konto sofort »deaktivieren«, wie es heißt. Wer glaubt, die Einträge seien damit unsichtbar, wiegt sich jedoch in falscher Sicherheit. Denn vieles findet sich bereits bei Google wieder und kann dort weiterhin aufgerufen werden. Und selbst löschen heißt bei Facebook nicht löschen. Der US-Blog Arstechnica.com berichtete im Oktober 2010, dass Fotos 16 Monate nach ihrer offiziellen Löschung noch immer nicht endgültig aus den Facebook-Servern getilgt waren. Die Autorin Jacqui Cheng fragte deshalb mehrfach bei Facebook an. Nachdem sie den Zustand öffentlich angeprangert hatte, löschte Facebook diese Fotos. Arstechnica-Leser Andrew Bourke berichtete daraufhin, dass es ihm seit zweieinhalb Jahren nicht gelungen sei, Fotos, die seinen Sohn halbnackt zeigten, bei Facebook löschen zu lassen. Facebook-Sprecher Simon Axton wurde schließlich mit den Worten zitiert, das Unternehmen arbeite daran, die Back-Up-Speicherung von gelöschten Fotos nach kurzer Zeit zu beenden. Das Muster ist immer das gleiche. Ein Skandal wird öffentlich, und Facebook beschränkt sich auf die Aussage, man arbeite an dem Problem.

DAS Kommunikationsunternehmen des 21. Jahrhunderts erweist sich auch für Reputationsmanager als äußerst unkommunikativ, wenn es darum geht, Einträge löschen zu lassen. »Bei Facebook hat es mit der ersten Anfrage noch nie geklappt«, sagt Reputationsmanager Christian Keppel. Eine Löschung durchzusetzen dauere in der Regel drei Wochen, Google brauche dagegen nur drei Tage, dort arbeite man in dieser Hinsicht »extrem professionell«.

Schmutzige Rache des Ex-Freundes

Facebook sollte sich ein Beispiel an der Pornobranche nehmen. Bei Löschanträgen sei diese sehr kooperativ und reagiere zügig, berichtet Keppel. Zum Beispiel im Falle einer jungen Lehrerin, die alles andere als exhibitionistisch veranlagt ist. Allerdings war ein Foto von ihr auf der Facebook-Seite ihres Sportvereins zu finden – im Jogginganzug. Das

animierte ihren Ex-Freund dazu, ihr Gesicht herauszuko-
pieren und es in ein Gruppensex-Foto hineinzumontieren.
Auch fügte er dem Foto ihren Namen zu, sodass es über
Google schnell zu finden war. So etwas geschieht häufiger,
denn es ist der schnellste Weg, insbesondere Frauen und
Mädchen zu diffamieren. Pornoportale beliefern sich gegenseitig mit Material oder kopieren voneinander. Für eine
rasante Verbreitung verunglimpfenden Materials ist dadurch stets gesorgt.

Diese Erfahrung hätte beinahe auch ein 19-jähriger
Schüler gemacht. Er hatte auf einer Partnerseite mit einer
jungen, gut aussehenden Brünetten angebandelt. Zunächst
chatteten die beiden ein paar Tage miteinander, danach
schickten sie sich E-Mails. Irgendwann bat sie um ein Foto
von ihm, was er ihr auch prompt schickte. Als die junge
Dame kurz darauf anfragte, ob er kein »sexy Foto« von
sich habe, schickte er eine Nacktaufnahme von sich aus
dem Wohnzimmer. Er sah nun jeden Morgen und jeden
Abend in seine Mails. Nichts geschah. Bis er eines Tages
eine sehr ungemütliche Antwort erhielt. Seine angebliche
Brünette forderte ihn auf, 50 Euro zu zahlen. Andernfalls
werde sein Nacktfoto auf einer Facebook-Fanseite oder
einer Gruppenseite mit seinem Namen erscheinen. »Es ist
manchmal sprichwörtlich, der junge Mann dachte mit seinem gewissen Körperteil«, sagt Christian Keppel. »Oft sind
es erst solche negativen Erfahrungen, die den Usern bewusst machen, was geschehen kann.« Menschen fänden
sich nur zu gern im Internet wieder: »Sie verhalten sich wie
Menschen, die vor jedem Spiegel stehen bleiben, um sich
zu betrachten.«

Gerade Frauen machen sich oft einen Spaß daraus, sinnliche Fotos von sich in ihren Chatroom zu stellen. Es sind schöne Fotografien von schönen Frauen oder solchen, die es gerne wären. Aus ihnen spricht immer auch eine Spur Narzissmus und eben nicht nur das Verlangen nach sozialer Wärme und Anerkennung, wie sie uns das reale Leben vielleicht manchmal verweigert.

Falscher Glaube an die Glücksversicherung

Daniela Hein[8] hat viel über Privatsphäre gelernt. Die 35-Jährige gehört zur großen Zahl der Jobnomaden, die berufsbedingt fast immer online sind. Ihr iPhone dient ihr als mobiles Büro. Sie ist bei Xing angemeldet, um als freie Übersetzerin für pharmazeutische Texte und als Pharmareferentin stets im Netz präsent zu sein. Mit einem verlegenen Lächeln gibt sie zu, die Suche nach männlichen Bekanntschaften sei ein Grund gewesen, auch Facebook zu nutzen. Zuvor war sie lange Jahre in dem Netzwerk MySpace aktiv, außerdem hat sie einen Studi-VZ-Account, der allerdings brachliegt, seit viele ihrer Freunde zu Facebook gewechselt sind. Ihren Ex-Freund Ralph hat sie trotzdem nicht über Facebook kennengelernt, sondern während einer Konzertnacht in der Berliner Kulturbrauerei. »Leider hat sich das nach vier Monaten wieder zerschlagen«, erzählt sie. Allerdings war Ralph ebenfalls bei Facebook und beide machten sich einen Spaß daraus, ihre gemeinsamen Erlebnisse und vor allem jede Menge Fotos auf ihren Seiten auszubreiten. »Es war wie ein Rausch, wir konnten nicht anders als all unseren Freunden zu zeigen, wie glücklich wir waren.« Ihre Freundeskreise waren sehr unterschiedlich, und es wäre übertrieben zu sagen, dass Daniela die Freunde von Ralph mochte. Irgendwann war es dann vorbei mit der Verliebtheit, und Ralph hatte auch schon wieder eine neue Flamme gefunden. Und diese neue Freundin, Madeleine, löcherte ihn wegen seiner gerade beendeten Beziehung mit Daniela.

Drei Monate nach ihrer Trennung besuchte Daniela Hein mit einer Freundin den Privatklub in Berlin-Kreuzberg. Als sie ein paar Minuten vor der Toilette wartete, tippte ihr jemand von hinten auf die Schulter. Sie drehte sich um. Vor ihr stand eine zierliche Frau in Minirock, schwarzen Netzstrümpfen und schwarzem Anorak. Die Frau sah ihr direkt in die Augen und sagte: »Endlich lerne ich dich kennen, Daniela.« Daniela dachte kurz an eine Verwechslung, dann fiel ihr in Sekundenbruchteilen ein, dass diese Frau gerade »Daniela« zu ihr gesagt hatte. Vor ihr stand Madeleine, die neue Freundin von Ralph. »Ich war geschockt, dass mich ein fremder Mensch einfach so kennt«, erzählt sie, »da ist mir bewusst geworden, dass wir auf Facebook so eine Art Teilprominenz bekommen.« Madeleine hatte sich die Fotogalerie von Ralph ausführlich angesehen, und dort wimmelte es nur so von Danielas.

Noch in derselben Nacht schrieb Daniela Hein ihrem Ex-Freund, er möge die Fotos bitte löschen. Sie selbst lud die Fotos auf ihren Rechner und löschte sie komplett aus ihrem Facebook-Account. Auf Facebook mag sie trotz dieses Vorfalls nicht verzichten. Sie ist davon überzeugt, dass die Menschen ihr Verhalten solchen Erfahrungen anpassen. »Es ist ein ständiges Lernen, aber es bringt gleichzeitig so viel Freude.« Ihren Beziehungsstatus »Auf der Suche nach Bekanntschaften« hat sie bislang nicht geändert, und bis jetzt seien alle, die ihr eine Mail geschickt hätten, ziemlich nett gewesen. Daniela Hein schätzt es, erst einmal »auf Distanz« bleiben zu können, wenn sie jemanden kennenlernt. Das sei auf Facebook einfacher als im realen Leben. So wie die Dinge liegen, kennt unsere Suche nach dem Glück auch im Netz keine Grenzen. Aber leider hält die Facebook-Welt ebenso wenig eine Glücksversicherung für alle bereit wie die wirkliche Welt.

Facebook tötet nicht, nur manchmal

Dass solche Geschichten aus dem Internet uns besonders erstaunen, mag an der Neuartigkeit dieses Mediums liegen. Wenn wir uns bequem zurückgelehnt einen *Tatort* im Fernsehen ansehen, müssen wir nicht fürchten, selber umgebracht zu werden. Wenn wir mit der gleichen Lässigkeit die Bühne des Internets betreten, können wir hingegen sehr wohl verletzt, gebrandmarkt oder getilgt werden wie im richtigen Leben. Denn was wir im Netz tun, ist nur ein Spiegelbild unseres realen Verhaltens, und uns treiben die gleichen Emotionen an wie im realen Leben. Verletzte Eitelkeit, Neid oder Hass lassen Menschen auch virtuell boshaft und verleumderisch agieren. Oder verleiten sie gar, Straftaten zu begehen. Im »echten« Leben mögen wir uns über Menschen freuen, die uns bewundern. Wir lieben das Gefühl der Gruppenzugehörigkeit, das Gefühl, dass andere Menschen unsere Interessen teilen. Auf Facebook kann das

Wort »Fan« oder »Gruppe« einen teuflischen Beigeschmack erhalten. Der scheinbar sichere Ort hinter dem eigenen Rechner verlockt Stalker und Mobber, im Netz zu tun, was sie im realen Leben niemals wagen würden: andere Menschen verletzen, entstellen, vernichten. Zumal sie wissen, dass sie niemanden »real« umbringen. Nur beinahe. Doch manchmal eben tatsächlich »real«.

Wenn Zeitungen über Cybermobbing berichten, fällt meist der Name Holly Grogan.[9] Holly war 15 Jahre jung, als sie in der englischen Stadt Gloucester von einer Brücke in den Tod sprang. Ihre Eltern waren überzeugt davon, dass ihre Tochter im Internet gemobbt worden war und deshalb den Freitod gewählt habe. Holly Grogan war in drei sozialen Netzwerken aktiv, neben Facebook auch in MySpace und Bebo. Mehrere Mädchen hätten Holly auf ihrer Facebook-Seite dauernd beschimpft, berichteten Freunde von ihr. Aber dabei blieb es nicht: Auch in der Schule wurde sie stigmatisiert – ihr virtuelles und ihr reales Leben wurden ihr zur Hölle gemacht. Funktioniert mitunter die Flucht in virtuelle Welten, um der realen zu entfliehen, so versagte dieser ohnehin problematische Weg bei Holly. Das Mädchen fühlte sich umstellt.

Holly Grogan ist der dritte bekannt gewordene Selbstmord in zwei Jahren, der mit Cybermobbing, oder – wie es Experten nennen – Cyberbullying (to bully, engl.; drangsalieren) in Verbindung gebracht wurde. Der *Spiegel* schrieb dazu: »Der Online-Psychoterror wird zum Massenphänomen. Das Problem dabei: Die meisten Jugendlichen nehmen ihn nicht ernst genug – manche aber zerbrechen daran.«

Cybermobbing unter Schülern weit verbreitet

Bei einer nicht repräsentativen Umfrage unter Schülern befragten die Psychologinnen Stephanie Pieschl und Sina Urbasik von der Universität Münster 419 Schülerinnen und Schüler zu ihren Erfahrungen mit Cyberbullying.[10] Sie erwarteten eine eher geringe Betroffenheitsquote, da die von ihnen befragte Gruppe relativ alt (im Durchschnitt 18 Jahre), hochgebildet (86% Gymnasiasten) und überwiegend weiblich (70%) war. Trotzdem gaben 35 Prozent der Befragten an, mindestens einmal in den letzten zwei Monaten Opfer von Cyberbullying geworden zu sein, von Beleidigungen und Gerüchten, die in ihren sozialen Netzwerken wie SchülerVZ oder auf Instant Messenger verbreitet wurden. Eine Schülerin berichtete laut Umfrage von einer nur schwer auszuhaltenden Attacke: »Ein Mädchen hat verbreitet, dass mein Freund mich zum Sex zwingen würde und hat erzählt, dass ich schwanger war und abgetrieben habe.«

Die zweite Zahl aus der Studie ist noch brisanter, denn sie zeigt, dass zu einem Phänomen mit so vielen Opfern auch viele Täter gehören, und manchmal sind Jugendliche beides zugleich: 55 Prozent der Befragten gaben an, im gleichen Zeitraum mindestens einmal als Täter aktiv gewesen zu sein. »Ich schicke vielleicht mal einer Freundin ein Bild, um ihr zu zeigen, wie dämlich dort jemand aussieht. Aber das ist eher nur ein Scherz. Ich mache das ja nicht, um jemanden bloßzustellen, sondern um Spaß zu haben«, wird ein Schüler zitiert. Die Grenzen zwischen Spaß und Ernst verschwimmen in dieser neuen Kommunikationskultur.

Damit unterscheidet sich das Internet nicht von einer realen Gerüchteküche, von Intrigen und falschen Gerüchten, wie sie dort gang und gäbe sind. Dafür sprechen auch die Zahlen einer Studie der Kölner Sozialpsychologin Catarina Katzer. Fast 80 Prozent der Jugendlichen, die auf dem Schulhof oder in der Klasse mobben, täten dies, so Katzer, auch im Internet. Zugleich erlitten 63 Prozent der »realen« Mobbing-Opfer dasselbe im World Wide Web.[11]

Erfahrungsberichte aus der Welt des Schüler-Mobbings

Meine Söhne gehen auf ein gut organisiertes Gymnasium. Gewaltexzesse sind dort unbekannt, und der Unterrichtsalltag verläuft in ruhigen Bahnen. Ich wollte wissen, ob es auch dort ein zweites Leben im Internet gibt. Mein Sohn Max ist zwölf Jahre alt und seit gut einem Jahr in dem Netzwerk Schueler.CC angemeldet. Die meisten Schüler melden sich dort unter Pseudonymen an, um zu verhindern, dass ihre Daten außerhalb der Schule missbraucht werden. Eine vernünftige Praxis, die allerdings auch ihre Tücken hat. Max hat sich in der Schule umgehört. Eine Schülerin und ein Schüler berichteten ihm von ihren Erlebnissen. Ein Erfahrungsbericht aus dem Blickwinkel der jüngsten Internetgeneration[12]:

»Als ich online war, hab ich eine unglaubliche und gar nicht gute Entdeckung gemacht. Aus meinen 77 eingeladenen Freunden wurden erst 50, und eine halbe Stunde später waren es nur noch 45.

Ich wollte deshalb mit meiner Freundin Susi chatten und sie fragen, was das soll. Sie antwortete nicht. Und entfernte mich als Freundin. Ich schickte ihr eine E-Mail und fragte, was denn mit ihr los sei, weil, sie ist ja immer noch meine beste Freundin oder vielleicht auch gewesen. Sie antwortete nicht. Als ich sie am nächsten Tag in der Schule fragte, sagte sie mir dann direkt ins Gesicht, dass sie nichts mehr mit mir zu tun haben wolle und dass sie mich bei Schueler.CC ignoriert habe. Sie hatte Tränen im Gesicht und sagte, dass sie mit Sicherheit nicht mehr meine beste Freundin oder überhaupt meine Freundin sei, nachdem ich angeblich nur Dreck über sie erzählt hätte. Sie ging weg, ja sie rannte schon beinahe weg. In dem Moment kam mein Kumpel Jordan auf mich zu und fragte, warum ich denn so geschockt aussähe. Ich erzählte ihm alles. Er sagt: »Ich hab dasselbe auch mal erlebt, das ist ein Mensch, der mobbt dich und erzählt überall Sachen, die gar nicht stimmen, das nennt man ›Cybermobbing‹«. Ich loggte mich am Abend wieder bei Schueler.CC ein und sah, dass ich eine neue E-Mail hatte. Ich klickte auf die Schaltfläche ›Posteingang‹ und dann auf die Nachricht von Jordan. Darin stand, dass er sich, nachdem ich ihm alles erzählt hatte, mal schlau gemacht und für mich rausgefunden habe, wer diese Lügen über mich schreibt: einer mit dem Schueler.CC-Kürzel ›xdaka-/-profipro‹. Ich suchte nun selbst das Profil von ›xdaka-/-profipro‹. Ich fand es, aber es war ein Profil ohne irgendwelche Angaben wie Beziehungsstatus, Freunde, Hobbys, Wohnortangaben oder ein Profilbild. Und sein Status war ›off‹. Ich klickte dann bei ihm rechts im Profil auf ›Neue E-Mail schreiben‹. Ich schrieb: ›Hallo xdaka-/-profipro, ich wollte dich mal fragen, was der ganze Unfug soll?!? Ich weiß ganz genau, wer du bist und was du tust, und wenn du damit nicht aufhörst, werde ich die Polizei auf dich hetzen und dein Profil in der Schueler.CC-Zentrale als falsch anzeigen!‹ Das war natürlich geflunkert. Denn ich wusste nichts über ihn. Nebenbei sah ich, dass Jordan online war. In dem Augenblick, als ich die Nachricht verschickt hatte, war Jordan plötzlich ›off‹. Gleichzeitig ging nun aber dieser ›xdaka ...‹ online. Da wurde mir klar: Jordan war auch ›xdaka-/-profipro‹. Er war es, der nur Dreck über mich erzählt hatte. Das bewies er mir auch am nächsten Tag. Er lief an mir vorbei. Ich wollte mit ihm reden und er rannte weg.«

Unter Schülern hat sich zwar längst herumgesprochen, dass man im Netz nicht zu viele private Daten preisgeben sollte. Aber dass zu den schützenswerten Dingen vor allem das eigene Passwort gehört, musste ein Schüler auf äußerst unangenehme Art erst noch lernen:

»›Ein neuer Statuskommentar‹ stand rechts in der Liste mit Neuigkeiten. Ich klickte darauf, und darin verkündete ein Mädchen, das ich nicht kannte: ›Ich bin dabei!!!‹ Ich war neugierig und guckte in meinem Profil nach, was sie denn da kommentiert haben könnte. Ich fiel fast vom Stuhl. Da stand doch tatsächlich unter ›Über mich‹ in meinem eigenen Profil: ›Ich bin ein Junge, und ich bin lesbisch, das geht. Ich möchte andere Lesben gerne in einer Woche zu mir nach Hause einladen, zum Lesbentreffen.‹ Ich war richtig wütend darüber, weil ich das nicht geschrieben hatte. Ich weiß aber, wer es war. Es war Tom, mein jetzt nicht mehr bester Freund, aber irgendwie war es auch meine eigene Schuld. Wieso musste ich ihm auch mein Passwort geben. Na ja, ich dachte, er ist doch meine bester Freund, das war dann wohl zu viel Vertrauen. Ich löschte ihn als Freund und änderte sofort mein gefälschtes Profil und natürlich mein Passwort.«

In ihren Studien kommt Catarina Katzer mit ihren Kollegen zu dem Ergebnis, das zwischen 30 und 40 Prozent aller 10- bis 19-jährigen entweder als Täter oder als Opfer mit Cyberbullying oder Cybermobbing zu tun haben. Im Unterschied zum Mobbing im realen Leben sei einem Teil der Täter aber oft nicht bewusst, was sie anrichten. »Sie sehen ihr Opfer nicht und können so weder an der Gestik, Mimik noch an Worten erkennen, dass ihr Opfer verletzt ist. Dementsprechend fällt es ihnen natürlich auch leichter, zum Täter zu werden«.

Die technischen Fertigkeiten der Computerkids sind inzwischen so ausgefeilt, dass selbst Erwachsene auf ihre Manipulationen hereinfallen, wie der Fall einer 14-jährigen Schülerin zeigt. Offenbar waren die Täter irgendwie an das Facebook-Passwort des Mädchens gelangt, denn sie entfernten ihr Profilbild und ersetzten es durch eine Fotomontage. Sie zeigte das Gesicht des Mädchens über einen erigierten Penis gebeugt. Entsprechend änderten die Täter auch die Angaben zu ihren (sexuellen) Vorlieben. Anschließend kopierten sie das manipulierte Profil und verschickten es an Lehrer und alle ihre Freunde und Bekannten. Der nächste Schultag war eine Hölle für die 14-Jährige, denn schon auf dem Schulhof wurde sie als Schlampe, Hure und Nutte beschimpft. Niemand sah sie an, als sie die Klasse betrat. Eine Freundin erzählte ihr dann, was passiert war, aber zunächst wollten selbst die Eltern des Mädchens die Geschichte nicht glauben, weil das Profilbild täuschend echt wirkte.

Leider gebe es gerade unter männlichen Jugendlichen eine »Art Trophäenjagd, wer die schönsten und geilsten

Aufnahmen seiner Freundin hat«, berichtet Katzer. Und vom Handy bis ins weltweite Netz ist es nur ein Mausklick. So erging es einer 15-Jährigen aus der Nähe von Köln. Ihr Freund hatte sie gefragt, ob er beim Sex ein Video von ihnen drehen dürfe. Sie hatte nichts dagegen. Dass dieses Video nach der Trennung von diesem Freund im Netz landen würde, hätte sie natürlich nie vermutet. Das Filmchen machte so schnell die Runde an ihrer Schule und im gesamten Dorf, dass die Eltern beschlossen, mit ihrer Tochter wegzuziehen.

Abu Ghraib an deutschen Schulen

Das Internet macht uns nicht nur zu Publizisten unserer privaten Wirklichkeit, es macht uns auch zu Kameraleuten. Und die Möglichkeit, alles und jedes in »Echtzeit« aufzunehmen und ins Netz zu stellen, weckt bei manchen die niedrigsten Instinkte. Das irakische Gefängnis Abu Ghraib, in dem US-Soldaten Häftlinge erniedrigten und ihre Misshandlungen per Video dokumentierten, lässt grüßen. So erzählt Catarina Katzer von einem 15-jährigen Jungen, den seine Mitschüler auf der Schultoilette auszogen. Anschließend hätten sie ihn mit dem Kopf in die Kloschüssel gedrückt und seinen nackten Körper mit Wasser bespritzt. Das mit einem Handy gedrehte Video von der Tortur sei später herumgeschickt worden und schließlich auf der Seite einer Facebook-Gruppe gelandet.

81 Prozent der 14- bis 19-Jährigen sind laut der aktuellen Online-Studie von ARD und ZDF in digitalen sozialen Netz-

werken wie SchülerVZ, Schueler.CC oder Facebook aktiv.[13] Zur Anerkennung in der Schulklasse gehört längst auch die Netzpräsenz. »Das Netz wird aus meiner Sicht immer mehr zum Sozialisationsmedium«, so Katzer. »Wenn Jugendliche nicht in sozialen Netzwerken sind, sind sie out und das nicht nur in sozialen Netzwerken, sondern sie gelten auch unter Schulfreunden in der realen Welt als Outsider.«

Aus diesem Grund sehen Opfer von Cyberbullying häufig alle »Fluchtwege« versperrt. Denn wer sich abschaltet, stellt sich noch weiter ins Abseits. Und trotzdem ist dies im Zweifel der sinnvollste Ausweg für Menschen, die dem Druck nicht länger standhalten. Die digitale Gesellschaft hat längst ein dichtes Netz aus psychosozialen Kontrollmechanismen über alle gespannt, die sich mit ihren Profilen im Internet präsentieren. Und natürlich steigert das die Erwartungen an die Ehrlichkeit. Wo man früher bei einer Bewerbung unrühmliche Lebens- oder Berufsphasen einfach weglassen konnte, ohne dass es auffiel, hat der digitale Mensch dazu keine Chance. Es kommt heraus, spätestens wenn irgendein versierter Personalchef via Google nach Informationen über einen Bewerber zu suchen beginnt. Entziehen kann sich dem nur, wer nichts oder kaum etwas von sich preisgibt. Die vielen Berichte über Cybermobbing haben auch Facebook zu Reaktionen bewogen. Das Unternehmen bemüht sich nun durch Medienkampagnen, etwa in Großbritannien, auf die Risiken hinzuweisen sowie für Eltern, Schüler und Lehrende Informationsmaterial auf seinen Online-Seiten bereitzustellen. Darin werden vor allem Jugendliche aufgefordert, keine Freundschaftsanfragen von Fremden anzunehmen, Belästigungen zu melden und ihre Seiten für Mobber zu blockieren. In Deutschland allerdings ist von diesen Bemühungen noch nicht viel zu spüren.

Im Jahr 2010 wurde hierzulande vor allem viel über die Privatsphäre diskutiert. Es ging um die Frage, in welchem Ausmaß globale Internetkonzerne sich unsere privaten Daten aneignen dürfen. Was zu wenig diskutiert wurde, war die Frage, warum wir den Netzwerken dieser Konzerne bereitwillig so viel Privates übereignen. Mögliche Motive dafür gibt es viele, und sie müssen sich keineswegs gegenseitig ausschließen. Es kann unsere Sehnsucht nach Kontakt sein, vielleicht auch pure Langeweile oder die Faszination der neuen Technologie, die unser Privatleben umfassend verwaltet und vernetzt. Zuweilen ist es auch Geltungsbedürfnis und manchmal schiere Dummheit.

Zerplatzte Jobträume

Wie unbedarft sich manche Menschen im Internet verhalten, zeigt das Beispiel eines IT-Experten. Nachdem er die letzte Bewerbungsrunde eines großen Kommunikationskonzerns erfolgreich überstanden hatte und unter zehn Bewerbern als neuer Leiter der Technologie-Sparte ausgewählt worden war, bezog er sein modernes, helles Büro mit eigener Sekretärin und genoss das wohlige Gefühl, endlich am Ziel seiner Träume angekommen zu sein. Die Freude währte indes nicht lange. Denn schon nach vier Tagen war die Sekretärin gar nicht mehr so nett wie am Anfang, und der fünfte Arbeitstag war denn auch schon sein letzter. In der Personalabteilung überreichte ihm ein Herr, den er bis dato noch nie gesehen hatte, ein Schreiben der Konzernleitung, seine Entlassung. Entgeistert erhaschte er gerade noch einen Blick auf ein Foto, dass ihm sein Gegenüber unter die Nase hielt. Es zeigte ihn nackt in einem Kreis von nackten Frauen und Männern. Und alle hatten eine Kerze auf dem Kopf. Zwar herrscht in Deutschland Religionsfreiheit, bei allzu freizügigen Extravaganzen hört bei vielen Arbeitgebern allerdings der Spaß auf. Unser erfolgreicher Bewerber wurde nicht wegen seiner Mitgliedschaft in der esoterisch angehauchten Meditationsgruppe entlassen, sondern weil sein Foto mitsamt Namen im Netz stand. Hätte das Unternehmen bereits während der laufenden Bewerbung im Netz recherchiert, hätte er den Job gar nicht erst bekommen.

Unternehmen strafen freie Meinungsäußerung ab

Wie häufig recherchieren deutsche Personalchefs vor einer Bewerbung überhaupt im Netz? Diese Frage interessierte auch das Bundesverbraucherministerium. In dessen Auftrag befragte das Meinungsforschungsinstitut dimap etwa 500 Unternehmen aller Branchen und Größen, ob und in welcher Weise Bewerber zuvor im Internet überprüft würden. Die Frage, ob die Firmen dabei auch Informationen aus sozialen Netzwerken wie StudiVZ, MySpace oder Facebook nutzten, bejahten immerhin 36 Prozent.[14] Von diesen wiederum gaben 39 Prozent an, Bewerber aufgrund der Internetrecherchen gar nicht erst zu einem Gespräch eingeladen zu haben.

Aber was stößt den Personalchefs besonders negativ auf? Sehr private Einträge, zum Beispiel Partybilder, beeinflussen bei 46 Prozent der befragten Firmen die Auswahl negativ. Eine durchaus verständliche Haltung, sollen doch private Partylöwen keinesfalls digital mit einer Firma in Verbindung gebracht werden können. Verständlich ist auch, dass Arbeitgeber die virtuell verfügbaren Informationen über ihre Bewerber mit den Angaben in der Bewerbungsmappe abgleichen. Allzu große Abweichungen kommen bei 49 Prozent der Unternehmen schlecht an. Die größte Ablehnung (76%) schlägt allerdings Bewerbern entgegen, die sich irgendwo im Netz schon einmal negativ über ihre »Arbeit oder das Arbeitsumfeld« geäußert haben.

Angesichts dieser Zahlen stellen sich gleich mehrere Fragen: Sind soziale Netzwerke möglicherweise kein demokratischer Zugewinn, weil die freie Meinungsäußerung hier unabsehbare negative Folgen haben kann? Oder sind deutsche Unternehmer undemokratisch, weil sie Arbeitnehmer für ihre frei geäußerte Meinung abstrafen? Nehmen wir das Beispiel eines Leiharbeiters, der es wagt, sich im Netz unter seinem Namen über unerträgliche Arbeits- und Entlohnungsbedingungen bei seiner ehemaligen Firma zu äußern. Dieser Mann hätte ohne das Internet vermutlich nie ein Forum für seine berechtigte Kritik gefunden. Und dieses Forum kann sogar helfen, andere Arbeitnehmer vor dieser Firma zu warnen. Das soziale Internet erfüllt also eine demokratische Wächterfunktion. Nach den Ergebnissen der dimap-Umfrage allerdings verbunden mit der Gefahr, dass die Wächter selbst am Ende im Abseits landen. Ein demokratisches Internet muss Menschen Mut machen, Ungerechtigkeiten anzuprangern. Es sollte möglich sein, im Netz frei über Arbeitszeiten, Stundenlöhne und Arbeitsbedingen zu debattieren, ohne dass Arbeitnehmer sich observiert fühlen müssen.

Ein Ermittler auf der Spur von Top-Managern

Nicht nur Arbeitnehmer können in die Facebook-Falle tappen. Auch Top-Manager in Spitzenkonzernen können sicher sein, dass es Leute gibt, die sich an ihre digitalen Spuren heften, Leute wie Knut Hoban.[15] Der Ermittler arbeitet für internationale Konzerne und Banken, gelegentlich auch für öffentliche Unternehmen. Für seine Arbeit braucht er nicht viel: ein Telefon, mehrere Recherchecomputer und einen bequemen Bürostuhl. Hobans großes Kapital ist sein früheres Arbeitsleben. Nach einem Studium in Berkeley und Harvard zog der Enkel deutscher Einwanderer vor gut zwanzig Jahren in das Land seiner Vorfahren. Dort arbeitete er zunächst für internationale Wirtschaftsberatungsfirmen.

Vor gut zehn Jahren machte sich Hoban dann als Ermittler mit dem Tätigkeitsschwerpunkt »Konkurrenzforschung« selbständig. Seine Aufträge führen ihn nicht selten an die Abgründe unseres Wirtschaftslebens: Er verfolgt die Spur von ins Ausland verschobenen Millionenbeträgen oder ermittelt gegen Strohmänner oder prominente Bankmanager. Für wen er am Ende arbeitet, weiß Hoban oft selbst nicht so genau: »Häufig kenne ich den Hauptauftraggeber nicht, das läuft immer über eine andere Firma. Das schützt immer den letzten in der Kette. Also bin auch ich geschützt, weil ich angeblich nichts weiß.«

So bat ihn gerade erst ein Kunde, Informationen über eine deutsche Firma zu sammeln. Ein vermutlich britischer Investor interessiert sich für das Unternehmen. »Die wollen wissen, was in der Vergangenheit heikel gewesen sein könnte. Was ist das für eine Person? Wie soll ich meine Verhandlungen gestalten? Ist es jemand, der hart verhandelt? Gibt es etwas, das ich berücksichtigen muss? Wie ist er politisch eingebettet?« So verbringt Knut Hoban viele Tage mit Internet- und Datenbank-Recherchen oder spricht Personen aus dem Umfeld an, selbstverständlich unter einem erfundenen Vorwand.

Das Matrjoschka-Prinzip –
was in der Netz-Identität steckt

Ohne Xing, Facebook, YouTube oder andere Internet-Plattformen ist Hobans Tätigkeit nicht mehr denkbar. Dabei interessiert ihn vor allem eines: Gibt es Diskrepanzen zwischen den Identitäten eines Menschen? Die Expansion sozialer Netzwerke wie Facebook ermöglicht es ihm, Menschen in ihrer Netz-Identität einschließlich sämtlicher digital auffindbarer Sozialbeziehungen zu analysieren. Das ist eine ganz neue Dimension, und Hobans Arbeit folgt dem Prinzip der Matrjoschka-Puppen: In jeder neuen Person steckt eine Fülle neuer Sozialbeziehungen, die er analysieren muss. Nehmen wir den Fall des Bankmanagers Gerard Beauville[16].

Vor ein paar Monaten erreichte Knut Hoban der Anruf eines Kunden. Die Leitung einer weltweit operierenden Bank hatte Beauville als neuen Vize-Direktor ausgewählt. Eine solche Position erfordert nicht nur fachliche Kompetenz und Erfahrung, sondern auch einen Bewerber mit makelloser Vergangenheit. Also beauftragte man Knut Hoban, nach möglichen Leichen im Keller von Beauville zu suchen. »Personenabklärung« heißt das in der Branche: »Ziel ist es, bei Vorhandensein von Begebenheiten, die zu Angriffsflächen werden könnten, den Vorstand entsprechend zu beraten«, so Hoban. Die »Personenabklärung« betrifft nicht nur das geschäftliche, sondern auch private Umfeld. Gibt es Affären, unbekannte Zweitwohnungen, sexuelle Vorlieben, die den Neuen auf dem Posten im Zweifelsfall erpressbar machen?

Der Ermittler durchforstet zunächst die offen zugänglichen Quellen im Netz, liest Artikel über und Interviews mit Beauville und versucht, sich ein Bild von dem Mann zu machen. Er stößt auf einen Online-Artikel aus einer Kunstzeitschrift mit seinem Namen und notiert: Beauvilles Frau Simone betätigt sich politisch. In dem Artikel heißt es, das Ehepaar habe fünf Wochen Urlaub in einem Künstlerdorf im Tessin gemacht. Fotos zeigen die beiden beim Rundgang durch ein Atelier voller Skulpturen und an einem Seeufer. Hobans Internetrecherche fördert auch eine Todesanzeige aus der Zeitung *Nord Éclaire* zutage, in welcher der Name Gerard Beauville auftaucht. Seine Großmutter, die in der französischen Provinz Nord-Pas-de-Calais gelebt hatte, war vor fünf Jahren gestorben. Im nächsten Schritt prüft er Beauvilles Sozialbeziehungen. Hier muss er sich allerdings vorsehen. Denn während Facebook-Nutzern nicht mitgeteilt wird, wer auf ihren Seiten surft, wird das bei den Premiumkonten von Xing gemeldet. Hoban kann dies also nicht mit seinem normalen Account tun. Schnell stellt sich heraus, dass Gerard Beauville nicht nur mit Geschäftsfreunden, sondern auch mit ehemaligen Studienfreunden vernetzt ist. Hoban notiert sich die Namen, denn jeder von ihnen könnte je nach Ermittlungsergebnis am Schluss Kandidat für ein verdeckt geführtes Interview sein. Da er nichts Auffälliges findet, schreibt er in sein Notebook: »Businesspartner sauber.« Wie aber steht es mit Beauvilles Familie, seinem Sohn, seinen zwei Töchtern und den Enkeln?

Hoban ruft die Facebook-Seite von Beauvilles Sohn Philippe auf. Allein die Fülle des Materials macht den Ermittler nun neugieriger: Hunderte von Fotos, auf denen auch der Bankmanager in spe zu betrachten ist, und ein Link zu einem familieneigenen Blog. Hoban weiß, dass die diskrete Bankenweilt allzu offenherzige Mitarbeiter nicht schätzt. Beauvilles Sohn Philippe ist mit einer Sizilianerin namens Rosanna verheiratet, und seit einem halben Jahr sind beide stolze Eltern des kleinen Ricardo. Das Familienglück scheint aber nicht ungetrübt. So bloggt Rosanna: »Ricardo hat mir heute meine Brustwarze blutig gebissen, Ihr glaubt nicht, wie das schmerzt.« In einem anderen Eintrag schreibt sie: »Ein Jammer, Phil und ich haben keinen Sex, das kann dauern, und ich hoffe, er sucht sich keine Geliebte ;-).« Rosanna macht aus ihren Ängsten und Sorgen kein Geheimnis und sorgt für familiäre Internetpräsenz auf allen Kanälen.

Auf der Familien-Homepage finden sich mit YouTube verlinkte Videos und natürlich eine Menge bewegte Bilder mit dem Opa Gerard Beauville beim Winterspaziergang und sogar in dessen privatem Haus. Auch den genauen Standort ihrer großzügigen Stadtwohnung macht Hoban mit einem Mausklick aus. Die Familie hatte sie zeitweise vermietet und zu diesem Zweck bei Google Maps eingestellt. Der Ermittler macht einige Screenshots, die er seinem Bericht später hinzufügen wird. Bei Beauvilles Tochter Laure wird er nicht fündig, sie scheint keine besondere Affinität zum Internet zu haben. Von ihrer Familie gibt es keine privaten Spuren im Netz.

Anders verhält es sich mit Dominique Beauville. Auf sie ist Hoban bereits im Impressum eines politischen Magazins für Schwule und Lesben gestoßen. Die Artikel von Dominique hatten keine anstößigen Inhalte, aber die erotischen Titelbilder bereiten dem Ermittler Kopfzerbrechen. »Ich glaube nicht, dass der Vorstand der Bank darüber amüsiert sein wird«, sagt er. Er muss mehr über Dominique erfahren, denn sie könnte sich als die Schwachstelle des künftigen Bankmanagers erweisen. Merkwürdigerweise findet er zunächst keine Facebook-Seite. Hoban versucht es mit einer anderen Suchvariante und plötzlich erscheint eine Seite: auf Japanisch. Der Internet-Detektiv runzelt leicht die Stirn. Erstaunt und etwas amüsiert betrachtet Hoban das Foto: Es zeigt eine blonde, kurzhaarige Frau mit Schnurrbart. Ist es wirklich Dominique? Hoban muss einen Augenblick lachen. Er beherrscht sieben Sprachen, ausgerechnet Japanisch ist nicht darunter. Nun vergleicht er das Foto mit anderen von Dominique. »Hier ist sie noch mal ohne Schnurrbart.« Dominique findet sich an vielen Stellen im Netz. Sie nimmt regelmäßig an schwul-lesbischen Demonstrationen teil und schreibt für diverse Zeitschriften. Mit Dominique begnügt sich der Ermittler allerdings nicht, jetzt sind alle Freunde und insbesondere Dominiques Lebenspartnerin an der Reihe. Die trägt keinen Schnurrbart. »Dominique Beauville ist wirklich ein sehr gutes Beispiel, wie jemand sein ganzes Privatleben, nicht nur bei Facebook, sondern im gesamten Web ausgebreitet hat«, sagt Hoban, »was sie aber macht, könnte im Stammland dieser Bank als skandalös wirken, so traurig das ist.«

Nach acht intensiven Recherchetagen verfasst Hoban seinen Bericht an den Vorstand der Bank. Er schreibt, dass Gerard Beauville europaweit bekannt sei und in zahlreichen Interviews auch zu kontroversen Themen der Finanzmarktkrise Stellung genommen habe. Er stellt auch klar, dass Beauville allerorten einen guten Ruf genieße und keine Risiken aus seiner Vergangenheit drohten. Allerdings dokumentiert Hoban sehr ausführlich die Netzpräsenz der Familie und folgert in seinem Abschlußbericht über Gerard Beauville (GB)[17]:

»Bei GB ist als Sicherheitsrisiko anzusehen, dass seine Privatadresse überall leicht zugänglich ist. Ferner ist bedenklich, dass die familiären Blogs seine Familie und deren Aktivitäten detailliert darstellen. Im ersten Fall empfehlen wir die Verwendung einer Postfachadresse. Im zweiten ist anzuraten, dass der Zugang zu den Blogs, YouTube-Filmen und Fotos im Internet nur registrierten Nutzern vorbehalten wird.«

Insbesondere erwähnt Hoban die Aktivitäten von Dominique Beauville (DB) und ihre Schnurrbartfotos. Er weist den Vorstand der Bank aber darauf hin, dass hier nicht mehr viel zu retten ist:

> »Da die Aktivitäten von DB bereits im Internet sind, gibt es nur beschränkte Möglichkeiten, hierauf zu wirken. Jedoch soll die Familie auf potenzielle Auswirkungen sensibilisiert, und eine Handlungsweise für die Zukunft abgestimmt werden.«

Gerard Beauville wird vermutlich ziemlich erschrocken gewesen sein, als ihm der Bankvorstand den 25-seitigen Bericht vorlegte. Er wird über die vielen Fotos, Videos und Blogs gestaunt haben, und vermutlich ist ihm zum ersten Mal in seinem Leben klar geworden, dass sein schönes reales Leben und das seiner Familie noch einmal existiert, als virtuelles Dossier. Und dieses Dossier zeichnet das Porträt einer Familie, auf die jeder nur stolz sein kann: bunt, engagiert, kinderfreundlich und intellektuell. Mit Sicherheit musste sich Gerard Beauville von dem Bankvorstand aber sagen lassen, dass sich so etwas mit der Diskretion des Hauses nicht vertrage. Die gute Nachricht lautet: Beauville bekam den Job trotzdem. Aber noch bevor er seine Akten ins Büro schaffen konnte, dürfte er einige Sonderschichten mit seiner Familie eingelegt haben, um deren Netzpräsenz abzuschirmen und Daten im Zweifelsfall löschen zu lassen.

Pikante Fotos von Mark Zuckerberg

Wer erfolgreich ist, steht besonders unter Beobachtung, das ist ein normaler Reflex und das Lebenselixier der Boulevardmedien. Wir sind neugierig auf alle Details aus dem Leben einer solchen Person, sei es aus Neid oder aus dem Ur-Instinkt heraus, uns die Strategien von Erfolgsmenschen anzueignen.

Mark Zuckerberg hat einfach zu viele großartige Attribute, um nicht beobachtet zu werden: Gründer und Mit-Erfinder von Facebook, Vorstandschef und jüngster Milliardär der Welt. Wenn ein solcher Mensch Fehler macht, steigert das die Aufmerksamkeit der Öffentlichkeit immer noch um ein paar Grad. Und Ende 2009 machte Zuckerberg einen Fehler. Facebook änderte plötzlich die Privatsphäre-Bedingungen. Die standardmäßigen Profil-Informationen inklusive Foto und Namen wurden für das gesamte Internet freigeschaltet. Zwar ermöglichte es Facebook den Nutzern nun, selbst zu wählen, welche privaten Daten für »Freunde«, »Freunde von Freunden« oder alle im Netz sichtbar sein sollten. Aber wer sich um die Einstellung nicht kümmerte, konnte eine böse Überraschung erleben. Denn die automatische Privatsphäre-Einstellung bedeutete, dass Fotos für alle sichtbar waren.[18]

Prompt protestierten Nutzer weltweit gegen die radikale Öffnung des Freunde-Netzwerks. Zuckerberg reagierte sehr persönlich auf den Protest, indem er eine Menge eigener Fotos freigab, allerdings nur für »Freunde von Freunden«. Vermutlich wollte er demonstrieren, wie sicher dieses System ist. Das wiederum animierte die Macher des frechen

Blogs Valleywag, die Zuckerberg- Fotos für alle herauszufischen und zu veröffentlichen.[19] Wir sehen »Zuck« mit seiner Freundin Priscilla Chan im Arm in einem Jachthafen. Wir sehen ihn im Facebook-Großraumbüro bei einem albernen Licht-Schwertkampf mit Priscilla, wir sehen ihn debil grinsend in Pyjamahose, wie er sich auf einem geschmacklosen Sofa lümmelt, einen Teddybär im Arm und eine Flasche Bier auf dem Tisch. Ein anderes Foto zeigt ihn mit zwei Frauen und einem Kerl offenkundig betrunken an einem Tisch, auf dem halb geleerte Weinflaschen zu sehen sind. Und dann gibt es Zuckerberg noch mit freiem Oberkörper und Shorts an einem Swimmingpool. Es sind private Fotos, wie wir sie alle auch von uns kennen, nichts wirklich Kompromittierendes ist dabei, und so können wir davon ausgehen, dass Zuckerberg nichts dagegen hat, dass wir sie uns ansehen. Denn sie stehen noch immer im Netz. Wäre Zuckerberg aber heute nicht Milliardär und Vorstandsvorsitzender, sondern ein 26-jähriger Programmierer auf Arbeitssuche, sähe die Sache anders aus. In vielen Branchen, die Wert auf Seriosität legen, blieben ihm die Türen verschlossen, und der Einstieg in eine steile berufliche Karriere wäre ihm aller Wahrscheinlichkeit nach verbaut.

KAPITEL 2

Wir bezahlen mit unseren Daten

Ein Selbstversuch mit Facebook

Zweimal im Jahr erhält meine Großmutter Post von einem Kaffeemaschinen-Hersteller. Es sind Prospekte zu immer neuen chromglänzenden Modellen, verbunden mit dem Hinweis, ihrer Kundschaft im Laden die Wartezeit mit gutem Kaffee zu versüßen. Allerdings ist meine Großmutter schon seit zwölf Jahren tot, der Laden seit neun Jahren geschlossen, und sie selbst hatte ihn davor schon zwanzig Jahre lang nicht mehr betrieben. Nur in der Datenbank dieses Unternehmens lebt sie bis heute weiter. Die Firma ist offenbar noch nicht im Internetzeitalter angekommen und ahnt nicht einmal, dass sie ihre Briefmarken verschwendet.

Auch Facebook speichert die Daten von Toten, sofern sie von »Freunden« als tot gemeldet werden. Und die Daten von Facebook-Nutzern speichert das US-Unternehmen, wenn man nicht aufpasst, bis in alle Ewigkeit. Noch gravierender aber ist, dass Facebook auch Daten von Menschen sammelt und speichert, die noch nie etwas mit dem Netzwerk zu tun hatten und auch nichts damit zu tun haben wollen.

Plötzlich interessierte sich Facebook für mich

Dass ich mich überhaupt für Facebook zu interessieren begann, hatte damit zu tun, dass Facebook sich im Dezember 2009 plötzlich für mich interessierte. Damals fand ich in meinem E-Mail-Konto zwei Einladungen vor, im Namen zweier Freunde abgesendet von Facebook. Es waren Freunde aus meinem realen Leben, daher nahm ich an, dass sie hinter den Einladungen steckten. Als irgendwann ein dritter Freund hinzukam, rief ich die Leute an und sagte ihnen, dass ich gern ihr Freund sei, aber nicht auf Facebook. Die Serie der Einladungen riss trotzdem nicht ab. Irgendwann stand unter einer dieser E-Mails der Satz: »Weitere Personen auf Facebook, die du vielleicht kennst.« Die Sache wurde mir allmählich unheimlich. Denn dort tauchten wieder die Freunde auf, die mich bereits erfolglos eingeladen hatten, sowie ein Professor Heinz G., an den ich mich nur noch dunkel erinnern konnte. Der Professor hatte einige Jahre zuvor versucht, mich per E-Mail zu einem Fernsehbeitrag zu animieren – ein beruflicher Kontakt, der bereits nach wenigen Wochen wieder abriss. Und davon wusste Facebook offenbar. Wie war das möglich?

Ich rief Heinz G. an und fragte ihn, wie er dazu komme, Facebook meine E-Mail-Adresse mitzuteilen. Schweigen am anderen Ende der Leitung. Mein Gegenüber hatte nicht den blassesten Schimmer, was ich von ihm wollte. Als ich ihm die Sachlage schilderte, räumte er kleinlaut ein, dass sein Sohn für ihn die Facebook-Seite betreue und er selbst nicht viel damit zu schaffen habe. Dass sein Sohn jedoch meine Kontaktdaten an Facebook weitergeleitet habe, könne er sich nicht vorstellen.

Mit der Zeit erfuhr ich, dass Facebook vielen Leuten solche merkwürdigen Einladungen schickt, und so beschloss ich, mich intensiver mit diesem »sozialen« Netzwerk zu beschäftigen und der Frage nachzugehen, warum das US-Unternehmen sich so eifrig in unserer Privatsphäre zu schaffen macht.

Zuckerberg hält Privatsphäre für unzeitgemäß

Im Januar 2010 gab der 26-jährige Gründer von Facebook, Mark Zuckerberg, ein Interview, das weltweit für großen Wirbel sorgte. Michael Arrington, Gründer und Chef des wichtigsten US-Internetmagazins *TechCrunch*, fragte ihn, wie die Privatsphäre in der Gesellschaft sich verändere. Zuckerbergs Antwort: »Die Menschen haben sich daran gewöhnt, mehr Informationen auf viele Arten offener mit anderen zu teilen und mit immer mehr Menschen. Diese soziale Norm hat sich über die Zeit stark weiterentwickelt.«[20] Facebook wolle mit seinen Angeboten und Innovationen lediglich mit der neuen sozialen Norm Schritt halten. Nach dem Interview titelten alle wichtigen Medien weltweit, Zuckerberg habe die Ära der Privatsphäre für beendet erklärt. Er selber hat dieser Deutung niemals widersprochen, doch haben seine Äußerungen das Misstrauen gegenüber Facebook auf der ganzen Welt vertieft. Immerhin hatte das Unternehmen kurz zuvor hinter dem Rücken von 350 Millionen Nutzern seine Privatsphäre-Bestimmungen geändert – die Inhalte und das Foto aus dem persönlichen Profil waren nun nicht mehr nur für registrierte »Freunde« innerhalb von Facebook, sondern für alle Internet-Nutzer sichtbar. Diese Veränderung bedeutete den Bruch mit der Idee eines geschlossenen Netzwerks von Freunden für Freunde.

Angesichts seiner rasanten Expansion ist Facebook momentan dabei, zur womöglich größten Datensammlung aller Zeiten zu werden. Und es sind keine anonymen Daten, die wir dem Netzwerk überlassen, außerdem sind sie privater und teilweise intimer Natur. Weltweit laden Facebook-Nutzer Monat für Monat drei Milliarden Fotos und zehn Millionen Videos hoch. Die Datenmenge in den zurzeit 40 000 Data-Centern, den über den ganzen Globus verteilten dezentralen Datenspeichern des Facebook-Konzerns, verdoppelt sich dadurch im Jahrestakt, und Facebook könnte schon bald über mehr private Daten verfügen als staatliche Bürokratien.

Wie aber schützen wir uns vor den Datenstaubsaugern, die aktiv werden, sobald wir online sind? Wie können wir verhindern, zu gläsernen Bürgern und Konsumenten eines weltweit agierenden kommerziellen Netzwerks zu werden? Im realen Leben gelingt dies ohne größere Probleme. Auf den Eintrag im Telefonbuch kann man verzichten. Seinen Briefkasten kann man entleeren und dabei das Wichtige vom Unwichtigen trennen. Bei Einkäufen kann man sich weigern, Adresse, Telefonnummer, E-Mail oder Geburtsdatum anzugeben. Die Frage ist, ob solche analogen Strategien auch im Web 2.0 erfolgreich sind.

Facebook registriert auch Nicht-Mitglieder

Carola Drechsler hat die Probe aufs Exempel gemacht. Die Juristin und Mutter zweier Kinder surft gern im Internet, wie wir alle. Ihre Familie gehört zu den 29 Millionen oder 73 Prozent deutscher Haushalte mit Internetanschluss.[21] Carola Drechsler surft sogar im Urlaub. Und wäre sie der Einladung zu Facebook gefolgt, die vor ein paar Monaten in ihren E-Mails auftauchte, wären in diesem Jahr vielleicht auch die Freunde der Familie über das Urlaubsglück im Bilde gewesen. Aber Carola Drechsler hat die Einladung nicht angenommen. Sie lehnt es ab, Mitglied bei Facebook zu werden. Wie es kam, dass Facebook sie trotzdem entdeckte und registrierte, ist eine gespenstische Geschichte.

Und die beginnt einige Monate zuvor. Carola Drechsler klickt auf die Seite der Firma Jobguide, einer Online-Arbeitsvermittlung und Berufsberatung, und bestellt einen Newsletter. Wie in solchen Fällen üblich, tippt sie dazu ihren Namen und ihre E-Mail-Adresse ein. Am 12. Februar 2010 erhält sie dann plötzlich eine E-Mail von Facebook: »Hallo, die folgende Person hat dich eingeladen, ihr/e FreundIn auf Facebook zu werden.« Neben der Einladung lächelt ein Zeichentrick-Porträt, das geradewegs einem Manga-Film entsprungen sein könnte. Daneben steht: »Jobguide Germany«. Carola Drechsler wundert sich, war-

um ein Unternehmen, von dem sie lediglich einen Newsletter beziehen wollte, ihr eine Einladung zu Facebook
schickt. Und da der Absender nicht Jobguide, sondern Facebook ist, wird ihr klar, dass Facebook sowohl ihren Namen als auch ihre E-Mail-Adresse hat. Noch suspekter wird
ihr die Sache, als sie unter der Einladung sechs, zum Teil
mit einem Foto versehene Namen von Personen vorfindet,
die sie mehr oder weniger gut kennt. Außerdem weist Facebook sie auf »weitere Personen auf Facebook« hin, die sie
kennen könnte, darunter ihr Bruder Robert. Bei den übrigen handelte es sich um ehemalige KommilitonInnen und
MitschülerInnen sowie um einen früheren Schulfreund ihres Mannes, den sie persönlich gar nicht kannte und der
nicht einmal Mitglied bei Facebook ist. Carola Drechsler
versteht das alles nicht: »Facebook hat mich, obwohl ich
nicht angemeldet bin, mit sechs ›Freunden‹ in Verbindung
gebracht, mit denen ich kaum Kontakt habe. Wie genau
die Verbindungen zustande kommen, konnte ich nicht
nachvollziehen.«

Carola Drechsler ist verärgert und misstrauisch. Wie ein
digitaler Detektiv beginnt sie im Netz und in ihrem E-Mail-
Account in eigener Sache zu recherchieren. Sie hofft, in ihrem früheren Verhalten im Internet Anknüpfungspunkte
zu finden, die sie zu Facebook führen. Die Juristin geht die
Sache systematisch an. Sie wendet sich an die Düsseldorfer
Firma Jobguide, die ihr die Einladung geschickt hatte. Sie
beschwert sich darüber, dass Jobguide ihren Namen und
ihre E-Mail-Adresse offensichtlich an Facebook weiterleite-
te. Das Unternehmen schreibt ihr:

»Sehr geehrte Frau Dr. Drechsler, haben Sie vielen Dank für Ihre freundliche Anfrage. Uns lag Ihre E-Mail-Adresse für die Zusendung unseres Newsletters vor. Diese Adresse haben wir ausschließlich zu diesem Zweck genutzt und nicht weitergegeben.«

Zum Trost teilt man ihr mit, dass man ihre Kontaktdaten nun gelöscht habe. Sie bleibt ratlos, aber auch misstrauisch, denn in der Facebook-Einladung heißt es eindeutig, Jobguide habe sie eingeladen.

Nachdem Carola Drechsler mir sämtliche Unterlagen und Belege übergeben hat, wende ich mich an das Unternehmen, das Jobguide betreibt. Es heißt Matchbox Media und liegt nahe dem idyllischen Schlosspark Benrath in Düsseldorf. Geschäftsführerin der kleinen Firma mit einem großen Netzwerk ist die Journalistin Annette Eicker. Dass ihre Firma Kundendaten an Facebook weitergegeben habe, könne sie sich nicht vorstellen, meint sie. Allerdings nutze Matchbox Media Facebook als Plattform, um Nachwuchskräfte auf Entwicklungen auf dem Arbeitsmarkt aufmerksam zu machen. »Nicht nur unsere Leser, auch viele Arbeitgeber bewegen sich nun einmal auf Facebook«, sagt sie ein wenig entschuldigend. Aber was mit Frau Drechsler sei, die nie zu Facebook wollte, will ich wissen. Die Rückfrage bei einer Mitarbeiterin, die mit der Pflege der Facebook-Kontakte betraut ist, ergibt, dass Jobguide tatsächlich Leser des Newsletters zu Facebook eingeladen hat. »Aber nie im Leben wollten wir dabei Daten an Facebook weitergeben«, sagt Annette Eicker. Das erledigte Jobguide, wie Tausende anderer Personen und Unternehmen in Deutschland auch. Denn wer bei Facebook angemeldet ist, dem schlägt das

Netzwerk regelmäßig vor, »Freunde« zu finden. Und dazu müssen Nutzer ihr E-Mail-Passwort an Facebook senden, sodass das Netzwerk an alle Menschen in diesen Adressbüchern »Freunde-Einladungen« verschicken kann. Dass Facebook dabei in den Besitz von Daten Unbeteiligter gerät, machen sich die meisten Nutzer in dem Augenblick nicht klar.

Annette Eicker ist nun alarmiert, weil Daten aus ihrer Firmendatenbank per Knopfdruck zu Facebook gelangt sind. Möglicherweise, sagt sie, gehe das Netzwerk mit diesen Daten nicht so um, wie es die deutschen Gesetze verlangten. Und plötzlich fällt ihr ein, dass Facebook auch schon ihr Privatleben ins Visier genommen hat. »Bei mir hat sich ein Geschäftspartner gemeldet und gefragt, warum ich ihn zu Facebook eingeladen habe«, erzählt sie. »Ich weiß beim besten Willen nicht, wie das passiert ist.«

Carola Drechsler will künftig noch vorsichtiger sein, wenn sie ihre Daten einer Firma überlässt: »Es geht doch im Endeffekt darum, dass man sich nicht sicher sein kann, ob ein Unternehmen, das sich bei Facebook anmeldet, die ihm zur Verfügung stehenden Kundendaten nicht auch an Facebook weitergibt, um zu sagen: Hier sind meine Freunde, meine Kontakte, wie auch immer, guck doch mal, welche Verbindungen lassen sich daraus ziehen.« Carola Drechsler möchte selbst entscheiden, wo und wann sie wem ihre Daten überlässt. Sie hat sich ganz bewusst gegen eine Mitgliedschaft bei Facebook entschieden. Und sie will, dass Facebook und mit dem Netzwerk verbundene Firmen diese Entscheidung akzeptieren. Diese Forderung ist eigentlich nicht weiter verwunderlich. Vielmehr ist es eine pure Selbstverständlichkeit, dass wir selber bestimmen, wem wir unsere Namen, Adressen und Telefonnummern überlassen und wem nicht. Außerdem ist es eine Forderung des deutschen Gesetzgebers, denn in der Bundesrepublik gilt das sogenannte »Recht auf informationelle Selbstbestimmung.«

Im Fall von Carola Drechsler bekamen es via Facebook Menschen miteinander zu tun, die ansonsten nicht mehr, noch nie oder nur einseitig miteinander kommuniziert hatten. Facebook greift auf diese Weise in das ganz persönliche Kommunikationsverhalten von Menschen ein, die nichts mit dem Netzwerk zu tun haben wollen.

Mein Facebook-Abenteuer kann beginnen

Es ist nun an der Zeit, mich selber bei Facebook anzumelden. Das Abenteuer kann beginnen. Ich möchte jetzt wissen, wie die ganze Sache funktioniert. Ich gebe also meine E-Mail-Adresse ein, erfinde ein Passwort für den Facebook-Zugang, und schon ist es passiert. Facebook schickt mir eine E-Mail, die ich bestätigen muss, und das war's auch schon. Ein Vorgang von beeindruckender Schlichtheit im Vergleich beispielsweise zur Schaltung eines normalen Telefonanschlusses durch die Telekom. Bei Facebook hat die Anmeldung kaum fünf Minuten gedauert, und in fünf Minuten Mitglied einer Gemeinschaft zu werden, der schon 500 Millionen Menschen rund um den Globus angehören, ist ein gutes Gefühl.

Prompt beginne ich nach irgendwelchen Bekannten aus

meiner Vergangenheit zu suchen, die mir gerade in den Sinn kommen und die mö̈glichst weit entfernt leben. Leider ist die Suchmaske für eine angebliche »Freunde«-Suchmaschine nicht sonderlich ausgefeilt, sodass ich zu jedem eingegebenen Namen zig Treffer erhalte, nur leider ist der von mir Gesuchte nie dabei. Möglicherweise sind es allesamt Facebook-Muffel oder Menschen wie ich, die Angst vor einer Verletzung ihrer Privatsphäre haben.

Nun beginnt die eigentliche Arbeit. Ich muss an meinem Profil feilen. Ein kleiner blauer Balken zeigt meinen Fortschritt an, und je mehr von mir preiszugeben ich bereit bin, desto weiter nach rechts wandert der Balken. Noch ist kaum etwas von ihm zu sehen. Noch existiere ich nicht richtig, besser gesagt, mein Avatar ist noch ziemlich blutleer. Avatar, ein Sanskritwort, meint ursprünglich eine Gottheit, die sich in irdische Niederungen hinabbegibt. In der Welt der Online-Spiele dienen Avatare dazu, stellvertretend für uns zu agieren. Wir können ihnen Charaktereigenschaften zuschreiben und sie natürlich nach Herzenslust manipulieren. Fühle ich mich zu klein und etwas ängstlich, ist die Versuchung groß, meinen Avatar mutig und ein wenig stattlicher aussehen zu lassen. Es ist ja nur ein Spiel. Facebook aber ist kein Spiel, sondern eine Plattform, um meine Freunde wiederzufinden und Kontakte zu knüpfen. Kontakte zu Menschen, die ich aus der realen Welt kenne und vielleicht auch in der realen Welt treffen möchte. Jedenfalls legt Facebook-Gründer Zuckerberg Wert auf die Feststellung, dass wir nur eine Identität haben. Eine gewagte These, die uns auf den folgenden Seiten noch beschäftigten wird.

Um nun mein Profil zu erstellen, gebe ich meinen Namen, mein Geschlecht und mein Geburtsdatum ein. Alle diese Angaben, auch das Alter, sind zwingend, und Facebook erklärt, warum: »Facebook fordert von allen Nutzern, dass sie ihr richtiges Geburtsdatum angeben. Dadurch soll die Authentizität der Seite und der Zugang zu altersgerechten Inhalten gewährleistet werden. Wenn du möchtest, kannst du diese Information in deinem Profil verbergen.« Natürlich hätte dort auch stehen können, dass man mein Alter benötige, weil es ein wichtiges Kriterium für die gezielte Platzierung von Werbung ist. Aber das steht dort nicht. Ebenso wenig, warum man all die anderen Dinge von mir wissen will, die ich aber nicht angeben muss. Da fällt mir ein, ich habe noch kein Profilbild. Ich klicke mich durch meine Bilderordner der vergangenen Monate und entscheide mich schließlich. Jetzt habe ich auf Facebook auch ein Gesicht.

Ich bin jetzt ordentliches Facebook-Mitglied, aber der kleine blaue Balken zeigt noch immer keinen sichtbaren Fortschritt an. Ich könnte jetzt also angeben: Interessiert an: Frauen oder Männern – auch beides geht, da ist Facebook nicht spießig. Und ich könnte unter der Rubrik »Auf der Suche nach« Angaben darüber machen, was mich überhaupt in die Community treibt. Ich kann mehrere mögliche Antworten anklicken: Freundschaften, Verabredungen, feste Beziehung, Kontakte knüpfen. Das klingt eher nach Einsamkeit als nach dem Wunsch, verschollene Freunde wiederzufinden. Aber ich muss zunächst weiter an meinem Avatar arbeiten. Jetzt fragt mich Facebook nach meiner politischen Einstellung. Ich tippe spaßeshalber »SPD« ein, im Sprachfeld erscheint nun die Somali People's Democratic Party (SPDP), darunter das Land: Äthiopien. Merkwürdig. Immerhin bietet Facebook mir als Alternative auch die Sozialdemokratische Partei Deutschlands an. Ich lasse das Feld frei. Nun fragt Facebook mich nach meinen »religiösen Ansichten«. Zur Auswahl stehen alle möglichen Glaubensrichtungen und Prägungen, von »christlich – Amish« bis »katholisch«, von »jüdisch-orthodox« bis »Moslem-sunnitisch« und sogar »Rastafari«. Ich versuche es mit »tolerant«. Das System schluckt es, aber ich streiche es wieder. Kaum öffne ich danach meine Pinnwand, sehe ich, dass alle Freunde mir bei meinen Spielereien zusehen konnten. Dort steht jetzt: »Sascha hat seine religiösen Ansichten geändert.« Und dass ich die eine oder andere Band mag, diesen oder jenen Schriftsteller hinzugefügt habe, wird ebenfalls auf dieser Pinnwand mitgeteilt. Auch vier meiner Freunde aus dem realen Leben haben sich innerhalb kurzer Zeit dort eingefunden; sie haben meine Freundschaftsanfrage positiv beantwortet. Außerdem erscheint schon am nächsten Tag eine Anzeige auf meiner Pinnwand: Gogol Bordello tritt auf. Die Band hatte ich in meinem Profil als einen meiner Favoriten genannt. Der Veranstaltungshinweis ist allerdings wertlos, denn das Konzert ist in San Diego/Kalifornien.

Unterdessen registriert der blaue Balken neben meinem Account trotzdem nur einen mäßigen Fortschritt. Er ist erst zur Hälfte gefüllt. Ich muss also noch mehr von mir preisgeben. Und von den durchschnittlich 130 Facebook-Freunden bin ich auch noch meilenweit entfernt, da ich die meisten der mir angebotenen Personen gar nicht kenne und diese Freundschaftsanfragen deshalb ignoriere.

Dabei macht Facebook mir gleich zu Beginn meiner Anmeldung einen einfachen Schritt schmackhaft: »Durchsuchen deines E-Mail-Kontos ist der schnellste Weg, um deine Freunde auf Facebook zu finden.« Es folgt die Aufforderung: »E-Mail-Passwort eingeben«. Und Facebook verspricht: »Wir werden dein Passwort nach dem Import der Informationen deiner Freunde nicht speichern.« Ich muss plötzlich an diesen Professor denken, der mich unwissentlich einlud, und an den Ärger von Carola Drechsler. Und staunend wird mir klar, dass es keine Rolle spielt, ob ich bei WEB.DE, GMX, Telekom, Hotmail, Google Mail oder Yahoo Mail Kunde bin, denn sobald ich mein E-Mail-Passwort eingegeben habe, kann sich Facebook in mein Adressbuch einloggen, die E-Mail-Adressen herausladen und anschließend an diese Adressen Einladungen zu Facebook versenden. Aber sollte ich das tun? Es ist, als würde man in den Urlaub fahren und den Briefkastenschlüssel nicht beim Nachbarn, sondern bei irgendeinem unbekannten Unternehmen abgeben, das die Post nicht nur bis zu unserer Rückkehr lagert, sondern auch gleich nachsieht, wer uns denn so schreibt. Und natürlich verspricht dieses Unternehmen, keinesfalls einen Nachschlüssel für unseren Briefkasten anzufertigen. Ich tue es nicht, was Facebook seitdem mit dem immer wiederkehrenden Hinweis auf diese simple Freunde-Suchfunktion quittiert.

Schön und einfach, aber tückisch ist die iPhone-Welt

Die Facebook-Welt scheint voller kleiner Dramen zu stecken. Wohl selten hatte ein Kollege von mir einen so wütenden Professor an seinem Handy wie im Frühjahr 2010. Der Mann konnte gar nicht fassen, dass ausgerechnet Facebook an seine E-Mail-Adresse gelangt war. Kleinlaut erwiderte der Journalist, er könne es sich auch nicht erklären, bis ihm dämmerte, dass er vermutlich irgendwo auf dem Weg vom Büro zum Fitness-Center die iPhone-App von Facebook geladen und bei der Frage nach der Freundessuche »Ja« angeklickt hatte. Offenbar hatte er den dezenten Hinweis überlesen: »Wenn du diese Funktion aktivierst, werden alle Kontakte von deinem Handy (Name, E-Mail-Adresse, Telefonnummer) an Facebook gesendet und unterliegen dann den Datenschutzrichtlinien von Facebook. Zudem werden die Profilbilder deiner Freunde sowie andere Informationen von Facebook zu deinem iPhone-Adressbuch hinzugefügt. Bitte stelle sicher, dass deine Freunde mit deiner Nutzung ihrer Daten einverstanden sind.«

Was für die Nutzer als harmloses Software-Update daherkommt, hat es in sich, denn Facebook zieht auf diesem Wege sämtliche auf dem iPhone gespeicherten Kontaktdaten an sich: Namen, Telefonnummern, E-Mail-Adressen, Postanschriften, dazugehörige Fotos und Geburtstagsdaten. Selbst ganz individuelle Einträge in den Notizecken unserer Kontakte. Persönliche Daten von Menschen, die gar keine Facebook-Mitglieder sind, von Menschen, die das vielleicht auch nie sein wollen, aber mit ihren sensiblen Daten auf unserem iPhone gelandet sind. All diesen Menschen schickt Facebook dann eine Einladung im Namen von Facebook-Mitgliedern, die selber nichts davon ahnen. Wer sich als Nicht-Facebook-Mitglied darüber ärgert und sich bei dem vermeintlichen Absender weitere Einladungen verbittet, dem nutzt das gar nichts. Denn er erhält sogleich eine zweite Einladung. Das besorgt die Facebook-Computermaschinerie automatisch. Erfolgt abermals keine Reaktion, gibt Facebook allerdings auf. Bis zur nächsten Gelegenheit, wenn ein anderes Facebook-Mitglied diese Kontaktdaten hochlädt. Für Facebook ist diese Art der Suchfunktion bares Geld wert, trägt sie doch zur rasanten weltweiten Expansion des Netzwerks bei. Zwar bieten auch andere soziale Netzwerke, von der deutschen VZ-Gruppe über Xing bis zu LinkedIn, diese Möglichkeit, aber die VZ-Netzwerke beispielsweise speichern die Daten von Nicht-Mitgliedern nicht über die direkte Einladung hinaus. Vor allem aber verknüpfen sie diese nicht mit anderen Datensätzen, und das über Jahre hinaus, wie Facebook es tut.

Es bedarf keiner großen Fantasie, um das eigentliche Problem an dieser Art Datenstaubsauger zu begreifen. Jeder stolze Besitzer eines Smartphones weiß, dass es die Kartei eines ganzen Büros ersetzen kann: Namen, E-Mail-Adressen, Postadressen, Geburtstage, Beruf und Arbeitgeber und was sonst noch wichtig bei einem Kontakt ist. Und all diese Daten werden regelmäßig mit der Bürosoftware synchronisiert. Der Smartphone-Besitzer freut sich, auf diese Weise nicht nur jederzeit erreichbar zu sein, sondern auch jederzeit zu wissen, mit wem er es zu tun hat. Das gilt für Detektive wie für Rechtsanwälte, für mittelständische Firmenchefs und Versicherungsmakler wie für Wirtschaftsprüfer oder Steuerberater, für Politiker und Lobbyisten ebenso wie für Prostituierte und Polizisten. Und natürlich auch für Journalisten, die nicht selten über vertrauliche, auch den Kollegen nicht bekannte Informanten-Kontakte verfügen. Nachdem im April 2010 einige Zeitungen über die Synchronisation der iPhone-Kontakte mit Facebook berichtet hatten, wollte ich es als Autor des Fernsehmagazins »Monitor« genauer wissen. In der Redaktion diskutierten wir die brisante Frage, welche Daten aus dem iPhone-Adressbuch tatsächlich ausgelesen werden.[22] Um das herauszufinden, baten meine Kollegin Monika Wagener und ich Institute und Hersteller von Sicherheitssoftware um Hilfe. Schließlich sagte das Institut für Internetsicherheit der Fachhochschule Gelsenkirchen uns Unterstützung zu.

Ein brisanter Test entlarvt eine Sicherheitslücke

Dazu bauten die Informatiker Marco Smiatek und Malte Woelky eine Versuchsanlage, in der sie den Datenabfluss aus dem iPhone genauestens kontrollieren konnten. Zunächst meldeten sie eine fiktive E-Mail-Adresse an, samt geheimem Passwort, mit dem wir den Zugang zu unseren E-Mails gegen andere schützen können. Dann gaben sie erfundene Daten in das fiktive Adressbuch ein, Daten von Freunden, die keine Facebook-Mitglieder waren. Einen Freund nannten wir Max Mustermann, dessen Freundin Paula Irgendwas. Zu Max Mustermann notierten wir außerdem: »Sucht neuen Arbeitgeber. Abwerben möglich. Ist sehr geschwätzig.« Und nebenbei gaben wir noch weitere Kontakte intimerer Art ein: »Sexy Schnitte« mit einer erfundenen Mobilnummer. Die Experten luden nun die Kontaktdaten zu Facebook hoch. Eigentlich müssen diese Daten in dem Moment, wo sie unsere Quelldateien verlassen, samt Passwort verschlüsselt und damit unsichtbar für Außenstehende werden. Dann fingen die Informatiker die gesendeten Daten ab, um zu sehen, ob sie tatsächlich verschlüsselt worden waren. Zuerst probierten sie es mit einem einfachen Kodierungs- bzw. Dekodierungsprogramm, Base-64, das zum Beispiel der technischen Umformatierung von E-Mail-Anhängen dient. Ein einfaches Programm, das jeder kostenlos im Internet herunterladen kann, wenn er es nicht schon auf seinem Rechner hat. Mit Hilfe dieses Programms versuchten sie nun, die Daten sichtbar zu machen.

Das Ergebnis war ebenso erstaunlich wie niederschmetternd. Das Programm spuckte die eingegebenen Daten eins zu eins wieder aus. In den Datenströmen fanden sich sämtliche Details aus dem Adressbuch wieder: nicht nur E-Mail-Adresse, Telefonnummer und Name von Max Mustermanns Freundin Irgendwas, sondern auch der Vermerk über seine Geschwätzigkeit und die Suche nach einem neuen Arbeitgeber. Und natürlich auch die »Sexy Schnitte« samt lesbarer Mobilnummer.

Wer seine Kontaktdaten an Facebook hochlädt, übergibt dem Netzwerk damit sämtliche vertraulichen Information aus seinen Adress- und Kontaktdateien. Der Test der beiden Informatiker förderte zugleich ein weiteres, für Facebook nicht gerade schmeichelhaftes Ergebnis zu Tage. Während Facebook in seinen Datenschutzrichtlinien verspricht:

»Wenn du vertrauliche Daten, wie z. B. Kreditkartennummern und Passwörter, eingibst, werden diese Informationen mithilfe der SSL-Technologie (Secure Socket Layer) von uns verschlüsselt«, schüttelten die Informatiker ungläubig den Kopf, als es ihnen mit dem einfachen Base-64-Programm nicht nur gelang, alle übertragenen Daten, sondern sogar das E-Mail-Passwort – für jeden Internet-Nutzer ein kleines Heiligtum – wieder lesbar zu machen. Von der zugesicherten Verschlüsselung kann also keine Rede sein. »Wir gehen davon aus, dass die Entwickler bei der Online-Einführung des Dienstes die SSL-Verschlüsselung einfach vergessen haben«, sagte Malte Woelky. Die Sicherheitslücke betraf die gesamte Funktion Freundessuche, unabhängig davon, ob wir die Daten aus dem iPhone, über Outlook, über E-Mail-Portale wie WEB.DE oder jeden anderen E-Mail-Provider auslesen ließen. Der Facebook-Konzern reagierte unmittelbar nach der »Monitor«-Sendung auf die Veröffentlichung des Tests und schloss die Sicherheitslücke noch in derselben Nacht.[23]

Millionen Facebook-Nutzer konnten jahrelang ausspioniert werden

Der Direktor des Gelsenkirchener Instituts für Internetsicherheit Norbert Pohlmann, Professor für Verteilte Systeme und Informationssicherheit, ist ein gut vernetzter Experte, der mit der Sicherheitsagentur der EU zusammenarbeitet und Mitglied des wissenschaftlichen Beirates der Gesellschaft für Datenschutz und Datensicherung ist. Ein sehr besonnener Wissenschaftler, der sich gern im Internet bewegt und tagtäglich mit dessen Risiken auseinandersetzt.[24] Dass sogar das vertrauliche Passwort, das Facebook-Nutzer dem Konzern zur Freundessuche überlassen, unverschlüsselt übertragen wird, hat ihn und seine Kollegen erstaunt. »Das ist sehr gefährlich, weil im Prinzip jeder, der über einfache Kenntnisse verfügt, in der Lage ist, das mitzulesen.« Pohlmann vergleicht den Vorgang mit einer Wohnung, in die Fremde mit einem nachgemachten Schlüssel eindringen können. Und er fragt: »Würde ich das gleiche, was ich auf Facebook tue, auch im realen Leben tun, will ich, dass Fremde in meinen E-Mail-Account hereinkommen?« Das sei nicht nur ein Riesenpotenzial für kriminelle Organisationen, sondern auch ein »Reizpotenzial, kriminell zu werden«. Norbert Pohlmann ist ziemlich abgeklärt, wenn er über unser Verhalten im World Wide Web spricht. Jeder, der sich im Netz bewege, hinterlasse dort Spuren: »Sobald ich im Internet bin und mit mehreren großen Anbietern Daten austausche, bin ich in den Fängen dieser Dienste.«

Die unverschlüsselte Passwort-Weitergabe beflügelt meine Fantasie. Man stelle sich vor, ein anderer kommerzieller Internetdienst wäre auf die Idee gekommen, sich in alle diese »Freundessuchen« hineinzuhacken. Ihm stünde heute ein unermesslicher Datenschatz zur Verfügung. Und Millionen Facebook-Nutzer hätten nicht die leiseste Ahnung, dass ein obskurer Konzern, eine Regierungsbehörde oder ein Geheimdienst jahrelang ihren E-Mail-Verkehr verfolgen konnte. Sie hätten es nicht gemerkt, weil E-Mail-Provider uns, wenn überhaupt, nur vergebliche Zugriffsversuche mit falschem Passwort auf unser E-Mail-Konto melden.

Sie hätten nicht gemerkt, wie der unsichtbare Dritte auch ihre anderen E-Mail-Kontakte aus ihren Adressbüchern herauskopierte. Aus den E-Mails selbst hätten Konzerne auf die Konsumneigungen und sonstigen Vorlieben ihrer Absender schließen können.

Angesichts dessen ist es schier unglaublich, dass bis zum Zeitpunkt des Tests Hunderte Millionen Menschen weltweit bereitwillig ihre Kontaktdaten samt unverschlüsseltem Passwort preisgegeben haben.

Die Informatiker vom Institut für Internetsicherheit gehen davon aus, dass die Sicherheitslücke von Anfang an bestand. Auf meine Anfrage antwortet Facebook ausweichend. Selbstverständlich sei die Übertragung der »Facebook-Passwörter« schon immer SSL-verschlüsselt gewesen. Auch könnten Nutzer seit Oktober 2010 alle aktiven Sitzungen überwachen und gegebenenfalls auch aus der Ferne beenden, um den Missbrauch eigener Konten zu verhindern. Und: »Facebook macht Fortschritte in weiteren SSL-Tests für den Facebook-Zugang und hofft, es in den kommenden Monaten anbieten zu können.« Zu der brisanten Sicherheitslücke bei der Übertragung unserer E-Mail-Passwörter erhalte ich leider keine Antwort.

Im Oktober 2010 deckte Michael Arrington von *Tech-Crunch* eine weitere brisante Sicherheitslücke auf.[25] Er meldete sich ausgerechnet mit den Daten von Google-Chef Eric Schmidt bei Facebook an. Dazu benutzte er einfach eine gültige E-Mail-Adresse von Schmidt. Zwar versendet Facebook bei der Anmeldung immer eine Mail, die der Nutzer bestätigen soll, aber offenkundig nicht muss, denn auch ohne diese Bestätigung wird das Konto wenige Minuten später aktiviert. Arrington erhielt auf diesem Weg eine ganze Liste mit möglichen Freunden von Eric Schmidt auf Facebook, samt deren E-Mail-Adressen – unter anderem die von YouTube-Gründer Chad Hurley und ironischerweise die des Facebook-Vizes und Kommunikations-Chefs Elliot Schrage.

»Gefällt mir« ist der Facebook-Trojaner

Um herauszufinden, was Facebook denn nun mit den Daten aus den Adressbüchern der E-Mail-Programme, die laut eigener Aussage nicht an Firmen oder Werbeagenturen weitergegeben werden, anfängt, fahre ich zum Büro des Unabhängigen Landeszentrums für Datenschutz von Schleswig-Holstein in Kiel, dessen Leiter Thilo Weichert einer der wohl prominentesten Datenschützer Deutschlands ist. Hier befasst man sich bereits offiziell mit Beschwerden gegen Facebook.

Ich werde von der stellvertretenden Behördenleiterin Marit Hansen empfangen, einer Informatikerin, die mit allen Untiefen vertraut ist, in denen die weltweiten Datenkraken agieren. Marit Hansen zeigt mir an einem sehr prominenten Beispiel, wie Facebook seine Fühler auch in die Computer von Menschen ausstreckt, die mit dem Netzwerk nichts zu tun haben. Dabei geht es um das, was Facebook selbst als »beste Geschäftsidee aller Zeiten« bezeichnet, den »Gefällt-mir«- oder »Like«-Button. Mit diesem niedlichen Werkzeug kann ich auf der Pinnwand meiner Facebook-Seite oder der meiner Freunde meine Sympathie für so gut wie alles äußern, was meine Freunde dort von sich geben oder was mir an Werbung auf meine Seite gepostet wird. Interessant sind dabei natürlich alle konsum- oder markenorientierten Äußerungen, denn diese sind Teil des milliardenschweren Werbemarktes auf Facebook. Zu den ersten der weltweit mittlerweile 350 000 Websites[26], die den »Gefällt-mir«-Button integriert haben, gehört Deutschlands erfolgreichstes Medienportal Bild.de. Gefällt mir ein Artikel auf der Seite, klicke ich als Facebook-Nutzer den kleinen Button an und schon wissen meine Freunde, aber auch Facebook, dass mir dieser Artikel gefallen hat. Empfehlungsmarketing nennt man das.

Marit Hansen will mir etwas zeigen, das vor allem Nicht-Mitglieder von Facebook betrifft. Sie hat an ihrem PC keinen Facebook-Account. Sie ruft einfach die Seite von Bild.de auf. Anschließend überprüft sie, ob Cookies auf ihren PC heruntergeladen wurden, und ist überrascht: Schon bei einem einfachen Klick auf die Bild.de-Seite platziert Facebook zwei Cookies auf ihrer Festplatte, ohne dass sie zuvor den Empfehlungsbutton angeklickt hätte.

Cookies sind weit verbreitet in der Netzwelt. Wenn ich eine Website aufrufe, nisten sich diese Miniprogramme in meinem PC ein. Sie melden dann jeden meiner weiteren Besuche auf der Website dem Absender. Bei den Cookies, die Marit Hansen identifizierte, handelt es sich um sogenannte persistente Cookies, die für längere Zeit – in diesem Fall zwei Jahre – auf der Festplatte bleiben. Für Facebook sind sie Gold wert, denn sie markieren Benutzer eindeutig und ermöglichen eine Wiedererkennung. Im Fall von Facebook sind die Cookies aber noch wirksamer, denn wenn ich auf eine andere mit Facebook verbundene Seite klicke, erfährt das Facebook ebenfalls. »Facebook kann über zwei Jahre sehen, wo ich mich im Netz aufhalte, auf welcher Webseite ich aktiv bin«, resümiert Marit Hansen. Bei vielen Internetdiensten verlängert sich der Aufenthalt der Cookies mittlerweile bei jedem neuen Aufruf innerhalb der Zwei-Jahres-Frist um weitere zwei Jahre. Allerdings können Google, Amazon und Co. das Netzverhalten nur anonymen IP-Adressen zuordnen. Sie wissen nicht, wer vor dem PC sitzt. So ist es zwar auch bei Facebook, aber nur solange man dort nicht angemeldet ist. Holt man dies eines Tages nach, hat Facebook bereits jahrelang das eigene Netzverhalten ausspähen können: »Facebook weiß dann unter Umständen mehr über mich, als ich selbst noch in Erinnerung habe«, sagt Marit Hansen. »Es entsteht ein umfassendes Psycho- und Sozialprofil.« Auf meine umfassende Anfrage bei Facebook antwortet Facebook mit einem Satz: »Unseres Wissen werden die IP-Adressen von Nicht-Nutzern nicht über die Social Plugins von Facebook gespeichert.« Ausführlich dagegen antwortet mir die deutsche Facebook-Partner-Website Bild.de. Tobias Fröhlich, Sprecher von Bild.de, schreibt, die Kommentarfunktion des »Gefällt-mir«- bzw. »Empfehlen«-Buttons biete Bild.de-Lesern »einen interessanten Zusatznutzen«. Was die Cookies betrifft, meinte er, sie würden die Nutzungsfähigkeit und Qualität des Internet verbessern. »Außerdem kann jeder User Cookies zulassen oder ablehnen. Und er kann sie jederzeit löschen«, so Fröhlich weiter. Das ist zwar richtig, aber realitätsfern, denn die manuelle Zulassung von Cookies würde das schnellste Medium der Welt in der Praxis zu einer lahmen Krücke machen. Zu der Tatsache, dass Facebook die Website von Bild.de nutzt, um Millionen von Menschen zu verfolgen, die gar nicht bei Facebook angemeldet sind, meinte Fröhlich: »BILD.de hat Facebook das Setzen von Cookies bei Nicht-Facebook-Mitgliedern nicht gestattet. BILD.de bekommt über Facebook-Cookies keine Rückmeldungen über das Nutzerverhalten von Nicht-Facebook-Mitgliedern. Es ist auch nicht im Interesse von BILD.de, Nutzer-Daten über Facebook-Cookies zu sammeln.« Offenbar hält Facebook selbst seine Partner nicht unbedingt auf dem Laufenden darüber, auf welche Weise Facebook die Daten von Mitgliedern und Nicht-Mitgliedern dieses sozialen Netzwerks abgreift.

Gleich nach meiner Facebook-Anmeldung habe ich den »Gefällt-mir«-Button auch ausprobiert. Und kaum habe ich spaßeshalber ein »Gefällt mir« unter einem Artikel über Mercedes angeklickt, erscheinen auf meiner Pinnwand Mercedes-Werbungen und jede Menge Veranstaltungshinweise irgendwelcher verrückter Mercedes-Enthusiasten. Offenbar habe ich eine Lawine ausgelöst, sodass ich nun einen Haufen unerwünschter Werbung löschen muss. Die Vorlieben der Facebook-Nutzer werden in Echtzeit also nicht nur ihren »Freunden« mitgeteilt, sondern erscheinen, für alle sichtbar, auf ihrer Pinnwand.

Was weiß umgekehrt Daimler nun über mich? Meinen Namen kenne der Konzern nicht, sagt Facebook, und das stimmt. Das Netzwerk lebt davon, meinen Geschmack und meine Interessen zu verkaufen. Aber verkauft es auch mich? Mir fällt auf, dass ich bei der Anmeldung zu Facebook kein Häkchen bei irgendwelchen Geschäftsbedingungen machen musste. Doch irgendwann muss ich, um in den Genuss einer angeblich »kostenlosen« Dienstleistung zu kommen, zumindest den Nutzungsbedingungen zugestimmt haben. Hier hat sich Facebook eine elegante Lösung einfallen lassen. Unter Punkt 12 der Nutzungsbedingungen, »Besondere Bestimmungen für Seiten«, erfahre ich folgendes: »Wenn du eine Seite auf Facebook erstellst oder verwaltest, stimmst du unseren Nutzungsbedingungen für Seiten zu.«

Auf diese Weise überrumpelt Facebook eine halbe Milliarde Menschen, die dem Netzwerk ihre privatesten Daten überlassen, denn wer liest schon all das Kleingedruckte, zumal die Mitgliedschaft bei Facebook keinen müden Cent kostet.

Trotzdem will ich jetzt wissen, was Daimler oder die Werbepartner des Konzerns von mir wissen, seitdem mir der Mercedes-Artikel »gefallen« hat, und unter dem Stichwort »Instant Personalization« – »Umgehende Personalisierung« – werde ich fündig: »Einige ausgewählte Partnerseiten können auf deine Informationen zugreifen, um dein Nutzererlebnis zu personalisieren, sobald du ihre Webseite aufrufst.« Zu dumm, ich habe keine Ahnung, ob die Werbepartner von Daimler zu den »ausgewählten« Partnerseiten gehören, aber immerhin weiß ich jetzt: Facebook ist keine rein freundschaftliche Veranstaltung. Ich habe zwar erst zehn Freunde, aber wirklich interessiert an meinen Vorlieben sind unbekannte Konzerne. Zudem ist mir nicht klar, was Facebook mit dem Wort »personalisieren« meint. Kennt Daimler womöglich doch meinen Namen?

In der realen Welt versteckt sich der Facebook-Konzern

Es wird Zeit, sich direkt an Facebook zu wenden. Ich klicke das Feld Impressum/Nutzungsbedingungen an, um eine Telefonnummer oder E-Mail-Adresse ausfindig zu machen. Aber ich finde lediglich die folgende Anschrift: Facebook Ireland Limited, Hanover Reach, 5-7 Hanover Quay, Dublin 2 Ireland, sowie die Internetadresse www.facebook.com/help/contact.php?show_form=impressum_contact oder impressum-support@support.facebook.com. Ich gebe die Adresse in das Eircom Phonebook, das irische Telefonbuch, ein. Leider residiert unter dieser Adresse kein einziges im Telefonbuch verzeichnetes Unternehmen. Da Facebook im Februar 2010 offiziell verkündet hatte, eine Niederlassung in Hamburg zu eröffnen, um bessere Kontakte zur deutschen Werbewirtschaft zu bekommen, schöpfe ich allerdings Hoffnung.[27] Und tatsächlich finde ich Facebook im digitalen Telefonbuch der Telekom sofort, allerdings ohne Telefon- oder Faxnummer, dafür mit einer echten Adresse: Am Rathausmarkt 5.

Unter der angegebenen Adresse finde ich ein recht eindrucksvolles Bürogebäude direkt gegenüber dem Rathaus der Hansestadt. Auch laut Handelsregister residiert hier die Facebook Deutschland GmbH. Ich stehe vor einem riesigen Tableau mit Klingelschildern. Allein Facebook finde ich nicht. Also warte ich, bis jemand aus dem Gebäude kommt, und trete dann durch die noch offene Tür in den Eingangsbereich. Hier gibt es immerhin Briefkästen. Von einem Haufen Anwaltskanzleien, der Bank of China und einer

Fondsgesellschaft, nur von Facebook keine Spur. Einen Beschwerdebrief kann hier also niemand loswerden. Ich gehe das großzügige Treppenhaus hinauf und stoße auf ein Büro der Friedrich-Ebert-Stiftung. Auf mein Klingeln hin öffnet ein junger Mann. Er heißt Frederic Werner und ist Mitarbeiter der Stiftung. Auf meine Frage, ob Facebook hier irgendwo ein Büro unterhalte, lächelt er kopfschüttelnd. Aber er erinnert sich, dass Facebook Ende 2009 für ein paar Wochen ein Klingelschild und sogar einen Briefkasten hatte. »Aber mitbekommen haben wir von denen nie was, und nach zwei, drei Wochen war es auch wieder entfernt.« Auch der Versuch, Facebook-Vertreter zu einem von der Stiftung veranstalteten Symposion über die Chancen und Risiken sozialer Netzwerke einzuladen, sei seinerzeit gescheitert, denn »es ist uns nicht gelungen, sie zu finden im Haus, man findet sie ja auch nicht im Internet«. Einigermaßen verwirrt fahre ich zurück nach Berlin. Warum, frage ich mich, versteckt sich ein Unternehmen, das in Deutschland mehr als zehn Millionen Kunden hat?

Eine der längsten Datenschutzerklärungen der Welt

Ich beginne die Datenschutzbestimmungen von Facebook zu studieren. Angesichts der schieren Textmenge könnte man meinen, es mit einem äußerst datenschutzbewussten Unternehmen zu tun zu haben: Das Pamphlet erstreckt sich über mehrere Seiten mit Kleingedrucktem. Die *New York Times* hat einmal genau nachgezählt.[28] Der Textumfang wuchs von 1004 Wörtern im Jahr 2005 auf 5830 Wörter im Jahr 2010 und übertrumpft damit nicht nur die Datenschutzerklärungen von Flickr, Twitter, Friendster und MySpace, sondern auch die Textmenge der US-Verfassung. Wer daraus folgert, der Datenschutz sei Facebook ein echtes Anliegen, der irrt jedoch. Im Gegenteil, hinter den meisten Ergänzungen stecken weitere Einschränkungen der Privatsphäre der Nutzer. Und wer seine Privatsphäre wirksam fremdem Zugriff entziehen möchte, erlebt schnell sein blaues Wunder.

Um persönliche Inhalte von Fall zu Fall zu schützen, bietet Facebook mittlerweile 50 Einstellungsmöglichkeiten mit insgesamt 170 Optionen an. Das Prinzip ist trotzdem einfach: Um Inhalte seinen Freunden oder allen zugänglich zu machen, muss der Nutzer gar nichts tun, denn die Optionen sind auf das »Teilen« sämtlicher Inhalte voreingestellt. Von einer aktiven »Freigabe« persönlicher Inhalte kann also überhaupt nicht die Rede sein. Schützen lassen sich Inhalte nur, indem diese Voreinstellungen geändert werden. Wer beispielsweise Fotos auf Facebook einstellt, teilt sie vom ersten Moment an mit der gesamten Internetwelt. Es sei denn, er hat bei der Anmeldung ganz genau hingeschaut, denn der Schutz von Fotos findet sich nicht unter den normalen Privatsphäre-Einstellungen. Erst einen Zentimeter darunter stößt man auf einen Hinweis in noch dünnerer Schrift. Daneben steht: »Privatsphäre für bestehende Fotos bearbeiten«. Am 6. Oktober 2010 meldete sich Mark Zuckerberg persönlich zu diesem Thema zu Wort. Er schrieb: »Facebook hat es euch bislang leicht gemacht, Dinge mit all euren Freunden oder mit allen im Internet zu teilen, aber es fehlte noch ein einfacher Weg zum

Schaffen eines Raumes, in dem ihr Dinge nur mit kleinen Gruppen von Menschen aus eurem Leben teilen könnt, wie zum Beispiel mit euren Mitbewohnern, Kommilitonen, Arbeitskollegen oder eurer Familie.«[29] Seitdem bietet uns Facebook unterschiedliche »Freundschaftsgruppen« an, denen der Nutzer bestimmte Informationen zuordnen kann – so habe ich privilegierte »Freunde«, die zum Beispiel alle meine privaten Fotos sehen können, und andere, die das nicht können. Allerdings verlangt auch diese Funktion eine hohe Aufmerksamkeit des Nutzers und die aktive Bereitschaft, seine virtuellen Freundschaften zu verwalten. »Im Endeffekt finden all eure Erfahrungen in Räumen mit Menschen statt, die euch am wichtigsten sind«, schreibt Zuckerberg. Unser bester »Freund« bleibt trotz dieser sympathischen Neuerung Facebook selbst. Denn alles, was wir mit noch so engen Freunden austauschen, kann immer auch vom Unternehmen selbst ausgewertet werden.

Ich habe eine Freundschaftsanfrage an den Marketing-Experten Nico Lumma von der Hamburger Werbeagentur Scholz & Friends geschickt, der im nächsten Kapitel schildern wird, wie sich mit Facebook viel Geld verdienen lässt. Kaum zehn Minuten später meldet mein Account einen Erfolg: Nico Lumma ist jetzt mein Freund. Und ich bin sein 1023. Freund. Mich wundert, dass er meine Anfrage mitten in der Nacht beantwortet hat. Vielleicht gibt es eine automatische Freundschaftsbeantwortung mit zehnminütiger Zeitverzögerung. Zum ersten Mal geht mir die Indiskretion dieser Art von »Freundessuche« auf. Es gibt hier keine Freunde ersten, zweiten oder dritten Grades, auch keine

Bekannten. Alle sind gleichberechtigte »Freunde« und können an meinem digitalen Leben teilhaben.

Mein blauer »Fortschritts«-Balken hat sich wieder kaum bewegt. Kein Wunder. Zwar erhalte ich täglich ein Dutzend Freundschaftsvorschläge, kenne aber kaum jemanden. Teilen möchte ich aber nur mit denen, die ich persönlich kenne oder früher einmal kannte. Nach drei Wochen Facebook habe ich gerade mal sieben »Freunde«. Allerdings frage ich mich auch, was ich mit neuen virtuellen Freundschaften eigentlich anfangen soll.

Meine Schamgrenze: »Resteficken«

Mein Freund Lucian ist begeisterter Facebook-Nutzer. Aber jetzt ist er für meinen Geschmack ein bisschen zu weit gegangen. Seit er von meiner Facebook-Existenz weiß, versorgt er mich mit Nachdenklichem, Wichtigem und Skurrilem. Zur letzten Kategorie gehört seine Einladung zu einer Gruppe mit dem bezaubernden Namen »Resteficken«, laut seiner Auskunft eine Ansammlung verwirrter Personen, die ich mir unbedingt ansehen müsse. Mir so etwas jedoch auf meine offizielle Facebook-Seite zu schicken, geht mir zu weit. Schließlich weckt der Begriff eindeutige Assoziationen. Zudem fällt mir ein, dass mein Profil seit Beginn des Jahres für jeden via Google einsehbar ist, es sei denn, ich schränke diesen Zugang ein. Im Oktober 2010 meldet *Spiegel Online* eine neue Gefahr: Gruppeneinladungen sollen künftig zunächst automatisch angenommen werden.[30] Erst wenn ich die Zugehörigkeit zu einer neuen

Gruppe bemerke, kann ich mich aktiv aus ihr zurückziehen. Ich muss also aufpassen, dass ich nicht doch noch bei »Resteficken« lande.

Ich klicke nun, wie geplant, die Datenschutzerklärung von Facebook an. Bin ich ohne Grund zu vorsichtig, weil ich nicht alles von mir zugänglich machen möchte? Schließlich kann ich von Fall zu Fall entscheiden, was ich mit wem teilen möchte. Was aber, wenn ich eine Änderung der Grundeinstellungen und Geschäftsbedingungen nicht mitbekomme, so wie es Millionen von Facebook-Nutzern Anfang 2010 erging? Facebook teilt solche Änderungen nämlich nicht mit, obwohl das Unternehmen über unser aller E-Mail-Adressen verfügt. Stattdessen schlägt Facebook denen, die sich durch die Datenschutzbestimmungen gekämpft haben, einen anderen Weg vor. Unter dem Stichwort »Änderungen« heißt es: »Wir können diese Datenschutzrichtlinien gemäß den in der Erklärung der Rechte und Pflichten von Facebook beschriebenen Verfahren ändern. Sofern nicht anders angegeben, gelten unsere aktuellen Datenschutzrichtlinien für sämtliche in unserem Besitz befindlichen Informationen über dich und dein Konto.« Und wie erfahre ich von den Änderungen? »Wenn wir Änderungen an diesen Datenschutzrichtlinien vornehmen, werden wir dich durch eine Bekanntgabe hier informieren.« Ich muss diesen ellenlangen Text also immer wieder akribisch durchlesen, um auf Änderungen aufmerksam zu werden. Denn sie werden lediglich in die bestehenden Bestimmungen eingearbeitet, aber nicht optisch hervorgehoben. Mit der gleichen Methode schieben Lobbyisten ahnungslosen Bundestagsabgeordneten Gesetzestexte unter.

Die Nutzungsbedingungen kollidieren mit dem Urheberrecht

Aber es gibt noch eine andere Möglichkeit sicherzustellen, dass ich über Änderungen informiert werde: Ich kann Fan auf der »Facebook Site Governance« (Seite zur Regelung der Nutzung von Facebook) werden. Ich werfe einen Blick auf die Seite und finde dort die Ankündigung von Änderungen in der »Erklärung der Rechte und Pflichten« vom 17. September 2010, ohne dass diese erkennbar hervorgehoben werden. Im Oktober 2010 erhielt ich immerhin von der Seite eine Nachricht, aber darin wurde nur pauschal gesagt, welche Änderungen es gebe, also klickte ich mich wiederum zur Erklärung selbst durch. Leider sind auch hier die Neuerungen nicht hervorgehoben. Allein die deutsche Version des Textes im September war so lang, dass er nur ganzen 16 Personen »gefiel«.[31] Die Vermutung liegt nahe, dass ihn also nicht sehr viele Leute gelesen haben – denn die »Facebook-Site Governance« insgesamt hat immerhin gut 1,6 Millionen Menschen weltweit »gefallen«. Aber der Text mit den »Rechten und Pflichten« ist auch hier erst nach zwei weiteren Klicks zu finden. Allerdings kann Facebook auch gar kein Interesse daran haben, dass irgendjemand diese Erklärung liest, dafür ist sie zu skandalös. Unter Punkt 2, »Austausch deiner Inhalte und Informationen«, erklärt Facebook, was mit Texten, Fotos oder Videos geschieht, die auf Facebook-Seiten gestellt werden:

»Für Inhalte, die unter die Rechte an geistigem Eigentum fallen, wie Fotos und Videos (›IP-Inhalte‹), erteilst du uns vorbehaltlich deiner Privatsphäre- und Anwendungseinstellungen die folgende Erlaubnis: Du gibst uns eine nicht-exklusive, übertragbare, unterlizenzierbare, unentgeltliche, weltweite Lizenz für die Nutzung jeglicher IP-Inhalte, die du auf oder im Zusammenhang mit Facebook postest (›IP-Lizenz‹). Diese IP-Lizenz endet, wenn du deine IP-Inhalte oder dein Konto löschst, außer deine Inhalte wurden mit anderen Nutzern geteilt und diese haben sie nicht gelöscht.«

Danach darf Facebook also alle unsere Texte, Fotos und Videos weiternutzen, es sei denn, wir waren so klug, diese Dokumente in den Privatsphäre-Einstellungen zu schützen. Wird mit dieser Passage das Urheberrecht auf unsere Fotos, Videos oder Texte außer Kraft gesetzt? Das möchte ich genauer wissen und wende mich an die Berliner Anwaltskanzlei Schertz und Bergmann.

Simon Bergmann ist Urheberrechtsspezialist und bestätigt nach einem Blick in die einschlägigen Nutzungsbedingungen von Facebook, der Wortlaut suggeriere, dass Facebook mit den urheberrechtlich geschützten Werken nach Belieben verfahren, sie »weiter übertragen oder verkaufen« dürfe. Trotzdem sei eine derart weitreichende Rechteübertragung in diesem Fall gar nicht zulässig, weil die Partner einer solchen Vereinbarung nach deutschem Recht konkret angeben müssen, zu welchem Zweck geschützte Werke weitergenutzt werden sollen. Facebook müsste also in den Nutzungsbestimmungen klar formulieren, dass zum Beispiel unser Profilbild für Werbezwecke an irgendein Unternehmen weitergereicht werden kann. Da der Konzern dies nicht tut, greift nach Ansicht von Bergmann § 31, Abs. 5 des Urheberrechtsgesetzes:

»Sind bei der Einräumung eines Nutzungsrechts die Nutzungsarten nicht ausdrücklich einzeln bezeichnet, so bestimmt sich nach dem von beiden Partnern zugrunde gelegten Vertragszweck, auf welche Nutzungsarten es sich erstreckt.«

Aus diesem Paragrafen könne Facebook keineswegs folgern, dass alles erlaubt sei, sagt Bergmann. Der einzige gerechtfertigte Zweck der Übertragung des Profilfotos bestehe in der Funktion innerhalb der Facebook-Plattform, und das gelte auch für Texte oder Videos.

Aber warum formuliert Facebook eine Nutzungsvereinbarung, die mit deutschem Urheberrecht unvereinbar ist? Simon Bergmann antwortet ironisch: »Die denken vermutlich ›wir versuchen es mal‹ und setzen auf die Unwissenheit der Nutzer.« Sollten einem Nutzer tatsächlich Werke gestohlen werden, wirft dieser vermutlich einen Blick in die Facebook-Nutzungsbedingungen und denkt sich: »Pech gehabt«. Denn das deutsche Urheberrecht sei nur den wenigsten Menschen bekannt.

Datenschutz aus dem Reich Absurdistan

Einmal mehr beweist Facebook, dass der Konzern nach der Devise verfährt: »Frechheit siegt«.

Nun bin ich noch gespannter, was mich in der Datenschutzerklärung von Facebook erwartet. Ich möchte noch immer wissen, was Daimler über mich erfährt. Zunächst erfahre ich, dass ich bezüglich meiner Daten ganz und gar nicht Herr des Verfahrens bin, denn Facebook sammelt auch, was andere über mich posten:

»Wir sammeln u. U. auch von anderen Facebook-Nutzern Informationen über dich, beispielsweise dann, wenn eine Freundin oder ein Freund dich auf einem Foto, in einem Video oder an einem Ort markiert, Freundschaftsdetails angibt oder auf eine Beziehung mit dir hinweist.«

Irgendwie eine merkwürdige Vorstellung in einem algorithmischen Speichersystem. Die Passage zur Werbung beantwortet meine Frage bezüglich Daimler schon eher, verspricht Facebook mir doch dort, ohne meine Zustimmung keine personenbezogenen Daten an Dritte weiterzureichen. Aber Facebook wäre nicht Facebook, folgte nicht die nachstehende Erklärung:

»Zwar geben wir deine Informationen nicht ohne deine Zustimmung an Werbetreibende weiter, doch wenn du auf eine Werbeanzeige klickst oder anderweitig mit einer Werbeanzeige interagierst, kann der Werbebetreibende ein Cookie in deinem Browser hinterlegen und feststellen, ob die Werbeanzeige seinen Auswahlkriterien entspricht.«

Damit wäscht das Unternehmen seine Hände in Unschuld, denn ich bin selber schuld, wenn ich noch einmal auf die Daimler-Seite klicke. Daimler weiß dann schon, ob die Werbung auf Facebook den Richtigen erwischt hat. Immerhin kann jeder Facebook-Nutzer mit Hilfe der Werbung berühmt werden – zumindest auf Facebook. Denn sein Bild und sein Name dürfen in »umfeldorientierten Werbeanzeigen« verwendet werden. Wenn ich auf Facebook eine Vorliebe geäußert habe, »können wir deinen Namen und dein Profilbild neben einer Werbeanzeige für diese Seite einblenden, die deinen Freunden angezeigt wird«. Daimler könnte über Facebook sogar an meine Kontonummer gelangen. Denn wer auf Facebook das bezahlpflichtige Spiel Farmville spielt – was viele tun –, der gibt seine Kontodaten an. Und die behält Facebook:

»Gegebenenfalls speichern wir die Einzelheiten über von dir auf Facebook durchgeführte Transaktionen oder Zahlungen. Wenn du nicht möchtest, dass wir die Kontonummer deiner Zahlungsquelle speichern, kannst du diese auf deiner Zahlungsseite entfernen.«

Was einmal mehr mit gehörigem Aufwand verbunden ist. Ich will damit übrigens keineswegs sagen, dass Facebook Daimler meine Kontonummer mitteilen würde, aber Facebook könnte es tun.

Ich lese weiter und bin überrascht, wie offen und umfassend mich der Facebook-Konzern über meine eigene Überwachung aufklärt:

»Wir verfolgen einige deiner Handlungen auf Facebook, beispielsweise, wenn du Verbindungen hinzufügst (auch wenn du einer Gruppe beitrittst oder einen Freund/eine Freundin hinzufügst), ein Fotoalbum erstellst, ein Geschenk verschenkst, einen anderen Nutzer anstupst, zu erkennen gibst, dass dir ein Beitrag ›gefällt‹, an einer Veranstaltung teilnimmst oder eine Anwendung autorisierst.«

Das überrascht mich jetzt nicht mehr. Aber der folgende Satz macht mich wirklich nachdenklich:

»In manchen Fällen gilt es auch als Aktivität, wenn du uns Informationen oder Inhalte übermittelst. Wenn du zum Beispiel ein Video mit anderen teilst, dann kann es geschehen, dass wir zusätzlich zur Speicherung des tatsächlich hochgeladenen Inhalts auch die Tatsache protokollieren, dass du das Video mit anderen geteilt hast.«

Wenn ich den »Gefällt-mir«-Button anklicke, ist mir vollkommen klar, dass ich damit an einer Abstimmung teilnehme, aber möglicherweise begebe ich mich damit bei Facebook auf gefährliches Terrain. Angenommen, ich schicke einem Freund einen Link zu einem kritischen Video über ein von US-Söldnern in Bagdad verübtes Massaker oder zur Homepage einer von der CIA finanzierten Firma, dann speichert Facebook auch diese Inhalte. Und wenn es sich um eine Firma handelt, die im Auftrag der CIA soziale Netzwerke wie Facebook auswertet, erfährt wiederum die CIA von meinem Link (siehe Kap. 4 »Facebook im Netz der Interessen«). Und wenn ich das tue, was wir alle in Zukunft tun werden, nämlich das Internet mobil nutzen, ist Facebook auch darüber im Bilde: Der Konzern registriert, wo ich mich aufhalte und welche Websites ich von welchem Gerät aus besuche: »Wenn du über einen Computer, ein

Handy oder ein anderes Gerät auf Facebook zugreifst, sammeln wir u. U. von diesem Gerät Informationen über deinen Browsertyp, deinen Standort, deine IP-Adresse und die Seiten, die du besuchst.«

Hier lässt uns das soziale Netzwerk in eine unausweichliche Falle laufen. Denn der Vorteil des freien Internets – die Rückverfolgung von Quellen und die direkte Dokumentation von Ereignissen durch Videos als Teil meiner persönlichen Botschaft an einen Freund – wird in sein Gegenteil verkehrt. So als würde jemand nicht nur den von mir verschickten Brief, sondern auch die ihm beiliegenden brisanten Fotos registrieren.

Ein paar Sätze möchte ich noch über die merkwürdige Terminologie verlieren, derer sich die Facebook-Datenschutzerklärung bedient: »Unter Umständen«, »gegebenenfalls« »kann« Facebook oder können »einige Unternehmen« auf jegliche unserer Informationen zurückgreifen. Der Text ist ein Musterbeispiel dafür, wie man haarsträubende Aussagen harmlos verpackt. Denn natürlich folgen alle Entscheidungen in den Servern von Facebook einem automatisierten Algorithmus, über den Facebook keine näheren Auskünfte gibt. Aus dem »kann« lässt sich also getrost ein »tut« ableiten. Im Kern lautet die Botschaft der Privatsphäre-Politik von Facebook: Wer mitmacht, ist selbst verantwortlich. Die Datenschutzerklärung ist eine aus dem Reich Absurdistan.

Diese Unternehmensphilosophie, sich allumfassende Rechte einzuräumen und dies denjenigen, die es betrifft, auch noch mitzuteilen, wenngleich auf verschlungenen Wegen, stellt selbst hartgesottene Datenschützer vor eine kaum lösbare Aufgabe. Was tun, wenn plötzlich Millionen Menschen freiwillig auf den Schutz ihrer privaten Daten verzichten? Was tun, wenn sie die einschlägigen Erklärungen nicht lesen, weil es zu viel Mühe kostet? Viel ist den Datenschützern dazu bislang nicht eingefallen, weil sich Facebook durch die kleingedruckten Erklärungen absichert. Rechtlich angreifbar macht Facebook sich offenkundig nur bei seiner Freunde-Suchfunktion. Aber was heißt hier »nur«. Es ist die zentrale Funktion für die weitere Expansion des Netzwerks. Und sie betrifft die Daten von Menschen, die ausdrücklich nicht zur Facebook-Community gehören wollen.

Wir werden in die Illegalität getrieben

Ich rufe Professor Dirk Heckmann an. Er ist einer der wenigen Internetjuristen in Deutschland. An der Universität Passau leitet er den bislang einzigen Lehrstuhl für »Internetrecht«. Heckmann, der dem Bayerischen Verfassungsgerichtshof angehört, hat einen 1 000-seitigen Kommentar zum Internetrecht verfasst. Diesem Werk wird er künftig wohl noch viele Seiten hinzufügen müssen, denn die rasante technische Entwicklung erfordert immer neue Antworten des Gesetzgebers.

Ich schicke Heckmann alles, was ich bislang über die Freunde-Suchfunktion an PC und Handy zusammentragen konnte, sowie die einschlägigen Hinweise in den Facebook-Geschäftsbedingungen. Heckmann hält das Vorgehen von Facebook gleich in mehreren Punkten für rechtswidrig.

Wer einfach aus seinem Smartphone die Kontakte hochlade, um Freunde zu finden, benötige dazu rein rechtlich eine »eindeutige und informierte Einwilligung des Betroffenen«.

Leider lassen wir uns häufig hetzen. Wer während einer Bahnfahrt per Smartphone seine E-Mails bearbeitet und im Internet surft, der erspart sich, abends noch einmal den PC anwerfen zu müssen. Und wer von Berufs wegen im Internet recherchiert, der lernt dessen Vorteile gegenüber der Mühsal vergangener Jahrzehnte sehr zu schätzen. Dabei verleitet uns diese Einfachheit – Internetexperten sprechen von »Usibility« – bisweilen zu einem Verhalten, dem jedes Bewusstsein der Risiken der Internetnutzung bedenkenlos geopfert wird.

Geraten wir also sogar mit dem Gesetz in Konflikt, wenn wir Facebook mir nichts dir nichts die Daten aus unseren Adressbüchern überlassen? Nach dem Datenschutzgesetz kann rechtswidrig nur eine »datenverarbeitende Stelle« handeln. Bisher hatte die Justiz dabei die Datenverarbeitung von Behörden und Unternehmen im Auge, mit ihren Aktenstapeln, zahllosen Vorgängen und Servern bis hin zu kompletten eigenen Rechenzentren. Aber ist diese Sichtweise noch zeitgemäß? Ist der Privatmensch mit seinen zig Kontakten im Smartphone, darunter zahlreiche sensible persönliche Daten, nicht längst ebenfalls zu einer »datenverarbeitenden Stelle« geworden? So sieht es jedenfalls Datenschutz-Experte Thilo Weichert. Er und seine Mitstreiter, die jahrzehntelang mit der Datensammelwut staatlicher Behörden in Deutschland zu kämpfen hatten, stehen heute vor einer weit komplizierteren Herausforderung. Zwar weist Facebook uns auf unserem iPhone beim Hochladen von Kontakten, um Freunde zu suchen, darauf hin, dass deren Einverständnis erforderlich sei, das sagt aber nichts darüber aus, ob wir auch tatsächlich alle unsere Kontaktpersonen gefragt haben, bevor wir deren Daten an Facebook schicken. »Dieses Einverständnis gilt nur für den User selbst«, sagt Thilo Weichert, »nicht für die vielen Dritten.«

In der Praxis würde das Ganze in einem absurden Kommunikationsspiel enden. Denn bevor ich in Sekundenschnelle die Daten aus meinem iPhone an Facebook übermittle, müsste ich meine sämtlichen Bekannten kontaktieren, um ihr Einverständnis einzuholen, und ihnen mitteilen, was bei Facebook mit ihren Daten geschieht – eine tage- oder womöglich wochenlange Prozedur. Genau genommen müsste ich sie darüber hinaus animieren, die seitenlangen Nutzungs- und Datenschutzerklärungen des Netzwerks zu lesen. Eine absurde Zumutung. Der Ratschlag kann deshalb nur lauten: Finger weg von solcher Art Synchronisierung, denn am Ende der Kette droht die Illegalität. Mit bis zu 300 000 Euro kann ein Verstoß gegen das Datenschutzrecht bestraft werden, sagt Thilo Weichert. Denn, so der Jurist Weichert, jeder, der sein Adressbuch für Facebook öffne, legt damit »den Grundstock, dass Daten für kommerzielle Zwecke an Facebook weitergegeben werden. Das ist ein Verstoß, der in letzter Konsequenz auch von Datenschutzbehörden geahndet werden kann.«

Big Brother, das sind wir alle

Facebook ist nicht Big Brother, das soziale Netzwerk ist kein diktatorisches Überwachungsinstrument. Facebook lebt davon, dass wir mitmachen, und das freiwillig. Auf dieser Freiwilligkeit basiert die Datenschutzphilosophie des Unternehmens. Wir tun etwas, aber sollten uns mittendrin Skrupel befallen, kein Problem, Facebook hat bereits eine Lösung:

>»Wir können die E-Mail-Adressen, die du mithilfe des Importers hochgeladen hast, dazu benutzen, um dir bei der Vernetzung mit deinen Freunden zu helfen. Dies beinhaltet auch das Generieren von Freundschaftsvorschlägen für dich und deine Kontakte auf Facebook. Wenn du nicht möchtest, dass wir diese Informationen speichern, gehe bitte auf diese Seite.«

Und wieder eine Seite! Und wieder ein Klick, nur weil man etwas nicht will. Die Betreiber können allerdings nicht behaupten, dass ihnen ihre Gratwanderung nicht klar wäre, sonst hätten sie nicht für jeden heiklen Punkt eine Formulierung im Kleingedruckten erfunden. Dass wir beispielsweise womöglich Freunde einladen, die das absolut nicht wollen, hat Facebook bereits einkalkuliert: »Wenn deine Freundin/dein Freund nicht möchte, dass wir ihre/seine Informationen speichern, werden wir sie auf ihren/seinen Antrag hin, der mit Hilfe dieser Hilfe-Seite eingereicht wurde, entfernen.« Es wird auf ein Formular verwiesen, auf dem man anklicken kann: »Ich habe KEIN Facebook-Konto und möchte nicht, dass Facebook meine Informationen weiterhin speichert.« Wer immer neue Einladungen jedoch ignoriert oder einfach löscht, der muss damit leben, dass eine Kopie eines Teils seiner Daten dauerhaft in den Servern von Facebook schlummert.

Angesichts all dessen ist meine Begeisterung für Facebook inzwischen etwas abgeklungen. Aber ist der Ruf nach dem Staat, der uns schützen soll, noch zeitgemäß? Sogar Thilo Weichert ist in dieser Hinsicht sehr zurückhaltend. »Ehrlich gesagt, um Facebook zu bearbeiten, reichen unsere Kapazitäten nicht aus«, räumt er ein. »Nach Google und Facebook jetzt auch noch Apple, das ist kaum noch greifbar, ehrlich gesagt, hier ist Land unter.« Schließlich haben er und seine 40 Mitarbeiter schon alle Hände voll zu tun mit den alltäglichen Datenschutzskandalen, dem illegalen Ausforschen von Arbeitnehmern oder dem Abgreifen von Bankdaten durch Einzelhandelsketten. Wenigstens sind deutsche Unternehmen greifbarer als globale Internetriesen wie Facebook.

Ohnmächtige deutsche Datenschützer

Im Frühjahr 2010 hat sich Weicherts Behörde mit dem Hamburgischen Datenschutzbeauftragten Johannes Caspar informell darauf geeinigt, das Thema Facebook gemeinsam zu bearbeiten. Die Beteiligten wissen aber auch: Um den Dingen wirklich auf den Grund zu gehen, bräuchte es Leute, die rund um die Uhr nichts anderes tun. So bleibt zunächst nicht viel mehr, als die Beschwerden von Bürgern zu verfolgen und bei Facebook nachzufragen. Das tat Thilo

Weichert am 2. Februar 2010. Er schrieb dem Datenschutz-beauftragten von Facebook, Chris Kelly, in Palo Alto und be-rief sich auf Beschwerden von Bürgern, die sich fragten, wie ihre E-Mail-Adressen in die Datenserver von Facebook gelangt waren. Weichert wollte wissen, wie Facebook Daten von Nicht-Mitgliedern speichert und für welchen Zweck. Und ob Facebook das Netzverhalten von Nutzern verfolgt, um bei ihnen gezielte Werbung platzieren zu können. Ob das Unternehmen Daten an Dritte weitergebe. Weichert be-zog sich bei seiner Anfrage auf das internationale Safe Har-bor-Abkommen, das den Datenverkehr zwischen der Euro-päischen Union und den USA regelt. Laut EU-Recht ist es Firmen untersagt, Daten von EU-Bürgern an Länder weiter-zugeben, die niedrigere oder keine adäquaten Datenschutz-standards haben. Darunter fallen auch die USA. Um den-noch einen reibungslosen Datenverkehr zu gewährleisten, einigten sich die EU und die USA vor gut zehn Jahren auf das oben genannte Abkommen. Mehr als eintausend inter-national operierende Firmen[32] wie Microsoft, Google, Ama-zon und auch Facebook traten dem Abkommen bei. Die deutschen Datenschutzbehörden besitzen damit zumin-dest ein rechtliches Fundament, um gegen internationale Datenkraken vorzugehen. Eine echte Drohkulisse jedoch sieht anders aus.

Thilo Weichert setzte Facebook in seinem Brief eine einmonatige Frist zur Beantwortung seiner Anfrage, nach deren Ablauf er sich »weitere Schritte« vorbehielt. Nach mehreren Ermahnungen erhielt er schließlich drei Monate später von dem neuen Facebook-»Datenschutzbeauftrag-ten« Richard Allan aus London eine Antwort auf seine Anfrage. Allerdings handelt es sich bei Allan in Wahrheit um einen ehemaligen britischen EU-Abgeordneten, der seit dem Sommer 2009 Chef-Lobbyist von Facebook für Europa ist.[33] Allans Antwort an Weichert fiel alles andere als zufriedenstellend aus. So forderte er den deutschen Datenschützer gleich zu Beginn auf, ihm die Beschwerdefälle zu nennen, damit er einschätzen könne, ob die Fälle sich erledigt hätten, oder ob es erforderlich sei, »sie direkt zu kontaktieren«. Von einer staatlichen Datenschutzbehörde zu verlangen, Daten von Beschwerdeführern an Facebook weiterzuleiten, offenbart, gelinde gesagt, ein sehr laxes Verständnis von Datenschutz.

Richard Allan bestritt übrigens in dem Schreiben, dass Facebook Daten von Nicht-Nutzern sammle. Vielmehr ermögliche das Netzwerk, wie viele andere Internetdienste auch, seinen Nutzern lediglich, Kontakt-Informationen Dritter hochzuladen. Mit dieser Interpretation bewegt sich Facebook auf einem erstaunlichen argumentativen Niveau: Wir Nutzer selbst sind es, die die Daten hochladen, und wir tun es »purely voluntarily« – absolut freiwillig. Wir tun es zwar über die Server von Facebook und angeleitet von Facebook, aber Facebook ist nach dieser Logik im Prinzip gar kein eigener Akteur, sondern lediglich eine Plattform. Anders ausgedrückt: Facebook ist eine Art Cyber-Gespenst, und wer davor erschrickt, ist selber schuld. Thilo Weichert hat den Eindruck, dass für den Konzern »Datenschutz nicht existiert, dass das als eine lästige Befindlichkeit von Europäern, insbesondere von Deutschen wahrgenommen wird«.

Facebook ist überall

Bei seiner Expansion versucht Facebook, sich kulturelle Eigenheiten und aktuelle Trends zunutze zu machen. Und hält zugleich ständig nach Verbündeten Ausschau. Die auch längst bereitstehen, zum Beispiel in Gestalt der E-Mail-Provider, die fürchten müssen, durch die immer größere Verbreitung der Kommunikation von Menschen innerhalb »sozialer Netzwerke« überflüssig zu werden.

Einer der ersten Partner von Facebook in Deutschland ist zugleich eines der größten deutschen Telekommunikationsunternehmen: die 1&1-Gruppe des Privatinvestors Ralph Dommermuth. Zu seiner United Internet AG gehören die beiden großen deutschen E-Mail-Provider, GMX und WEB.DE. Am 25. August 2009 verkündete das Unternehmen eine Vereinbarung mit Facebook über eine Zusammenarbeit.[34] Sie bezieht sich auf eine der vielen kleinen revolutionären technischen Neuerungen, die Facebook anbietet. Ab sofort können wir von unseren E-Mail-Accounts mit nur einem Klick auf den installierten Facebook-Button auf unsere Facebook-Seite gelangen, »ohne von neuem Nutzername und Passwort einzugeben oder mühsam einen Registrierungsprozess durchlaufen zu müssen«, schreiben WEB.DE und GMX in ihrer Mitteilung. Das digitale Leben werde damit auch für die deutschen Nutzer bequemer, lautet die frohe Botschaft, das Verwalten von Nachrichten und Kontakten auch in sozialen Netzwerken »deutlich komfortabler und sicherer.« Sicherer? Erinnert sei an den Test im Institut für Internetsicherheit. Die E-Mail-Passwörter, die vertrauensvoll an Facebook geschickt wurden, waren nicht einmal verschlüsselt.

Die deutschen Provider jubilierten jedenfalls. Über den kostenlosen Navigator, so teilten sie mit, ließen sich innerhalb der GMX- und WEB.DE-Postfächer sichere Zugänge zu vielen anderen Internetdiensten einrichten. Ein Klick auf die Login-Widgets für Netzwerke, Shops und Dienste genüge fortan, um in die jeweiligen Angebote zu gelangen. Der Vorteil liegt auf der Hand. Musste man bislang Nutzernamen und Passwörter für Amazon, eBay, Facebook und Co. getrennt bereit halten, so genügt künftig dank der sogenannten OpenID-Technologie eine einzige Identität mit nur einem Passwort.

Dass GMX und WEB.DE sich ausgerechnet mit Facebook zusammentaten, ist kein Zufall. »Für uns war es wichtig, OpenID mit einem großen Launch-Partner einzuführen. Das ist uns durch die Kooperation mit Facebook als weltweit größter sozialer Plattform gelungen«, lobt WEB.DE-Geschäftsführer Jan Oetjen das neue Geschäftsmodell.[35] Und die Geschäftsführerin von GMX, Eva Heil, fügt hinzu:»Für unsere Nutzer ist das Postfach die Kommunikationszentrale im Internet. Da ist es nur logisch, direkten Zugang auch zu Nachrichten aus sozialen Netzwerken zu ermöglichen.« Facebook als die am schnellsten wachsende soziale Plattform habe auch für die GMX-Nutzer »eine hohe Relevanz«. Javier Olivan, Manager International Business bei Facebook dazu:

»Die Art und Weise, wie GMX und WEB.DE mit OpenID Facebook in deren Webmail-Services integriert haben, veranschaulicht perfekt, wie zwei Online-Services gemeinsam das Nutzungserlebnis bereichern können, indem sie es ermöglichen, die tägliche

E-Mail-Korrespondenz mit den Aktivitäten ihrer Nutzer in sozialen Netzwerken zu verbinden.«

Aus dieser Lobeshymne wird aber auch klar: Unsere tägliche Kommunikation, seit der Erfindung des Briefsiegels ein geschütztes Gut, wird immer stärker mit immer mehr großen Internetfirmen vernetzt. So erhalte ich von Facebook automatisch eine E-Mail an meine WEB.DE-Adresse, wenn jemand an meine Pinnwand geschrieben oder mir eine Facebook-Nachricht geschickt hat. Die Information, wie häufig sich auf Facebook welche Freunde bei mir melden, ist nun auch in den WEB.DE-Servern.

Alle großen Provider haben sich mittlerweile mit Facebook verbunden. Wer als Facebook-Nutzer im digitalen Telefonbuch der Telekom jemanden sucht, den blickt immer häufiger sein Facebook-Profilbild an. Für Facebook laufen die Dinge strategisch bestens, und der Konzern will Facebook als Fenster zum World Wide Web weiterentwickeln. Wer möchte, kann schon heute Facebook als Netzzugang benutzen, und um E-Mails zu versenden, muss er die Plattform jetzt nicht mal mehr verlassen. Das dürfte die Verweildauer der Nutzer auf Facebook weiter erhöhen. Am meisten für die Expansion von Facebook tun nach wie vor die Mitglieder selbst. Das Streben, sich immer weiter zu vernetzen und dabei den selbst gewählten Weg über ein soziales Netzwerk auch anderen Bekannten und Freunden ans Herz zu legen, kennt keine Grenzen.

Facebook beantwortet nicht alles

Nachdem Versuche, ein Interview von Facebook zu bekommen, ebenso im Sande verlaufen waren wie die Suche nach einer deutschen Niederlassung oder einer Pressestelle, erhielt ich einen heißen Tipp: Tina Kulow. Die Frau legt Wert darauf, keine Facebook-Sprecherin zu sein. Kulow-Kommunikation ist eine PR-Agentur. Trotzdem ist Tina Kulow sehr hilfsbereit. Bereits im April, im Rahmen der Recherche für »Monitor«, leitete sie eine umfangreiche Anfrage an den Facebook-Vertreter in Europa, Richard Allan in London, weiter und sorgte für pünktliche Beantwortung. Ein Interview bekamen wir zwar nicht, dafür aber Antworten auf fast alle Fragen. Die Kritik deutscher Datenschutzbeauftragter an der Freunde-Suchfunktion wies er zurück. Jeder Nutzer tue das freiwillig. Von den Inhalten persönlicher Adressbücher speichere Facebook ausschließlich Namen und E-Mail-Adresse, und der Nutzer könne anschließend sogar selbst entscheiden, ob er die Kontaktdaten der Eingeladenen in seiner »Einladungs-History« weiterhin speichere oder sie lösche. Auch könne er einzelne Adressen löschen oder beschließen, jemanden nicht mehr einzuladen. Dass deutsche Datenschutzbehörden die Nutzung der Daten Dritter durch Facebook für illegal halten, kommentierte Facebook-Lobbyist Allan sehr britisch: »Kontakte hochzuladen ist ein Service, den viele Web-Anbieter wie webmail, instant messenger und andere Dienste in Deutschland und weltweit anbieten.«

Im Übrigen seien die Facebook-Mitglieder sich des Schutzes der Privatsphäre bei Facebook »sehr bewusst«. Allan weiter:

»Wir haben unmissverständlich klargestellt, dass die Einstellung ›Für alle sichtbar‹ bedeutet, dass die Daten für jeden im Internet sichtbar sind. Der Besitz der Daten verbleibt zwar beim Nutzer, der sie dort gepostet hat, aber es ist auch klar, dass dort kein Schutz der Privatsphäre gilt, also auch keine der Facebook-Kontrollen verhindern kann, dass die Daten von jemand anderem inner- oder außerhalb von Facebook benutzt werden.«

Zwei Fragen ließ Allans wortreiche Antwort danach unbeantwortet: Wie steht Facebook zur Ausforschung von Nicht-Mitgliedern durch Cookies, die, etwa über Bild.de, gesetzt werden? Und was sagt Facebook zur Sicherheitslücke bei der Übertragung von E-Mail-Passwörtern? Eine weitere Frage wurde von Facebook auch nur formal beantwortet; sie betraf die eigene Datenschutzaufsicht durch ein angeblich unabhängiges Unternehmen.

Facebook beruhigt seine Mitglieder mit dem Hinweis, dass ein unabhängiges Unternehmen mit dem schönen Namen TRUSTe (»trust«, engl.; Vertrauen) die Plattform bei der Einhaltung des Datenschutzes überwache. Schon im Jahr 2008 zertifizierte und überwachte TRUSTe rund 2400 Websites mit 240 Millionen Nutzern bei der Einhaltung der Datenschutzbedingungen, darunter Global Player wie HP, eBay, Microsoft und Apple, aber auch Produktseiten wie die von Pepsi Cola. Wer die Investoren dieser Firma sind, erfährt man jedoch nicht. In dieser Hinsicht fündig wurde ich ausgerechnet im Newsarchiv eines Unternehmens, das zugleich einer der Hauptinvestoren von Facebook ist: der Beteiligungsgesellschaft Accel Partners. Am 17. Juli 2008 veröffentlichte Accel Partners seine neue Investition in Höhe von zehn Millionen Dollar bei TRUSTe.[36] Von wegen unabhängig: Facebook kontrolliert sich letztlich selbst.

Dem Hamburger Datenschutzbeauftragten Johannes Caspar genügten die Aussagen von Facebook nicht. Am 7. Juli 2010 leitete er das erste offizielle Bußgeldverfahren gegen den Konzern aus Palo Alto ein.[37] Und zwar wegen der immer noch »anhaltenden Praxis, im Rahmen von Einladungs- und Synchronisierungsfunktionen die E-Mail- und Handy-Adressbücher seiner Nutzer auszuwerten«. »Zwar verfügen auch andere soziale Netzwerke über derartige Friend-Finding-Funktionen, diese führen aber nicht dazu, dass die Daten von Personen, die nicht zum Nutzerkreis des jeweiligen sozialen Netzwerks gehören, dauerhaft gespeichert werden«, so Caspars Kritik. Überdies würden Daten von Nicht-Nutzern miteinander vernetzt, was angesichts von Millionen Facebook-Mitgliedern eine »beunruhigende Vorstellung« sei. Aber Caspar legte noch nach: Die von Facebook verschickten Einladungen seien auch von Facebook formuliert. Insofern könne es sich hier sogar um »unzulässige Direktwerbung« handeln. Ich habe Facebook nach diesen Vorwürfen befragt. In seiner schriftlichen Antwort verweist das Unternehmen darauf, dass seit einem Jahrzehnt viele Unternehmen das Hochladen von Kontaktdaten zu Einladungszwecken anböten: »Facebook verschickt Einladungs-Emails nur auf speziellen Wunsch der Personen, die die Emailadressen ihrer Freunde hochgeladen und Facebook um Einladung dieser Freunde gebeten haben. Die Emails, die Freunde an Facebook weitergegeben haben, nutzt Facebook ausschließlich, um ihnen zu helfen,

Freunde zu finden oder Freunde einzuladen.« Zu diesem Zweck gespeichert werden laut Facebook ausschließlich die Namen und E-Mail-Adressen, und das auch nur, solange Nutzer dies wünschen. Auch schreibt Facebook, man arbeite eng mit dem Hamburger Datenschutzbeauftragten zusammen.

Die Gesetzlosen aus dem warmen Westen

Als Facebook im Frühjahr 2010 eine weitere Aufweichung des Datenschutzes vollzieht, indem der Konzern Profildaten für alle sichtbar macht, schreibt Bundesverbraucherschutzministerin Ilse Aigner Facebook-Chef Mark Zuckerberg einen Brief.[38] Sie outet sich darin als Fan digitaler sozialer Netzwerke: »Ich nutze jeden Tag, beruflich wie privat, das Internet, und bin Mitglied in mehreren sozialen Netzwerken, darunter auch bei Facebook.« Soziale Netzwerke seien eine Bereicherung und aus unserem Leben nicht mehr wegzudenken. Gerade wegen der millionenfachen Ausbreitung über Ländergrenzen hinweg, müsse der Schutz der Privatsphäre einen hohen Stellenwert haben. »Privates muss privat bleiben – ich denke, ich spreche hier für viele Internet-Nutzer. Leider achtet Facebook diesen Wunsch nicht.« Sie forderte von Facebook, seine Datenschutzrichtlinie wieder zu ändern, um die persönlichen Daten seiner Mitglieder zu schützen. »Sollte Facebook nicht bereit sein, seine Firmenpolitik zu ändern und die eklatanten Missstände zu beheben, sehe ich mich gezwungen, meine Mitgliedschaft zu beenden«, drohte die Ministerin. Monatelang erhielt sie keine Antwort. Im Mai 2010 erschien dann ein Vertreter von Facebook im Berliner Ministerium. Das Ergebnis: Ilse Aigner löschte ihren Facebook-Account. Dort hatte sie übrigens 1900 »Freunde«, darunter auch Prominente wie Thomas Gottschalk, aber auch ihre Kabinettskollegin Familienministerin Kristina Schröder.[39] Diese jüngste Ministerin ist Aigner aber nicht gefolgt, weshalb man sie und ihre Freunde noch heute auf Facebook bewundern kann.

Facebook-Lobbyist Richard Allen war noch einige Male in Hamburg, seit dort das Bußgeldverfahren gegen Facebook läuft. Die langen und schwierigen Gespräche scheinen auf den ersten Blick etwas bewirkt zu haben. Mitte November machte Facebook dem Datenschutzbeauftragten Johannes Caspar schriftlich Hoffnung, dass die Probleme zum Teil beseitigt würden. Dabei geht es insbesondere um die Nutzung von Daten der Nicht-Facebook-Mitglieder durch die Plattform. »Wir können auf absehbare Zeit davon ausgehen, dass diese illegale Praxis beendet wird«, sagt Caspar. Konkret hat Facebook angekündigt, eine eigene Adressbuchfunktion für seine Nutzer einzuführen. Aus Sicht der Datenschützer ergibt das Sinn, denn dann sind es die Nutzer selbst, die Daten Dritter aktiv verwalten – ähnlich, wie wir es in unseren E-Mail-Konten tun.

Auch der Vorwurf, dass Facebook mit seinem bisherigen Einladungssystem »illegale Direktwerbung« betreibe, sei dadurch obsolet, sagt der Hamburger Datenschützer. Denn dass Facebook Kontaktdaten Dritter ohne deren Wissen benutzt, soll künftig ausgeschlossen sein. Laden Facebook-Mitglieder Kontaktdaten von Nicht-Mitgliedern auf die

Plattform, darf Facebook diese Daten nicht mehr zum Zweck der Freundschaftswerbung verwenden. Nur die Facebook-Mitglieder selbst laden andere ein. Und erhält ein Nicht-Mitglied eine Einladung, kann es sie ablehnen und somit auch verbindlich die Weiternutzung seiner Daten durch Facebook verhindern.

Der Schluss liegt allerdings nahe, dass Facebook dieses Entgegenkommen nicht sonderlich schwergefallen ist. Denn zur gleichen Zeit verkündete Mark Zuckerberg in Palo Alto der Weltöffentlichkeit, dass Facebook künftig auch eine E-Mail-Funktion sowie das Instant Messaging in das Netzwerk integrieren werde. Die Einrichtung von eigenen Adressbüchern der Nutzer ist damit selbstverständlich.

Facebook entwickelt sich weiter zu einem universellen Kommunikationsunternehmen. In dem neuen Projekt soll für die Nutzer auch eine »conversation history« eingerichtet werden: Sämtliche Kommunikationspartner und -inhalte sollen auf Ewigkeiten gespeichert werden, sodass Datenschützer wie Johannes Caspar schon wieder eine neue Baustelle hätten: »Dieser Schritt ist aus Datenschutzsicht abschreckend, weil es nicht gut ist, wenn alle Dinge, die man kommuniziert über einen Dienst laufen, der alles abspeichert und der natürlich für uns nicht kontrollierbar ist.« Selbst wenn Facebook behaupte, keine Vernetzungsprofile von Menschen zu erstellen, könne eine deutsche Behörde das nicht nachprüfen. »Wir kommen nicht an die Server des US-Unternehmens heran«, beklagt Caspar.

Es werden also weitere harte Zeiten auf die öffentlichen Datenschützer zukommen. »Facebook wird für uns immer eine Dauerbaustelle sein, wir werden immer mit Facebook um Datenschutz ringen müssen, weil das Unternehmen wirklich hohe Datenschutzstandards gar nicht anstreben kann«, analysiert Caspar, »denn das stünde seinem Geschäftsmodell diametral entgegen.«

Die Macht deutscher Behörden gegenüber dem expandierenden Kommunikationsriesen geht letztlich gegen Null. Demnächst will sich der Hamburger Datenschutzbeauftragte um die Installation von Facebook-Cookies auf den Computern von Nicht-Facebook-Mitgliedern kümmern, die mit Facebook verbundene Webseiten anklicken. Es bleibt abzuwarten, ob Facebook darauf überhaupt reagiert. Immerhin schaffen die Datenschutzbehörden öffentliche Aufmerksamkeit für den rüden Umgang mit unseren Daten, denn nichts schadet einem Konzern so sehr wie immer neue Negativschlagzeilen. Bei den Bußgeldverfahren verhält es sich allerdings so ähnlich, als habe Facebook-Chef Zuckerberg seinen Wagen irgendwo in Deutschland falsch geparkt, und die deutschen Behörden versuchten nun, ein Bußgeld bei dem amerikanischen Konzern einzutreiben. Der Datenschutzbeauftragte von Schleswig-Holstein Thilo Weichert witzelt etwas sarkastisch: »Vielleicht besucht Zuckerberg ja mal Europa, dann können wir die Radkappen seiner Limousine beschlagnahmen.« Und dass die deutsche Verbraucherschutzministerin ihren Account gekündigt hat, dürfte in den Großraumbüros von Palo Alto nicht mal zum Gesprächsthema am Kaffeeautomaten getaugt haben.

Die Datensammler aus dem warmen Westen Amerikas haben längst eine neue Welt mit eigenen Gesetzen geschaffen. Und wer auf die Gesetze der alten Welt pocht, auf bürgerliche Rechte, wird von den Machern der neuen Welt als lebendes Fossil verachtet.

Kurz nachdem Ministerin Aigner ihren Facebook-Account gelöscht hatte, meldete Facebook übrigens, dass die Nutzerzahl in Deutschland auf zehn Millionen gestiegen ist. Im November 2010 waren es bereits gute 12 741 220 deutsche Nutzer, fast doppelt so viele wie im Januar 2010.[40]

KAPITEL 3

Fischen, wo die Fische sind

Das Milliardengeschäft mit dem, was uns bewegt

Unsere Geschichte beginnt mit dem Besuch eines Service-technikers des Telefonunternehmens Comcast in der Wohnung eines gewissen Brian Finkelstein aus Washington. Dieser hat sehnsüchtig auf das Modem gewartet, das der Techniker jetzt einbauen soll. Doch der kommt nicht zurecht und ruft die Kundenhotline seiner eigenen Firma an. Eine Stunde wartet der Mann am Telefon, und irgendwann hört Finkelstein nichts mehr von ihm. Der Comcast-Techniker ist einfach eingeschlafen, statt das bestellte Modem anzuschließen. Ein unglücklicher Zufall, hatte sich doch bei Finkelstein bereits zuvor jede Menge Wut angestaut. Also greift er nun zu einer Digitalkamera und dreht ein Video mit dem schlafenden Comcast-Mann samt Laptop auf dem Bauch und Telefonhörer in der Hand. Anschließend lädt Finkelstein es bei YouTube hoch und unterlegt die Filmsequenzen obendrein mit einem Text: »Ich danke Comcast für zwei zerstörte Router, eine Woche ohne Internet, die langen Zeiten in der Telefonwarteschleife, drei verlorene Aufträge, das Versprechen zurückzurufen, ohne sich wieder zu melden, und für die hohen Preise.«[41] Gut 1,5 Millionen Menschen klicken den Techniker auf der Couch an. Eine Katastrophe für den Monteur, der zwar berühmt wird, aber seinen Job verliert. Und für Comcast. Es kostet das Unternehmen Jahre, sein Image wieder aufzupolieren, falls es denn je gelingt. Und eine Menge Geld. Brian Finkelstein hat es denen da oben gezeigt. Der Musikprovider iTunes schaltet sogar eine Werbung auf der entsprechenden YouTube-Seite: Man kann dort den Song »I need some sleep« herunterladen.

Aus der Geschichte folgen drei wichtige Erkenntnisse über das Milliardengeschäft mit dem Internet: 1. Wir Konsumenten sind mächtig. 2. Die Konzerne wissen, dass wir mächtig sind. 3. Die Konzerne machen ein Geschäft daraus, unsere Macht zu kanalisieren.

Mark Zuckerberg will das Internet unterwerfen

Am besten verstehen Konzerne wie Google oder Facebook es, diese Wahrheit in bare Münze zu verwandeln. Werfen wir einen Blick zurück auf den 21. April 2010. Ein paar hundert ziemlich junge Leute sitzen in der Kongresshalle des Design Center Concours in San Francisco. Sie warten auf den Auftritt von Facebook-Gründer Mark Zuckerberg. Programmentwickler, der eine oder andere Vertreter von Anteilseignern, Verantwortliche und Freunde des weltgrößten digitalen sozialen Netzwerks haben sich zur f8 eingefunden. Das kryptische Kürzel steht für eine Art technischer Facebook-Hauptversammlung, die in den sechs Jahren, seit es Facebook gibt, zum dritten Mal stattfindet. Aus der Veranstaltung ist inzwischen eine professionell organisierte Show geworden. Die Bühne ist in einem strengen Blau gehalten, etwas dunkler als das Facebookblau. Unter dem Jubel des Publikums trabt ein junger Mann in Jeans, weißen Sneakers und schwarzem Kapuzenshirt auf die Bühne. Seine dunkelblonden Haare sind wuschelig, und seine braunen Augen überfliegen ein wenig hektisch die erwartungsfrohe Menge. Es ist der Auftritt von Mark Zuckerberg, Gründer und Mit-Erfinder von Facebook. Ein paar Augenblicke lang erweckt er jedoch eher den Eindruck, als habe er sich hierher verirrt.

Doch der äußere Anschein trügt. Mark Zuckerberg kennt sich bestens aus in der digitalen Welt, und er hat sich vorgenommen, der Öffentlichkeit an diesem Tag einen weiteren Schritt seiner weltweiten technischen Revolution zu verkünden. Auf eine Leinwand hinter ihm wird ein großer schwarzer Kreis projiziert, darin steht »Open Graph« – wörtlich übersetzt »offenes Diagramm«. Vielleicht lässt sich das Ganze am besten an seinem Vorgänger, dem »Social Graph«, erklären. Stellen wir uns vor, alle unsere »Freunde«, das heißt unsere sozialen Kontakte in einem digitalen Netzwerk, erschienen, durch Linien miteinander verbunden, nebeneinander auf einem Blatt Papier. Das Ganze ergäbe ein soziales Diagramm unseres Beziehungsgeflechts. Fügt man noch die Eigenschaften und Informationen, die wir uns selbst und unsere Freunde unserer Person zuordnen, hinzu, entsteht ein kleines persönliches Universum unserer Identitäten. Das »Social Graph« zeichnet ein aussagekräftiges Bild unserer Persönlichkeit.

Diese Sozialbeziehungen spielten sich in den ersten Jahren von Facebook ausschließlich innerhalb des Netzwerks ab. Wer zum Beispiel ein neues Handy schön fand, teilte das seinen Freunden mit oder auch nicht. Das war schlecht für das Unternehmen Facebook und seine Werbepartner, welche die Sozialbeziehungen der Facebook-Nutzer nicht in gewünschter Weise für kommerzielle Zwecke nutzen konnten. Es mussten Möglichkeiten geschaffen werden, ihre sonstigen Bewegungen im Internet in das Facebook-Netzwerk zu integrieren, um mehr über die Nutzer herauszufinden.

Und genau diesen revolutionären Schritt verkündete Mark Zuckerberg am 21. April 2010 mit dem »Open Graph«. Statt lediglich unsere Beziehungen innerhalb des Netzwerks zu managen, sollen künftig auch jene Websites in das Programm integriert werden, die wir außerhalb von Facebook doch besuchen. So einfach die Idee ist, verschafft sie Facebook eine unglaubliche Expansionsmöglichkeit, weil künftig Millionen bislang unabhängig agierender Websites und E-Mail-Provider barrierefrei mit den Facebook-Servern verbunden sein werden. Niemand, so Zuckerberg, brauche dann noch unterschiedliche Passwörter, eine einzige Erlaubnis reiche aus: »Jedermann ist vernetzt.«

Was Zuckerberg und sein Konzern planen, ist eine Art Weltgedächtnis in Echtzeit, die absolute Durchdringung jeglicher menschlicher Aktivitäten im weltweiten Netz. Niemand soll Facebook mehr verlassen müssen, wenn er im Internet surfen möchte. Aus Facebook soll das Fenster zum Internet werden, an dem eines Tages niemand mehr vorbeikommt. Was wir einander berichten, wofür wir uns interessieren, an wen wir unsere Botschaften richten und was die Empfänger unserer Botschaften ihrerseits interessiert, ihre Vorlieben und ihre Kommunikation, all das soll vernetzt werden. So entsteht eine Matrix, eine Parallelwelt, und deren globaler Community-Manager heißt Mark Zuckerberg.

Der 26-jährige ist laut *Forbes Magazine* der jüngste Milliardär der Welt. Der Wert des nicht börsennotierten Unternehmens wird seit Jahren mit 10–15 Milliarden Dollar veranschlagt. Zuckerberg selbst hält etwa 24 Prozent der Anteile. Nimmt man die Meldungen aus dem Facebook-Hauptquartier vom Spätsommer 2010 ernst, dann ist das Netzwerk sogar mehr als 33,7 Milliarden Dollar wert und rangiert damit vor Internetriesen wie eBay und Yahoo.[42] Zuckerbergs Privatvermögen wurde im September 2010 auf 6,9 Milliarden Dollar geschätzt – womit er sogar Apple-Gründer Steve Jobs abgehängt hat.[43]

Worauf gründet sich der Erfolg von Facebook? Welches sind die Mechanismen einer Welt, die aus technischer Begeisterung entstanden ist und ohne die maximale Monetarisierung nicht weiterbestehen könnte?

Beginnen wir mit der technischen Expansion, der vielleicht wichtigsten Säule des Facebook-Erfolges. Im Gegensatz zur geschlossenen Welt des Apple-Konzerns, einer Art Blackbox, deren immer neue technische Errungenschaften wir kaufen mögen oder auch nicht, geht Facebook anders vor. Das Netzwerk greift weltweit auf Hunderttausende externer Programmierer zurück, die in den offenen Programmierseiten mithelfen, die Plattform funktional und simpel zu halten. Es ist diese Offenheit, die den Wettbewerb der Entwickler fördert und hilft, Fehler frühzeitig zu erkennen. So ist auch der technische Entstehungsprozess bei Facebook »sozial«, was jedoch nicht heißt, dass dieses Unternehmen hinsichtlich der Algorithmen seiner Datenspeicherung, der insgeheimen Vernetzung immer neuer Ebenen des menschlichen Zusammenlebens besonders transparent wäre (siehe dazu Kap. 2 »Wir bezahlen mit unseren Daten«).

Was einst als Studenten-Netzwerk begann, ist heute ein milliardenschwerer Konzern mit 500 Millionen angemeldeten Nutzern (Stand: Mitte 2010) und einer Expansions- und Innovationskraft, von der selbst Netzgigant Nummer eins Google nur träumen kann. Längst haben Mark Zuckerberg und sein Netzwerk mehr Menschen an sich gebunden als Microsoft oder Yahoo, lediglich Google gilt es noch zu knacken. Immerhin ist es Facebook in den USA aber bereits gelungen, die Internet-Suchmaschine an manchen Tagen als meistbesuchte Internetseite zu überholen.

Monat für Monat tauschen die Mitglieder von Facebook mehr als 14 Milliarden Informationen aus. Wie es uns geht, was wir gerade tun oder lassen, was wir uns wünschen, wofür wir uns interessieren, was wir im Augenblick sind oder zu sein glauben, all diese Informationen werden in rund siebzig Sprachen in die Server von Facebook eingespeist. Und nicht nur der Innensicht unseres alltäglichen Lebens widmen wir uns in Facebook. Auch ganz handfeste Außenansichten unseres Privatlebens in Form von Fotos und Videos überlassen wir dem Netzwerk.[44] Dabei freuen wir uns, in der Welt unserer Freunde zu sein, ohne einen Cent ausgeben zu müssen. Wir lieben Facebook als überaus leicht zu bedienende Plattform für die Pflege unserer echten und digitalen Freundschaften. Aber wir machen uns keine Gedanken darüber, dass wir selbst es sind, die mit unseren Daten den Handelswert des Unternehmens Facebook in immer schwindelerregendere Höhen treiben.

Facebook lenkt den Strom der Aufmerksamkeit

Wir sind frei, im Netz das zu suchen, was uns interessiert. Dabei hilft uns zum Beispiel Google. Zugleich schränkt die Suchmaschine unsere »freie« Suche jedoch ein, denn je öfter eine Seite angeklickt wird, desto mehr Menschen interessieren sich für sie, weil sie im Ranking der Suchmaschine nach oben rückt. Nebenbei ein geniales Geschäftsmodell, weil eine Seite für Inserenten umso interessanter wird, je weiter oben sie rangiert, wodurch sie Google umso höhere Werbeeinahmen beschert.

Facebook hat ein anderes Konzept. Das soziale Netzwerk ist eine Gemeinschaft, ein eigenes Internet, in dem wir uns bewegen. Facebook gewichtet die Relevanz unserer Interessen innerhalb dieser riesigen Gemeinschaft und der mit ihr verbundenen Webseiten. Und je mehr diese Facebook-Welt expandiert, desto relevanter wird die Präsenz von Markenfirmen, Medien oder auch Politikern in diesem Netz.

Die vielfältigen Interessen, die wir in diesem geschlossenen System bekunden, sind jedoch kein Selbstzweck. Indem wir bequem und möglichst ohne weitere Anmeldung mit anderen Homepages und unserem E-Mail-Provider verbunden bleiben können, werden wir zugleich gläsern, denn Facebook kann unser Netzverhalten verfolgen und registrieren. Es entsteht ein gigantischer Datensatz. Und es sind keineswegs stumme Daten wie etwa in den Servern eines Einwohnermeldeamtes, die nur von Fall zu Fall bei Umzügen, Geburten oder Hochzeiten aktiviert werden müssen. Die Facebook-Informationen schlummern nicht, sie pulsieren, weil sie sich aus unseren Interessen speisen und somit permanent zugunsten der werbetreibenden Industrie ausgewertet werden.

Aber wie funktioniert das? Die erste Etappe auf dem Weg, Fenster zum Web zu werden, war das Programm Facebook Connect. »Build the social and personalized web«, fordert Facebook die Betreiber eigener Websites auf. Ein grüner Button ist die Eintrittskarte: »Add Facebook to my site.« Über eine Million Websites weltweit haben sich mittlerweile mit Facebook verbunden.[45] Zwei Drittel der von dem Internet-Marktforschungsunternehmen comScore gelisteten Top-100-Websites und die Hälfte der weltweit am häufigsten angeklickten Websites haben Facebook integriert – von ABC-News bis zur Suchmaschine Yelp. Vor allem Medien sind vertreten, beispielsweise CNN, das *Wall Street Journal*, die *New York Times*, die Illustrierten *Life* oder *Time*, aber ebenso der Jeans-Hersteller Levis, und in Deutschland gehört das beliebteste Online-Portal Bild.de zu den ersten Facebook-Kooperationspartnern.

Diese kurze Auswahl zeigt bereits, dass von Facebook alles vernetzt wird, von politischen Interessen bis zu alltäglichen Vorlieben. So wird das Netzwerk zur idealen Werbeplattform, zu einem Selbstläufer, weil der Aufenthalt auf

Facebook den Menschen obendrein auch noch Spaß macht. Dass vor allem klassische Medienkonzerne mit Facebook kooperieren, ist kein Zufall. Jede der eine Million Websites, die Facebook-Mitglieder im Internet als »Gefällt mir« anklicken, wird in Echtzeit seinen Freunden mitgeteilt, also quasi öffentlich gemacht. Dafür sorgt das zweite auf die Nutzer fokussierte Programm, Open Stream, eine Art digitaler Ausweis zum Besuch externer Seiten. Schon jetzt strömen jeden Monat mehr als 60 Millionen Nutzer über Facebook Connect auf externe Websites. Laut einer Analyse des Marktforschungsunternehmens Hitwise haben sich die Marktanteile von Facebook von 2009 bis 2010 denen von Google gefährlich angenähert. In diesem Zeitraum hatte Facebook in den USA an einigen Tagen sogar mehr Zugriffe als Google.[46] Der Clou am Geschäftsmodell von Facebook ist: Unsere Freunde sorgen dafür, dass wir in dem Netzwerk bleiben. So verbrachten sämtliche Internetnutzer der USA im Januar 2010 11,6 Prozent ihrer Zeit bei Facebook, aber nur 4,1 Prozent bei Google.[47] Und das Marktforschungsunternehmen Nielsen meldete, dass im Juni 2010 alle amerikanischen Nutzer 22,7 Prozent ihrer Zeit in sozialen Medien oder Netzwerken verbrachten, ein Jahr zuvor waren es noch 15,8 Prozent gewesen.[48] Damit werden Plattformen wie Facebook immer attraktiver für die Werbeindustrie. Bereits in den ersten drei Monaten des Jahres 2010 verkaufte Facebook 176 Milliarden Online-Werbungen weltweit, das waren laut comScore 16,2 Prozent aller Werbungen. Zum Vergleich: Der Anteil von Google lag auf seinen eigenen Seiten bei 2,2 Prozent.[49]

Facebook-Chef Zuckerberg macht keinen Hehl daraus,

dass der Konzern sein Geld mit Werbung verdient. Schätzungen zufolge hat Facebook im Jahr 2009 650 Millionen Dollar verdient, vorwiegend mit Online- Werbung. Für 2010 peilt Facebook einen Gewinn zwischen 1,2 und 2 Milliarden Dollar an.[50] Einen ansehnlichen Teil dieses Gewinns macht Facebook mit dem Vertrieb von Computerspielen wie Farmville. Der Farmville-Provider Zynga fährt mit seinen Spielen auf Facebook angeblich einen täglichen Gewinn von einer Million Dollar ein[51], von dem Facebook einen saftigen Anteil erhält. Zusätzlich kauft Zynga Werbeplätze auf Facebook, um für seine Spiele zu werben. Längst können wir auf Facebook – vielleicht etwas unromantisch – auch virtuell Blumen oder Liebesgrüße versenden – gegen Bezahlung, versteht sich.

Seit Beginn der kommerziellen Geschichte von Facebook ist immer wieder der gleiche Mechanismus zu beobachten: Die Software-Entwickler erfinden eine neue Applikation, woraufhin die Plattform und in Folge auch der Bedarf an Speicherkapazität wächst, was wiederum die Suche nach neuen Geldquellen zwingend macht. Netzökonomen sprechen hier von »Monetarisieren«. Mit der Expansion steigt zugleich die Abhängigkeit von Investoren. Im Herbst 2007 erwarb Microsoft 1,6 Prozent der Anteile an Facebook, die dem Software-Riesen 240 Millionen Dollar wert waren. Die Expertenwelt schloss daraus auf einen rechnerischen Facebook-Firmenwert von 15 Milliarden Dollar. Doch allein der Betrieb der Speicher koste Facebook im Jahr 2010 50 Millionen Dollar, im Vorjahr waren es noch 20 Millionen gewesen[52], nicht inbegriffen die geschätzten Kosten in Höhe von 180–215 Millionen Dollar allein für den Bau eines eigenen großen Rechenzentrums in Prineville/Oregon. Trotz dieser immens steigenden Kosten lässt Zuckerberg keine Gelegenheit aus, dem verbreiteten Gerücht entgegenzutreten, Facebook werde bald von seinen Nutzern eine Gebühr erheben.

Deutschland im Visier der Facebook-Expansion

Facebook wächst auch in Deutschland rasant. Hier konnte der Konzern die Zahl der aktiven Nutzer von zwei Millionen im Jahr 2008 auf fast 13 Millionen Ende November 2010 erhöhen, und das, obwohl in Deutschland bereits seit Jahren starke soziale Netzwerke wie SchülerVZ, StudiVZ und MeinVZ existieren.[53] Der deutsche Markt ist für Facebook inzwischen so bedeutend, dass das Unternehmen ein Büro in Hamburg eröffnet hat, um von dort aus Markenherstellern und Agenturen die Online-Werbung via Facebook schmackhaft zu machen.

Die Pioniere des Online-Marketing in Deutschland haben sich einen eindrucksvollen Arbeitsplatz ausgesucht, den Sandtorkai in der Hamburger Hafencity. Auf dem Flachbildschirm hinter der Empfangsdame flimmert knallgelb der Schriftzug »Scholz & Friends«. Es ist die Marke, die zählt, auch bei denen, die aus vielen Unternehmen erst Marken machen. Scholz & Friends beschäftigt deutschlandweit tausend Mitarbeiter, darunter gut einhundert Internet-»Kreative«. Das Wort Angestellte würde hier niemand in den Mund nehmen. Es sind meist sehr junge Leute, die im Auftrag großer Konzerne Werbungen erfinden, Werbungen für die Zeitung, das Fernsehen und auch für das World

Wide Web. Die Agentur ist eine der größten und wichtigsten in Deutschland, aber wie die anderen hat auch sie die Möglichkeiten des Internets erst spät erkannt. Dass sie sie überhaupt erkannt hat, hat viel mit Nico Lumma zu tun.

Der Werbefachmann begrüßt mich in Jeans, offenem weißen Hemd und Nadelstreifensakko. Er kommt gleich zur Sache und erzählt mir zur Einführung ins Thema die Geschichte vom Marketingleiter des US-Konzerns Procter & Gamble. Der habe noch vor zwei Jahren über Facebook gelästert, man habe dort nichts verloren, das sei nicht das richtige Umfeld. In diesem Jahr jedoch habe der Manager plötzlich Anweisung gegeben, alle Marken des riesigen Mischkonzerns in Facebook zu platzieren – von Gillette-Rasierklingen über Pringles-Chips bis hin zu Pampers. Sogar eine eigene Abteilung für digitale Aktivitäten wurde gegründet.[54] Inzwischen räumt Procter & Gamble Facebook das größte Potenzial für den Markenaufbau im Mitmach-Web ein und investiert dafür viel Geld. Inzwischen tun das fast alle großen Marken rund um den Globus.

Marken platzieren, das ist auch der tägliche Job von Nico Lumma und seinem Team. Allen voran die Marke Vodafone. Bei Scholz & Friends heißt der Teil, in dem auch Nico Lumma sein Büro bezogen hat, die »Vodafone-Flosse«. Flossen, so haben die hanseatischen Kreativ-Werber die rundlichen Ausbuchtungen auf der Nordseite ihres modernen Domizils aus Beton und Glas getauft.

Der 38-jährige Lumma gehört zu den Webpionieren in Deutschland. Mit Blogg.de gründete er eines der ersten deutschen Blogportale, und er erkannte früh die Chancen für die Kommerzialisierung. So gründete er das Werbeportal Shoppero.com. Auf seiner Homepage lumma.de bloggt er regelmäßig über Politik, Wirtschaft und Gesellschaft. Lumma lebt nicht nur vom Internet, er lebt auch darin. Facebook fasziniert ihn, weil man »ohne großen Aufwand mit seinen Freunden in Kontakt bleiben kann«. Zwei, drei Mal am Tag schaut er sich auf den Seiten seiner Freunde um. Nein, natürlich nicht auf allen 1200, nur auf denen der »echten Freunde«, wie er sagt. »Das sind ja keine intimen Geheimnisse, der eine ist bei der Arbeit, der andere ist ein bisschen genervt, ein anderer kränkelt gerade.« Und Lumma ist überzeugt davon, dass der regelmäßige Netzkontakt via Facebook auch die reale Freundschaft festige. Und selbst abends beim Bier mache es die Dinge einfacher. Sich zum zehnten Mal zu erzählen, was man die Woche über so gemacht hat, entfällt: »Das ist dann schon abgehakt«.

Aber Lumma säße nicht in seinem schönen Büro, würde er sich bei Facebook nur über Filme, Politik, Joggen und seine sonstigen Interessen austauschen. Vielmehr interessiert ihn als Werbemann, dass man dort Menschen erreichen kann. »Fischen, wo die Fische sind«, nennt er das angesichts einer steigenden Millionenzahl von deutschen Facebook-Mitgliedern.

Community-Manager wie Nico Lumma sind mehr als Werbeagenten. Ihr Einsatz folgt der Erkenntnis, dass eine Marke für die Kunden erreichbar und somit auch kritisierbar sein muss. Was positiven Einfluss auf die Unternehmenskultur hat, denn die Manager müssen sich inzwischen auf eine kritische Konsumentengruppe einstellen, die negative Erfahrungen zuweilen auch weiterträgt, und folglich bereit und in der Lage sein, Qualitätsmängel einzugestehen und öffentlich zu diskutieren. Die Zeiten, in denen sie die Kritik verärgerter Kunden schlicht ignorieren konnten, sind längst vorbei. Statt sich wie früher mit Musik in Endloswarteschleifen abspeisen zu lassen oder ihrem Unmut in Chatforen Luft zu machen, klicken kritische Konsumenten heute einfach die Facebook-Seite des jeweiligen Unternehmens an. Im Auftrag einer Marke oder eines Konzerns stellen sich die Community-Manager den Kunden, ihren Wünschen und ihrer Kritik, um negative Dominoeffekte im Netz zu verhindern – man denke nur an die Geschichte von dem schlafenden Comcast-Servicetechniker.

Der Computerhersteller Dell gehört zu den Unternehmen, die dies früh erkannten und inzwischen auch Profit daraus schlagen. Manish Mehta, bei Dell zuständig für soziale Medien, berichtet, dass Dell heute bereits für mehrere Milliarden Dollar Computer direkt im Internet verkaufe, sodass es nur eine Frage der Zeit sei, bis Netzangebote wie Facebook auch Verkaufsplattformen würden.[55] Um auf Plattformen wie Twitter oder Facebook angemessen präsent zu sein, hat man sich bei Dell eine geschickte Strategie ausgedacht – man sucht sich wichtige Multiplikatoren. Momentan twittern oder bloggen im Auftrag von Dell weltweit achthundert Menschen in neun Sprachen. Um an die relevanten Kundendialoge heranzukommen, spielt Dell über Bande. Man beobachtet und steuert die sogenannten »Meinungsmacher« mit vielen Fans auf Facebook und Followern auf Twitter: »Die Zahl dieser Meinungsmacher ist überschaubar; aber die Zahl der Menschen, die sie erreichen können, geht in die Millionen«, äußerte Mehta in

einem Interview mit der *Frankfurter Allgemeinen Zeitung.*
Aber auch das Unternehmen selbst werde umstrukturiert,
sagt Mehta. Jede Abteilung müsse sich mit sozialen Medien
befassen. »Die Vision ist: Wir stellen jedem Mitarbeiter ein
Radio auf den Schreibtisch, damit er die für ihn relevanten
Kundengespräche im Social Web hört.«

Auch die Vodafone-Gruppe bei Scholz & Friends versucht, mit der Facebook-Seite von Vodafone Fans der Marke,
Interessierten und Unzufriedenen ein virtuelles Spielfeld
abzustecken – und dessen Regeln legen die Community-
Manager der Werbeagentur fest. Erstaunlicherweise finden
sich hier auch Gewinnspiele, die bei der Internet-Gemein-
schaft noch genauso gut ankommen wie zwanzig Jahre zuvor bei der Generation Kreuzworträtsel.

Aber warum müssen solche Gemeinschaften gemanagt
werden, mögen wir uns als Verfechter des freien Internets
fragen? Damit sie ihren kommerziellen Zweck erfüllen. Es
ist in gewisser Weise paradox: Einerseits rechnen Community Manager mit dem freien Willen der Nutzer, sich dieser
oder jener Gruppe im Netz anzuschließen, »Fan« eines bestimmten Produkts zu werden oder auch nicht, andererseits werden ihre Bedürfnisse und Interessen »gemanagt«.
Genauer gesagt: Sie werden kanalisiert.

Der Trick dabei ist: Sich in eine bestimmte Richtung lenken zu lassen, muss zugleich Spaß machen. Werfen wir
einen Blick auf die von Scholz & Friends konzipierte Facebook-Seite von Vodafone: Unter der Überschrift »Wildcard
abstauben, Gegner einstauben« sollen wir uns für ein aben-
teuerliches Autorennen bewerben: »Elton sucht wieder Ver-
stärkung für sein Vodafone-Team – und zwar dich! Bewirb

dich bis zum 6. Oktober und gewinne die einzige Wildcard für ›Die Grosse TV total Stock Car Crash Challenge‹!«

Aber man kümmert sich nicht nur um die Spaßfraktion. Wichtiger noch, so Lumma, sei die Auseinandersetzung mit unzufriedenen Kunden. Deshalb finden sich auf der Vodafone-Seite auch zahllose Chats mit Titeln wie »Rechnung – böse Überraschung« oder »Mein erster Tag bei Vodafone und schon eine Überraschung: erste Mahnung!« Auf der Pinnwand können die Kunden über Abzocke schimpfen und ihre Erfahrungen schildern. Die Seite ist wie ein Ventil. Und da die Community Manager sich in diese Fälle einschalten, haben auch die wütendsten Kunden am Ende ein gutes Gefühl. Es ist die beste Werbung für das Unternehmen, denn sie bindet auch unzufriedene Kunden an die Marke. Und es ist Werbung, die sich dank Facebook herumspricht.

Die Agenten der sozialen Medien setzen auf das, was früher Zaun-, Flur, Kneipen,- oder Wartezimmergespräche aller Art leisteten: Empfehlungswerbung durch Freunde und Bekannte. Und Facebook ist in der Wahrnehmung seiner Nutzer sogar die bessere Kneipe. Denn auf Facebook treffen sich Menschen freiwillig, weil sie sich mögen, kennen oder schätzen. Positive oder negative Wertungen erlangen hier automatisch den Rang des Beachtenswerten – Werbefachleute würden sagen, des »Relevanten«. Und im Unterschied zum Geplapper in Kneipen oder Wartezimmern, legen die Menschen ihre Erfahrungen hier sogar schriftlich nieder – ein zusätzliches Signal an die »Freunde«, dass einem etwas wichtig ist. Wer in der Kneipe von einem Schokoriegel erzählt, kann getrost davon ausgehen, dass sein

Gesprächspartner ihm nicht unbedingt ernsthaft folgt, weil es so interessant dann doch wieder nicht ist. Wird es hingegen Schwarz auf Weiß dokumentiert, entfaltet das Banale plötzlich einen Reiz, dem sich nur wenige entziehen können. Hinzu kommen die ganz alltägliche Neugier und der Wunsch, schnell und unkompliziert auf dem Laufenden zu bleiben. Wer etwa wissen will, was seine Lieblingsband regelmäßig über sich veröffentlichen lässt, oder wer in Echtzeit über neue technische Applikationen seines Mobilfunkbetreibers informiert werden möchte, der kann sich bei Facebook zum »Fan« erklären. Mittlerweile funktioniert dies über den »Gefällt-mir«-Button, den auf der Vodafone-Seite bis September 2010 immerhin gut 21 000 Menschen angeklickt haben.

Um bei dem Bild von den Fischen zu bleiben: Jeder dieser digitalen »Fische« hat für Facebook und die Werbewirtschaft bis hin zu den Betreibern von Internetspielen einen kommerziellen Wert von 20–22 Dollar (14–15 Euro) im Jahr. Stellt man die für 2010 erwarteten Einnahmen von Facebook (1,2 Mrd. Dollar) der Nutzerzahl des Netzwerks gegenüber (500 Mio.), ergeben sich immerhin geschätzte rund zwei Dollar, die pro Nutzer bei Facebook hängenbleiben. Gern hätte ich den Chef der Konzerntochter »Facebook-Germany GmbH« in Hamburg, Scott Woods, selbst gefragt, wie Facebook in Deutschland sein Geld verdient. Aber eine Einladung wurde mir von der PR-Agentur, die Facebook vertritt, zunächst in Aussicht gestellt und dann wieder zurückgezogen. Offenbar will sich das Unternehmen, das die Welt angeblich »offener« machen möchte, nicht in die Karten gucken lassen, wenn es um Finanzen geht.

Wer sein Leben durch die Teilnahme an solchen »sozialen Netzwerken« bereichert, der bereichert damit immer auch den dahinterstehenden Konzern. In den USA haben inzwischen fast alle großen Markenfirmen eine Facebook-Fanseite. Und die Konsumenten nehmen sie dankend an. So haben sich inzwischen mehr als 6,5 Millionen Menschen zu Starbucks-Fans erklärt, gut fünf Millionen sind auch digital als Coca-Cola-Trinker registriert. Und auf der Facebook-Fanseite der Chipsmarke Pringles tummeln sich mehr als drei Millionen Konsumenten.[56]

Auch deutsche Marken müssen sich trotz der deutlich kleineren Facebook-Gemeinde in Deutschland nicht mehr verstecken. Adidas beispielsweise verzeichnet inzwischen rund vier Millionen Markenfans auf Facebook, der Konkurrent Puma bringt es auf gut zwei Millionen. Der Luxus-Autobauer BMW konnte im Herbst 2010 erstaunlicherweise schon rund 1,8 Millionen Menschen vorweisen, denen er »gefällt«, obwohl sich auf der Fanseite des Konzerns bei Facebook zuvor erst 600 000 Menschen gemeldet hatten. Auch bei Adidas und Puma ist die Zahl der Fans deutlich geringer. Offenkundig klicken viele Nutzer schneller auf »Gefällt mir« als sich auf einer Seite als »Fan« anzumelden.

Der »Gefällt-mir«-Button war Facebooks beste Geschäftsidee

Die Idee vom Open Graph geht also auf. Seit der Einführung des »Gefällt-mir«-Buttons steigt die Zahl der Nutzer, die freiwillig ihren »Sympathieklick« für eine Marke abgeben, explosionsartig. Im April 2010 hatte Mark Zuckerberg noch stolz die ersten 75 Partner weltweit vorgestellt, die ihre Produkte im Netz mit dem »Gefällt-mir«-Button versehen haben, darunter auch der amerikanische Nachrichtensender CNN und die beliebteste deutsche Internetseite, Bild. de. Und er verkündete, dass in den ersten 24 Stunden bei den Partnern bereits eine Milliarde »Gefällt-mir«-Buttons angeklickt worden seien. Im Juli 2010 wurde der Button dann pro Tag drei Milliarden Mal angeklickt.[57] 350 000 Webseiten haben ihn inzwischen integriert. Damit hat Facebook seinen großen Konkurrenten Twitter schon beinahe aus dem Rennen geworfen. Dessen »Retweet«-Buttons werden nur 500 000 Mal am Tag angeklickt und sind in nur 200 000 Webseiten integriert.

Der »Gefällt-mir«-Button ist der bislang größte kommerzielle Coup des Facebook-Konzerns. Man habe anfangs keine großen Erwartungen daran geknüpft, so Chefentwickler Bret Taylor auf der f8-Konferenz im April 2010, um dann hinzuzufügen: »Es war die beste Geschäftsidee, die wir je hatten.« Taylor unterstreicht die Dimension dieser Erfindung mit dem Beispiel des US-Nachrichtensenders CNN: »Selbst, wenn ich selbst noch nie CNN im Fernsehen geguckt habe, erhalte ich von vier Freunden, denen die Artikel auf CNN gefallen haben, eine Empfehlung samt ihren Namen und Fotos. Selbst wenn ich selbst noch nie CNN geguckt habe, verbindet mich mein sozialer Kontext mit diesem Artikel. Das ist wirklich ein machtvolles Konzept.« Niemand, so schwärmt Taylor weiter, müsse sich dafür registrieren. Und niemand müsse überhaupt verstehen, wie das Ganze funktioniert, »denn wir haben die Cookies, wir wissen, wo der User ist«. Cookies sind Mini-Programme, die uns Webseiten auf unsere Rechner laden, sobald wir sie anklicken, und die häufig dazu dienen, unser Netzverhalten auszuforschen.

Die beste Werbung entsteht in diesem Fall aus der Freiwilligkeit, mit der wir Sympathien für einen Song, einen Film, ein Produkt oder, im besten Fall, für eine Marke äußern. Unsere »Freunde« sehen, was uns gefällt, das Interesse multipliziert sich dadurch, so das Kalkül dieser Werbung. »Dann findet die Marke tatsächlich dort statt«, sagt Lumma. Und sobald die Marke »stattfindet«, hätten die Werber ihr Ziel erreicht. »Denn das ist eine Sache, die der Nutzer selbst interessant findet und wo man ihn nicht mit dem Holzhammer irgendwie hinprügeln muss«, so der Werbefachmann. Die Community-Manager von Scholz & Friends arbeiten zwar wie in einem digitalen Call-Center, allerdings nicht nur mit der Absicht, die Probleme der Kunden zu lösen. Vielmehr wollen sie den Menschen ein positives »Markenerlebnis« verschaffen.

Ein Freundesnetzwerk wird zum Konsumentennetzwerk

Ausgerechnet im großen Rauschen des Internets soll gelingen, was der Fernseh- und Hörfunkwerbung in Jahrzehnten nicht gelungen ist. Die Menschen sollen ein Produkt bereits erleben, bevor sie es in der Hand halten. Kein Wunder also, dass Werbestrategen von den enormen Potenzialen auf Facebook fasziniert sind. Die Kaufentscheidung werde ein

Stück weit in den Freundeskreis eingebettet: »Wenn ein anderer das gut findet, gucke ich mir auch an, welche Marke das denn ist, und die Kaufentscheidung wird dadurch beeinflusst. Ich glaube, dass die Marke dadurch eine gewisse Relevanz gewinnt«, erklärt Nico Lumma die ausgebuffte Strategie des »Freunde«-Konzerns. Der »Freund« verschmilzt mit dem Konsumenten, und neben dem Freundesnetzwerk entwickelt sich ein Konsumentennetzwerk. Das Werben wird zu einer privaten, freundschaftlichen Nebensache. »Für den Konsumenten bedeutet es, dass er sich in einem Umfeld bewegt, wo seine Freunde sind, und da wird Werbung ganz anders wahrgenommen«, erklärt Lumma, nämlich als »Inhalt«, der sogar einen Mehrwert biete, also keineswegs als störend oder ablenkend empfunden werde wie viele herkömmliche Internetwerbungen.

Natürlich behauptet auch die klassische Werbeindustrie, »Inhalte« zu verbreiten. Und Werbesprüche wie »Haribo macht Kinder froh und Erwachsene ebenso« haben sich tief ins kollektive Gedächtnis eingegraben. Einige Elemente der klassischen Werbung haben sogar Eingang in die Alltagssprache und somit in die private Konversation gefunden. »Das ist doch Asbach!«, winkten wir als Pubertierende mit lässiger Geste ab, wenn eine Neuigkeit uns längst bekannt war. Keiner von uns stand damals auf Asbach uralt, aber der Slogan »Im Asbach-Uralt steckt der Geist des Weines« war allen geläufig. Was im analogen Zeitalter nur selten gelang, will Facebook nun weltumspannend erreichen: die Präsenz von Marken in der privaten Konversation.

Stellen Sie sich vor, wenige Tage nach einem abendlichen Einkaufsbummel durch Boutiquen und Kaufhäuser mit anschließendem Abendessen in einem Restaurant quillt Ihr Briefkasten über von Werbung für all jene Produkte, die Sie an jenem Abend gekauft, für die Sie sich interessiert oder die Sie gelobt haben. Und obendrein finden Sie künftig auf Ihrem E-Mail-Account allwöchentlich den Newsletter des Restaurants. Vermutlich würden Sie sich fortan jede positive Regung in Geschäften und Lokalen verkneifen und wie ein stummer Androide durch die Welt des realen Kaufens und der sinnlichen Gaumenfreuden wandeln, um von solchen unerwünschten »Nebenwirkungen« verschont zu bleiben.

Etwas Vergleichbares geschieht auf Facebook. Wer »Gefällt mir« anklickt und damit auf simpelste Art seine Sympathie äußert, der signalisiert der Plattform zugleich: Ja, ich möchte gern mehr Informationen und Werbung zu dieser Marke erhalten. Ein einfacher Klick löst eine Lawine aus, der »Gefällt mir«-Button funktioniert wie eine gigantische Konsumentenabstimmung. An deren Aussagekraft allerdings auch unter Branchenkennern erhebliche Zweifel bestehen, weiß doch niemand, wie hoch der Anteil derer ist, die nur aus Lust und Laune einen »Gefällt-mir«-Botton anklicken. Aber darum geht es auch nicht. Denn das Ganze ist eher ein Spiel, das die Leute mitmachen können, denen es »gefällt«. Und die Rückmeldung dient zunächst auch gar nicht Marktforschungszwecken.

Denn klickt ein Freund den »Gefällt-mir«-Button an, dann sehen das auch alle seine »Freunde«. Seine Vorlieben werden den anderen aufs Auge gedrückt, ob sie wollen oder nicht. Und weil es seine Freunde sind, klicken sie die Inhalte nicht verärgert weg. Dieses Konzept ist beeindruckend, spült es doch Milliarden in die Kassen der Werbewirtschaft, und wir empfinden es nicht als störend, weil wir nicht mit Anrufen oder Postwurfsendungen belästigt werden, sondern die Werbung durch unwillkürliche Handlungen im Netz selber übernehmen.

Die Frage ist, welche gesellschaftlichen Folgen dieses geniale kommerzielle Konzept hat. Facebook bietet eine Plattform für die schnelle Auflösung der Barrieren zwischen Konsumenten und werbetreibender Wirtschaft. Auf Facebook werden alle Freunde, und die Fans von Marken melden sich millionenfach und freiwillig. Soziale Barrieren fallen. Die amerikanischen Wissenschaftler Nicholas A. Christakis und James H. Fowler haben in ihrem Buch *Connected!*[58] Gesetzmäßigkeiten zur sozialen Netzwerkbildung im realen Leben formuliert. Eine lautet: »Die Freunde der Freunde unserer Freunde prägen uns.« Die Soziologen verweisen auf das sogenannte Gehsteig-Experiment des Psychologen Stanley Milgram aus dem Jahr 1968. Zwei kalte Wintertage lang ließ Milgram in New York ein 15 Meter langes Stück Bürgersteig beobachten. Im Fenster der sechsten Etage seines Hochhauses hatte er einen Mitarbeiter postiert. Unten standen zwischen einem und fünfzehn weitere Mitarbeiter, die unentwegt zu diesem Fenster hoch schauten. Milgram wollte wissen, wie sich die offenkundige Neugier der sogenannten »Stimulanzgruppe« auf die übrigen Passanten überträgt. Bestand diese Stimulanzgruppe nur aus einem Mitarbeiter, der hoch schaute, reagierten darauf vier Prozent der Passanten, indem sie anhielten und gleichfalls nach oben blickten; waren es 15, streckten immerhin 40 Prozent ihre Köpfe dem Fenster entgegen. Im Weitergehen schauten 42 Prozent der Leute hoch, auch wenn nur ein Mitarbeiter dort stand. Waren es 15, hoben sogar 86 Prozent der Passanten im Vorbeigehen den Blick. Die Größe der Gruppe hat also durchaus einen hohen Einfluss auf die Aufmerksamkeit der Übrigen.

Milgrams Experiment veranschaulichte ein archetypisches Verhalten, das sich Facebook heute mit seinem Geschäftsmodell der Freundschaftsempfehlungen perfekt zunutze macht. Freundschaft als Gefühl wird zu einem kommerziellen Transmissionsriemen, zu einem kommerziellen Ereignis.

Den Markenherstellern eröffnet der »Gefällt-mir«-Button zugleich die wunderbare Möglichkeit, zur Steigerung unseres Wohlbefindens beizutragen. Denn lieben wir nicht gelegentlich das Gefühl, irgendwo schon bekannt zu sein? Etwa beim Wirt unseres Stammlokals, der uns erst mit einem Schulterklopfen begrüßt, um uns dann unseren Lieblingswein zu servieren, ohne dass wir ihn ausdrücklich bestellen müssen. Derart aufgehoben und umsorgt soll sich der Kunde auch vor dem Computer fühlen. Der Online-Händler Amazon zum Beispiel begrüßt uns persönlich mit Angeboten, die uns interessieren könnten, weil wir bei Amazon bereits irgendwann nach diesem oder jenem Produkt Ausschau gehalten haben. Google wiederum sorgt dafür, dass die werbetreibende Industrie von unseren Google-Recherchen erfährt, damit sie uns über unsere IP-Adresse Werbung direkt auf unsere Bildschirme schicken kann.

Kinder wachsen zwar heute mit dem Internet auf, allerdings, ohne dass ihnen diese Kommerzialisierung des Mediums bewusst wäre. So erzählte mein zwölfjähriger Sohn mir kürzlich, er habe auf seiner WEB.DE-Seite Werbung für Fernlenk-Hubschrauber erhalten. »Woher wissen die, dass ich so einen haben will?«, fragte er. Ich erklärte ihm, dass er sicher Fernlenk-Hubschrauber gegoogelt habe. Das war der Fall. Facebook ist hier schon viel weiter als Google, denn der Konzern arbeitet mit dem Faktor Mensch, nicht mit der anonymen IP-Adresse.

Als ich kürzlich den Medienexperten Jeff Jarvis traf, der in seinem Buch *Was würde Google tun?*[59] das Geschäftsprinzip der Internet-Suchmaschine erläutert, fragte ich ihn, worin denn der Vorteil von Facebook im Kampf der Giganten liege. Den sieht Jarvis in der Konkurrenzlosigkeit von Facebook. Googeln müssen wir nicht unbedingt, denn es gibt eine Reihe alternativer Suchmaschinen. Auch bei der Routenplanung sind wir nicht auf Google angewiesen. »Aber verlässt man Facebook, lässt man seine Freunde zurück«, meinte Jarvis.

Demgegenüber haben wohlmeinende Versuche wie die Plattform Diaspora eigentlich keine Chance. Es ist, als würde jemand versuchen, alle seine Freunde zum Umzug nach Bulgarien zu bewegen. Auch dort gibt es Wasser und Strom, aber die Freunde werden ihm nicht folgen. Und er wird sie dort vergeblich suchen. »Facebook ist also unser Land«, sagt Jarvis, und wer sein Konto löscht, verlässt seine Heimat. Diese »Heimatliebe« und Loyalität beschert dem Netzwerk immer neue Nutzer und somit rasant wachsende Datensätze. Klicke ich auf ein »Gefällt mir«, sind meine Daten im Rennen der Marken um meine Gunst. Das kleine rechteckige Tool mit dem gehobenen Daumen genügt, um Millionen Konsumenten mit der produzierenden Industrie und deren Websites in Verbindung zu setzen. Aber die Funktion wäre keine Facebook-Erfindung, wenn sie nicht zugleich die weitere Ausbreitung des Netzwerks fördern würde. Mark Zuckerberg selbst bringt die Dinge auf den Punkt: »Mit unseren Werkzeugen kann man aus jeder Website eine Facebook-Seite machen.«[60]

Geht Facebook damit zu weit? Kaum ein Thema beschäftigt die Welt der Internetexperten seit dem Sommer 2010 so sehr wie die sogenannte »Netzneutralität«. Gemeint ist damit, dass das Internet für alle frei zugänglich sein müsse. Doch ein Internetkonzern, der übermächtig wird, könnte auf die Idee kommen, Zugänge zu diesem Netz zu privilegieren, in dem er sie noch schneller macht und dafür plötzlich Geld nimmt. Gerüchte, dass Google genau dies vorhabe, lösten die Debatte 2010 aus. Seither geht die Angst um, das Internet in seiner bestehenden Form stehe vor dem Aus.

»Places« zeigt unseren Freunden, wo wir konsumieren

Verändert hat es sich bereits, seit wir von Facebook aus ins weltweite Netz aufbrechen. Auf den Millionen mit Facebook verbundenen Websites bewegen wir uns niemals unabhängig von Facebook. Das Netzwerk registriert automatisch, wenn wir z. B. bei einem Online-Händler stöbern, der seinerseits mit Facebook verbunden ist. Dann greift eine neue Funktion, die »Instant Personalization«. Daten aus unserem Account fließen direkt zu diesem Händler.[61] Facebook kann auch registrieren, was ich auf Bild.de lese und dafür muss ich nicht einmal den »Gefällt-mir«-Button anklicken. Genauso verfährt Facebook bei seiner Kooperation mit dem Lifestyle-Empfehlungsportal Yelp. Hat mir ein Restaurant auf der Homepage per Mausklick »gefallen«, erfahren das sofort meine »Freunde«. Natürlich hat sich Facebook mit »Places« (siehe unten) längst auch eine Technologie einfallen lassen, die unsere realen Restaurantbesuche verfolgt und damit den Empfehlungscharakter unserer Informationen deutlich erhöht. Dafür müssen wir uns nur noch physisch von A nach B bewegen.

Stellen Sie sich vor, Sie sitzen an einem warmen Juniabend mit einem Freund in einer Kneipe. Zwischendurch checken Sie über Ihr Smartphone Ihre E-Mails und werfen einen Blick auf Ihre Facebook-Seite. Dort erwartet Sie die übellaunige Ansage eines guten Freundes, der jemanden zum Reden braucht. Sie teilen ihm mit, dass Sie momentan keine Zeit hätten, und fügen Ihren augenblicklichen Aufenthaltsort in die Statusmeldung ein. Wie gut, dass es soziale Netzwerke gibt, mögen Sie denken. Und dabei vielleicht vergessen, dass Sie für diesen Service abermals mit Ihren Daten bezahlen, den Statusdaten. Denn das sogenannte Geotagging erlaubt es Facebook, neben den üblichen bekannten Daten auch den aktuellen Aufenthaltsort herauszufiltern.

Um diesen Effekt zu perfektionieren und zusätzliche Werbeeinnahmen zu generieren, startete Facebook im Sommer 2010 eine neue Anwendung namens »Places«, und sie treibt das Geotagging auf die Spitze. Wenn wir die Funktion »Orte, die ich besuche« aktivieren, sind unsere Freunde im Bilde, sobald wir uns in der Nähe aufhalten. Selbstverständlich dient auch diese Funktion der Werbung. Denn die genaue Adresse wird inklusive des dortigen kommerziellen Angebots angegeben. Wir müssen unsere Lieblingspizzeria also nicht mehr im persönlichen Gespräch über den grünen Klee loben.

Gegenüber dem eben erwähnten einsamen Freund kann Sie das aber auch in eine peinliche Situation bringen, falls er Sie darauf anspricht, warum Sie ihn nicht zu dem Kneipenabend eingeladen haben, obwohl Sie doch ganz in seiner Nähe waren. Einen Satz aus den Nutzungsbedingungen von Facebook sollten Sie nie vergessen: »Wir verfolgen einige Deine Handlungen auf Facebook.« Ein ehrlicher Satz, der aber untertreibt. Denn längst verfolgt das Netzwerk nicht nur Ihre virtuellen Handlungen »auf Facebook«, sondern auch Ihr reales Leben – und zwar dank »Places« auf Schritt und Tritt.

Sind wir noch so einsam, wir werden getrackt

Auch der einsame Freund am Computer bleibt nicht unbeobachtet. Er klickt mal hier, mal dort. Langeweile und Verdruss treiben ihn. Er sieht das Bild einer alten Freundin und klickt es wieder weg, dann doch wieder an. Genauso geht es ihm mit einem Renault Mégane oder einem Opel. Ein einsamer Surfer. Denkt er. Denn er ist die ganze Zeit bei Facebook eingeloggt geblieben, und die Server können sich merken, was ihn interessiert, fasziniert oder neugierig macht. Dieses sogenannte Tracking ist beileibe keine Facebook-Erfindung, bekommt allerdings in sozialen Netzwerken eine ganz andere Dimension, weil wir dort glauben, uns in privaten Räumen aufzuhalten und private Konversation zu pflegen. Dies mag insoweit stimmen, als wir andere Personen von Inhalten ausschließen können, nie aber Facebook selbst. Was wir uns gegenseitig schreiben, was wir in das Netzwerk einspeisen, ist längst nicht mehr privat.

Die Inhalte werden durch das Medium enteignet, um sie der Werbewirtschaft zur Verfügung zu stellen. Wer glaubt, sich in den Hunderten von Variationen seiner Privatsphäre-Einstellungen perfekt gegen diesen Datenabfluss abgesichert zu haben, irrt gewaltig. Denn er hat seine Daten längst dem Facebook-Server überlassen. Und Facebook ist befugt, diese Daten zu nutzen, um der Industrie gezielte Werbung zu ermöglichen. Finden wir wiederum diese Werbung so interessant, dass wir sie anklicken, wird auch das registriert. So entsteht in Echtzeit ein wertvolles Feedback, von dem klassische Anzeigenwerber nur träumen können. Auch dieses Feedback sichert Facebook seinen Werbekunden zu, die nachprüfen können, von welcher Zielgruppe ihre Werbung wie oft angeklickt wurde. Lästige Umfragen zum Erfolg von Werbekampagnen sind damit überflüssig.

Digitale Cruise Missiles zielen mitten ins Gehirn

Der »Gefällt-mir«-Button und die Geotagging-Funktion Places katapultieren die Community-Manager aus der Werbeindustrie also weit näher an die tatsächlichen Interessen der Konsumenten als alle bisherigen Methoden der Marktforschung. Was uns gefällt, erscheint automatisch im persönlichen Newsstream unserer Freunde. Werbe-Experte Lumma beschreibt, was nun geschieht: »Dann gucken die Freunde darauf und sagen, der findet das gut, dann gucke ich mir das mal an, und so entsteht der Strom der Aufmerksamkeit.« Und im günstigsten Fall treten die Fans einer Marke sogar offen in den Newsgruppen in Erscheinung. Dann haben die Werber ihr Ziel vollends erreicht. Denn nun können sie die Nutzer mit deren Zustimmung gezielt ins Visier nehmen, und zwar mit Hilfe komplizierter Tools, die Facebook bereitstellt, und die es ermöglichen, über eine sogenannte »sentiment analysis« positive, negative und neutrale Reaktionen zu erfassen.

Auch hier ist Facebook weiter als Google und rückt uns Konsumenten unangenehm nahe. Google misst die Beliebtheit von Millionen Websites weltweit. Und nichts ist für Menschen und Marken, die im Internet gefunden werden wollen, angenehmer als in diesem Ranking der Suchmaschine weit oben zu erscheinen. Denn diese Platzierung sichert weitere Aufmerksamkeit und weitere Einnahmen durch Werbung. Aber Google wertet vergangene Interessen aus und ist damit rückwärtsorientiert. Wer hingegen in Echtzeit erfahren möchte, was gerade jetzt relevant ist, der ist bei Facebook besser aufgehoben. Für die Werbewirtschaft hat das einen enormen Vorteil, erfährt sie hier doch, was die Menschen im Augenblick spannend finden.

Diese Targeting-Prozesse werden von den Facebook-Entwicklern ständig verfeinert. Digitale Werbebotschaften können dadurch punktgenau auf unser Gehirn gerichtet werden, weil Facebook bereits weiß, was uns interessiert. Wer die Werbeangebote von Facebook anklickt, bekommt schnell einen Eindruck von dem, was möglich ist: »Wähle Deine Zielgruppe aus nach: Ort, Alter, Geschlecht, Schlüsselwörtern, Ausbildung, Arbeitsplatz, Beziehungsstatus, Sexuelle Ausrichtung, Sprache.«[62] Facebook hat für die Werbung ein Programm entwickelt, das Unternehmen ermöglicht, Zielgruppen genau zu erfassen und zu bewerben. Will beispielsweise ein Sportartikel-Hersteller für seine neuesten Nordic-Walking-Stöcke werben, kann er gezielt die Region Hochsauerland anklicken und dort alle 30- bis 40-jährigen Nutzer auswählen, die sich für diese Sportart interessieren. Dagegen ist jede Postwurfsendung ein kläglicher Anachronismus.

Unser gesamter Lebensstil im Visier der Cyberwerbung

Wer auf Facebook ist, der hat Zeit, und wenn er die Zeit nicht hat, nimmt er sie sich. Es ist ein endloses Spiel in Echtzeit, ständig verfolgt zu werden. Was in unserem Kopf entsteht, landet auf diese Art schnell in den Servern von Facebook und wird dort abgeglichen. Ein Beispiel: Ein smarter Jungmanager möchte seiner Liebsten den anstrengenden Büroalltag versüßen und schickt ihr via Facebook einen kurzen Gruß, dass am Freitagabend ein Flieger nach Barcelona auf sie beide warte. Sie klickt daraufhin ein Hotel in Barcelona an und drückt den »Like-Button« dieses Hotels. Daraufhin erhält sie ein Werbeangebot für einen günstigen Flug nach Barcelona und weiß nun leider auch, was ihren Freund der Spaß kostet.

Facebook bietet der Werbeindustrie ein perfektes Spielfeld: Wenn es Parship in den Sinn käme, katholische Priester auf Frauensuche in Grönland mit einschlägiger Werbung zu beglücken, wäre das mit Hilfe der Filter von Facebook unproblematisch. Vorausgesetzt natürlich, die Priester hätten zuvor ihren Beruf ehrlich angegeben und als Motiv die Suche nach Bekanntschaften.

Inzwischen beschweren sich Facebook-Freunde manchmal über diese Art des »Cyber Stalking«. Dabei vergessen sie, dass sie selbst es waren, die den Facebook-Servern ihre Daten überlassen haben. Unser gesamter Lebensstil wird ins Zentrum der Internetwerbung gerückt, und das gelingt niemandem so gut wie Facebook.

Facebook wäre nicht Facebook, wenn es nicht ständig nach neuen Wegen suchte, unsere Profile zu schärfen und noch besser zugänglich für die Werbewirtschaft zu machen. Ursprünglich durften die Werbepartner von Facebook die Kundenprofildaten nur 24 Stunden lang speichern, angesichts der Tatsache, dass diese Vorschrift weder zu kontrollieren war noch praktikabel, eine beinahe lächerliche Regelung. Vielleicht ging den Entwicklern in Palo Alto selbst auf, dass Daten, die wir irgendwo einmal abgegeben haben, kaum noch zurückzuholen sind. Also verzichtet Facebook nun auf diese Frist. Heute findet von den mit Facebook verbundenen Seiten ein dauerhafter Datenaustausch zu Facebook statt, solange der Nutzer mit seiner Seite online ist.[63] Facebook garantiert seinen Werbekunden, sie sogar über die Reaktionen der Freunde der Freunde auf dem Laufenden zu halten: »Erhöhe den Bekanntheitsgrad deiner Seite zusätzlich mit Facebook-Werbeanzeigen. Du kannst deine

Grafik, deinen Text und dein Zielpublikum selber auswählen. Wir stellen dir sogar alle verfügbaren Informationen über die Interaktionen von deren Freunden mit deiner Facebook-Seite bereit, wenn du das möchtest.«[64]

Wer sich die Zeit nimmt und einen Blick in die Datenschutzbestimmungen von Facebook wirft[65], der wird mit immer neuen Erweiterungen der Datensammlungen konfrontiert: So wird schon lange klargestellt, dass zu den Daten, die ein Facebook-Mitglied mit »Allen« teilt, die also für alle sichtbar sind, der Name, das Profilbild, das Geschlecht und die Netzwerke gehören, in denen er sich sonst noch herumtreibt. All das, so Facebook, sei »für alle Personen im Internet sichtbar«. Und es wird erklärt, dass einige Partnerseiten von Facebook auf die sichtbaren Informationen zugreifen würden, sobald wir deren Webseiten aufrufen.

Wer nicht derart beobachtet werden und seine Daten nicht in die Hände von Facebook-Partnerunternehmen abfließen lassen möchte, der kann das per Mausklick dokumentieren. »Opt out« nennt sich das Verfahren, das von Datenschützern massiv kritisiert wird. Denn wer gar nicht auf die Idee kommt, dass er im Netz verfolgt wird, der bleibt im Tal der Ahnungslosen.

Ein krisensicheres »Ökosystem«

Die Netzwelt hat ihre eigene Sprache. So nennen die Internetmacher das Umfeld eines Internet-Netzwerks »Ökosystem«. In diesem »Ökosystem« bewegen sich Menschen wie Nico Lumma wie Verhaltensforscher. Während den meisten Fischen kaum klar sein dürfte, wie Strömungen, Wasser-temperatur und die Nahrungskette überhaupt funktionie-ren, eignen sich die Community-Manager tagtäglich neues Wissen darüber an. Wie Verhaltensforscher beobachten sie das Verhalten von Fischschwärmen (Kunden) und Haien (Marken) zueinander. Nico Lumma: »Man kann sagen, ich will folgende Zielgruppen erreichen, und man kann auf den Seiten sehen, wie so ein Produkt aufgenommen wird, positiv, negativ oder neutral.«

Um im Bild des Ökosystems Wasser zu bleiben: Der Hai mit seiner erweiterten Sensorik versteht die Verhaltensmus-ter seiner Opfer. Und da diese ihrerseits davon nichts verste-hen, funktioniert das Ökosystem ganz im Sinne des Hais. Die Verhaltensforscher aus der Werbewirtschaft sorgen da-für, dass das Ökosystem Facebook sowohl uns Fische zufrie-denstellt als auch jede Menge Haie ernährt. Denn abgese-hen von den etwa ein Milliarde Dollar an Werbeeinnahmen, die Facebook selbst im Jahr 2010 verdiente, verdienen noch viele andere werbetreibende Unternehmen mit Hilfe von Facebook Geld. Dockten anfänglich vor allem Werbeagentu-ren und klassische Medien bei Facebook an, so mag heute kaum noch ein großer Markenkonzern auf eine Präsenz bei Facebook verzichten. Hinzu kommen neue Branchen: Per-sonalvermittler, Immobilienmakler oder Ferienhausagentu-ren. Und selbst die Kunstszene kommt nicht mehr ohne Facebook aus. Künstler, die vergeblich auf eine Kritik in ei-nem der großen Printmedien warten, verewigen sich längst auf Facebook. Sie vernetzen sich und hoffen, entdeckt zu werden.

Eines unterscheidet Facebook allerdings von einem echten Ökosystem: Es kann kaum umkippen, denn weltweit agierende Internetkonzerne haben viele unterschiedliche »Nahrungsquellen«, sprich: breit gestreute Einnahmequellen. Facebook hat keine festen Werbepreise, sondern bietet seine Leistungen als Plattform in Form einer ständigen Auktion an, während klassische Werbeagenturen in der Krise der Autoindustrie im Jahr 2009 ins Straucheln gerieten, weil sie von wenigen Festpreis-Kunden abhängig waren.

Die Werbewirksamkeit von Facebook hingegen ist krisensicher. Zwar klickten vielleicht weniger Menschen ihre Automarke an, dafür sahen sie sich auf Mobile.de möglicherweise vermehrt nach Gebrauchtwagen um. Und TUI hatte womöglich weniger Klicks zu verzeichnen als in den fetten Jahren zuvor. Dafür wandte sich der reisefreudige Teil der Internetgemeinde billigen Last-Minute-Anbietern zu. Facebook profitierte in jedem Fall, wie die steigenden Umsatzzahlen des Konzerns mitten in der Krise belegen. Die weltumspannende Internetwirtschaft ist damit von konjunkturellen Zyklen und Krisen unabhängiger als andere Wirtschaftszweige und deshalb auch interessanter für Investoren. Um frisches Geld muss sich Mark Zuckerberg also keine Sorgen machen, solange er auf immer neue Millionen von Nutzern zählen kann.

Der Kampf der Giganten

Mark Zuckerberg möchte, dass wir Facebook nicht mehr verlassen. Bislang war das allerdings eine Illusion. Suchen wir etwas im Netz, wechseln wir zu Google. Es gibt nur eine

Möglichkeit für Facebook, uns daran zu hindern: die Integration einer Suchmaschine. Genau das verkündete Facebook Mitte Oktober 2010.[66] Facebook greift dabei allerdings nicht auf Google zurück, sondern auf Bing – die mittelprächtig verbreitete Suchmaschine des Facebook-Anteilseigners Microsoft. Beide erhoffen sich dadurch einen Vorteil: Bing erhält durch eine halbe Milliarde Facebook-User massenhaft neue Kunden, und Facebook verliert seine Nutzer nicht mehr an Google, so das Kalkül. Außerdem wird der Algorithmus der Suchmaschine »sozialer« sein als der von Google. Was uns oder unsere Freunde schon einmal interessiert oder uns gefallen hat, soll bei den Suchergebnissen stärker berücksichtigt werden.

Das Projekt klingt vielversprechend und könnte für Facebook den Durchbruch als Fenster zum Netz bedeuten. Es bedeutet allerdings auch: Was Google über uns weiß, wird Facebook ebenfalls sukzessive erfahren, mit dem Unterschied, dass Facebook auch unsere persönlichen Daten besitzt und die unserer sozialen Verbindungen. Für den US-Konzern werden wir damit am Ende vollends gläserne Kunden.

Google-Chef Eric Schmidt hat die Möglichkeiten einer »sozialen« Suchmaschine übrigens ebenso früh erkannt. Auch Google versuchte daraufhin, ein soziales Netzwerk namens Orkut zu etablieren, was aber nur in Ländern wie Brasilien sowie in Teilen Asiens gelang. Schmidt ist sich im Klaren darüber, dass Google an Facebook nicht vorbeikommt, weshalb er den Konzern im September 2010 aufforderte, die sozialen Verbindungsdaten seiner Nutzer auch der Google-Suchmaschine zugänglich zu machen. Bislang sind bei Google nur unsere Profile einsehbar. Für den Fall, dass Facebook sich weigere, habe Schmidt angeblich gedroht, dass es auch andere Wege gäbe, an diese Informationen zu gelangen.[67] Der Kampf der Giganten um die Vorherrschaft über unsere Daten und letztlich das Internet verspricht also spannend zu bleiben.

Facebook wird zur virtuellen Welt-Zentralbank

Dass, wer viel hat, noch mehr will, gilt auch für Mark Zuckerberg. Wie gesagt, verdient sein Unternehmen gegenwärtig an uns nur geschätzte zwei Dollar pro Nutzer, die Firmen, die mit Facebook ihr Geld verdienen, zusammengenommen das Siebenfache. Zuckerberg will das Tortenstück, das Facebook von dem Kuchen abbekommt, vergrößern. Deshalb wird Facebook jetzt eine Bank. Genauer gesagt, sogar eine Welt-Zentralbank mit eigener Währung, die künftig rund um den Globus handelbar sein soll.

Der erste Coup, um dieses Ziel zu erreichen, gelang Zuckerberg bereits im Sommer 2010.[68] Gegenwärtig verdienen die Online-Spielplattformen am besten an Facebook. Und genau die konnte Mark Zuckerberg gewinnen, um seine Währung hoffähig zu machen. Die Social Games-Entwickler CrowdStar und Playdom garantierten als erste offiziell die Übernahme der »Facebook-Credits« als Bezahlwährung. Branchenführer Zynga (Farmville, Mafia Wars) ließ sich nach harten Verhandlungen ebenso darauf ein, nachdem man sich zunächst gegen Zuckerbergs Pläne gestemmt hatte, weil Facebook angeblich eine Umsatzbeteiligung an der neuen Währung von 30 Prozent verlangt hatte. Aber die Stärke des Monopolisten siegte: Was wäre Farmville ohne Facebook? Nun lösen die »Facebook-Credits« Bezahlsysteme wie Kreditkarten oder PayPal ab.

Nach einem Bericht des Mediendienstes Kress ist die Einführung der Facebook-Währung Teil eines Fünfjahresplans von Facebook und Zynga.[69] Und der Sprung in die reale Tauschwirtschaft ist längst avisiert: Sollte sich Credits bewähren, kann sich Zuckerberg auch vorstellen, dass künftig nicht nur virtuelle Spiele oder Geschenke mit seiner Währung bezahlt werden, sondern auch handfeste Güter im Bereich des Internethandels. »Es wird dann nur noch eine Währung geben«, verkündete er schon im April 2010 auf Bloomberg TV.[70]

Dieser Hang zur hemmungslosen Expansion unterscheidet das »soziale Netzwerk« nicht von einem gewöhnlichen Lebensmittelmulti oder einer Großbank. Zuckerberg beruft sich in Interviews gern darauf, dass Facebook lediglich eine Plattform sei, die uns zur Verfügung gestellt werde, um die »Welt offener« zu machen. Bescheiden spricht er davon, nie die Gründung eines großen Konzerns im Sinn gehabt zu haben.[71] Die Wahrheit ist: Er hat längst einen marktbeherrschenden Konzern geschaffen. Nur ein Beispiel: Das Spiele-Unternehmen Zynga ist ein richtiger Blockbuster: Im Jahr 2009 erzielte man mehr als 200 Millionen Euro Gewinn, 2010 erhöhte sich diese Summe nochmals um gut 150 Millionen Euro.[72] 60 000 Menschen spielen täglich Farmville, insgesamt nutzen 200 Millionen Menschen Zynga-Spiele. Aber: Sie spielen sie über die Facebook-Plattform, und alle Versuche von Zynga, sich unabhängig von Zuckerbergs Imperium zu machen, misslangen. Zynga ist überaus erfolgreich, aber ohne Facebook geht nichts. Und künftig bestimmt Facebook auch die Währung, mit der die Nutzer Zynga bezahlen.

Hunderttausende Betreiber von Websites rund um den Globus fügen sich mehr oder weniger den Regeln, die Facebook aufstellt. Jede Meldung über die fortschreitende Expansion von Facebook verstärkt diese Expansion weiter, indem immer neue kommerzielle Partner angelockt werden. Zuckerbergs Ziel, aus Facebook das Fenster zum Internet zu machen, erscheint mit jedem Tag realistischer. Und in der realen Welt ist die neue Währung ebenfalls bereits angekommen. In 1700 Filialen der amerikanischen Supermarktkette Target können die Kunden jetzt Facebook-Credits-Prepaid-Karten im Wert von 15, 25 oder 50 Dollar kaufen und damit virtuelle Waren oder Spiele bezahlen. Dieser Markt soll schon im Jahr 2010 einen Umsatz von 1,6 Milliarden Dollar erreichen.[73]

Wie lange können wir noch frei surfen?

Kaum ein Markt wächst so schnell wie die digitalen sozialen Netzwerke. Der Informationsanbieter Datamonitor schätzt, dass bis 2010 insgesamt 21,7 Millionen Deutsche in »sozialen Netzwerken« gemeldet sein werden.[74] Facebook gelingt es, dieses Wachstum fast vollständig für sich zu generieren. Was auch Facebook-Fans wie Nico Lumma kritisch sehen: »Wir möchten doch alle ein offenes, freies Web haben, und jetzt fängt ein Global Player mit 500 Millionen Usern an, seine »Like«-Buttons überall im Web zu verteilen. Das finde ich fragwürdig.« Besser wäre es, Raum für neue, kleine Anbieter zu haben.

Auch Jeff Jarvis bereiten die Debatten um privilegierte Netzzugänge bei Google und Co. Sorgen. Monopole seien immer gefährlich: »Die beste Lösung dafür ist Wettbewerb.« Jarvis ist kein Freund staatlicher Reglementierungen. Wenn Facebook jetzt eine Bank werde, ahme es nur andere Unternehmen nach, um Geld zu verdienen. Andererseits sei das Internet auch keine Autobahn, deren Finanzierung man Konzernen überlassen könne. Das Internet müsse zum »öffentlichen Wohl« organisiert werden. Es müsse neutral bleiben, also weiterhin offen sein für alle. Der Gedanke an privilegierte Netze auf Gebührenbasis bringt Jarvis in Rage: »Es ist unser Internet und nicht ihres. Wir als User sollten bestimmen, wie das Internet aussehen soll. Schließlich sitzen wir im Internet und nicht die.«

Internet = Facebook?

Aber kein Konzern arbeitet so beharrlich an seiner eigenen Ausbreitung im Internet wie Facebook. Ende September 2010 meldete *Focus Online*: »Facebook will mit Skype telefonieren.«[75] Das US-Technologie-Blog »All Things Digital« berichtet, Facebook wolle seinen Nutzern künftig auch Telefonate über das Internet ermöglichen und daher mit dem Internet-Telefonie-Spezialisten Skype kooperieren. Die Integration eines Dienstes wie Skype wäre gigantisch, verfügt Skype doch über 560 Millionen registrierte Nutzer weltweit. Mitte November 2010 präsentierte Mark Zuckerberg außerdem das bislang unter dem Titel »Facebook-Titan« geheimgehaltene Projekt einer neuen Internetkommunikation. Dabei will Facebook seinen Nutzern nicht nur die Möglichkeit geben, E-Mails nach außen zu versenden. Da er die herkömmliche E-Mail für »langsam« und »zu formell« hält, soll sie in ein neues System übernommen werden. Alle Kommunikationsfunktionen wie Facebook-interne Nachrichten, E-Mails nach außen oder Instant Messaging sollen über eine Schnittstelle integriert werden, verkündete Zuckerberg.[76] Neben dieser »nahtlosen Kommunikation« versprach er den Nutzern eine »conversation history« – also eine Dokumentation sämtlicher Nachrichten, die sie je erhielten und versendeten. Bei Datenschützern dürfte diese Megasammlung noch für enorme Kritik sorgen. Internetanalysten sehen in dem Facebook-Projekt vor allem einen Generalangriff auf den E-Mail-Provider Google-Mail. Nicht zu Unrecht, denn schon bei den ersten Gerüchten um das Facebook-Vorhaben gab Googles Börsenkurs nach.[77] Der Social-Media-Analyst Lou Kerner sagte in einem Interview mit Bloomberg TV, es gehe Facebook vor allem darum, dass seine Nutzer noch mehr Zeit auf dieser Plattform verbrächten.[78] Denn wir müssen Facebook künftig weder verlassen, um via Skype zu telefonieren, noch, um eine E-Mail außerhalb des Netzwerks zu versenden.

Marketingexperte Lumma ist sich sicher, dass Zuckerbergs Plan, aus Facebook ein Fenster zum Internet zu machen, aufgehen wird, weil in Zukunft immer mehr Menschen Internetseiten nur noch über Facebook anklicken werden: »Der User wird über Facebook auf Internetseiten gestoßen werden und kann damit auch definieren, was gerade interessant ist, und zwar durch den Algorithmus, der hinter Facebook steckt und der eben auch die interessanten Inhalte für die User hochspült.«

Damit sind wir bei der uralten Frage, wer zuerst da war, das Huhn oder das Ei. Zwar stellt Facebook »nur« die technische Plattform und einen hochentwickelten Algorithmus, mit dem die Interessen von Millionen Menschen hochgerechnet werden, zur Verfügung, aber zugleich verstärkt das Netzwerk Bedürfnisse unabhängig von den tatsächlichen Interessen der Menschen. Und diese ursprünglichen Interessen müssen eben nicht immer mit Konsumenteninteressen identisch sein.

Wenn wir morgens in den Spiegel blicken, sind wir selten überrascht. Aber vielleicht wären wir ziemlich überrascht, wenn wir unser »Spiegelbild« in den Facebook-Servern sähen. Denn dort ist eben auch abgespeichert, was wir *nicht* mit allen teilen wollen. Und dieses Bild von uns wird zielgenau an jene weitergegeben, die wollen, dass wir konsumieren. Nach der Relevanz im Freundeskreis werden Interessen gewichtet, von Facebook in den »Topnews« platziert oder nicht, und letztlich bestimmt Facebook durch automatisierte Verfahren mit darüber, wohin wir unsere Aufmerksamkeit wenden.

Während Google die Ströme der Aufmerksamkeit weltweit verfolgen kann, ohne Rückschlüsse auf Personen zu ziehen, ist Facebook viel weiter: Das Netzwerk »weiß«, wer sich wann wofür interessiert, und greift aktiv in diesen Prozess ein. Facebook lenkt somit den Strom der Aufmerksamkeit von aberhundert Millionen Menschen rund um den Globus. Und wir lassen uns bereitwillig lenken, wollen uns nicht unbeliebt machen. Die Marketing-Strategen der sozialen Medien spielen mit dieser unserer Schwäche. Und ihre Auftraggeber, die werbetreibenden Konzerne, machen sich dadurch stark, dass sie über das Vehikel unserer Freundschaften unsere Interessen in Bedürfnisse verwandeln und aus Freunden Konsumenten machen. Der Mehrwert von Facebook liege darin, so Lumma, dass die Zielgruppe bereits dort sei, wo man sie erreichen will, dass sie sich dort lange aufhalte, und vor allem, dass man sie dort jederzeit finde. Er spricht von »Marktforschung on the fly, am lebenden Objekt«. Und in diesem schönen Satz spiegelt sich zugleich das gesamte System Facebook wider: Wir sind Hunderte Millionen. Wir fühlen uns sehr individuell, sehr modern und autonom. Wir teilen mit einem guten Gefühl unsere Interessen und merken kaum, wie wir dabei abgeschöpft werden.

KAPITEL 4

Facebook im Netz der Interessen

Was ein milliardenschwerer Futurologe, Neokonservative und die CIA mit uns im Sinn haben

Kann dieser Mann Osama Bin Laden und seine terroristischen Anhänger rund um den Globus das Fürchten lehren? Ein bübisches Grinsen auf dem Gesicht und mit käseweißer Haut trabt er über einen Strand, streckt seinen Bauchansatz in die Sommer-Brise, und sein einziges Kleidungsstück ist eine blaue Badehose. Es handelt sich um Sir John Sawers, den Chef des mächtigen britischen Auslandsgeheimdienstes MI6. Im Sommer 2009 war Sawers in dieser Pose auf Facebook zu bewundern, kurz bevor er die Leitung des MI6 übernahm.[79] Zu verdanken hatte er dies Lady Schelley – seiner Ehefrau. Die hatte haufenweise Familienfotos auf ihre Facebook-Seite gestellt, darunter auch eines, das sie auf einem Stuhl stehend zeigte, wie sie ihren Allerwertesten nach oben streckt. Sogar der Wohnort der Familie Sawers war dank Facebook leicht zu identifizieren. Peinlicher war, dass die britische Presse auf der Facebook-Seite auch noch ein Foto von Lady Sawers' Schwager auf einer Gartenparty des verurteilten Holocaust-Leugners David Irving entdeckte. All das war aus Sicht des MI6 ziemlich pikant, gilt der 1909 gegründete Dienst doch als einer der geheimsten der Welt, dessen Existenz die britische Regierung im Jahr 1992 erstmals überhaupt offiziell einräumte. Ein MI6-Chef hat sich also diskret zu bewegen, und es spricht für die britische Toleranz, dass Sawers den Job trotz dieser Episode erhielt. Wäre die Sache nicht durch die *Daily Mail* publik gemacht worden, hätte Sawers als berühmtester britischer Spion nach dem MI5-Agenten James Bond in die Geschichte eingehen können: Hunderte Millionen Menschen hätten den MI6-Boss weiterhin auf Facebook in Badehose bewundern können. Aber auch so war die Angelegenheit ärgerlich genug für den MI6 und umziehen musste Familie Sawers auch – aus Sicherheitsgründen. Die Fotos selbst sind noch immer im Netz

Ist Facebook ein Anti-Geheimdienst?

Diese Anekdote wäre ein idealer Stoff für das Marketing des Facebook-Konzerns: Ein britischer Spionage-Chef, den Hunderte Millionen per Mausklick ausspionieren konnten. Aber die mächtigsten Geheimdienste der Welt – CIA und NSA – haben den Spieß längst umgedreht und Facebook für ihre Ziele entdeckt. Wie sie dabei vorgehen und welche überraschende Rolle sie in der atemberaubenden Erfolgsgeschichte des Netzwerks spielen, wird im Mittelpunkt dieses Kapitels stehen. Dabei werde ich auch der Frage nachgehen: Wie ist der Facebook-Konzern eingebunden in Wirtschaft und Politik der USA? Gibt es geschäftliche oder politische Verbindungen zur CIA oder zu anderen Diensten? Um Antworten auf diese Fragen zu finden, werde ich nach dem Facebook-Prinzip vorgehen: die Freunde von Facebook finden und mir die Freunde von Freunden ansehen und was sie tun und was sie denken, um herauszufinden, wer mit wem in Beziehung steht, geschäftlich, aber auch politisch und ideologisch. Einige Blogger haben solche Verknüpfungen bereits mehrfach als Irrwege von Verschwörungstheoretikern gebrandmarkt, und manchmal zu Recht. Umso wichtiger erscheint es, die Netzwerke um das Netzwerk systematisch zu durchforsten, um Schlüsselfiguren, Seilschaften und Abhängigkeiten auf die Spur zu kommen, getreu dem Motto von Facebook-Gründer Zuckerberg: »We want to make the world more open« (»Wir wollen die Welt offener machen«).

Ein Hedgefonds-Manager klopft bei Zuckerberg an

Mark Zuckerberg ist noch nicht lange Milliardär. Am 4. Februar 2004 startete er die Plattform »Thefacebook.com« als rein studentisches Campus-Intranet der Harvard University. Später konnten sich andere Hochschulen, darunter das weltberühmte MIT (Massachusetts Institute of Technology) anschließen. Die Idee zur Gründung einer Firma stellte Mark Zuckerberg vor ein Problem, das ihn bis heute beschäftigen dürfte: Wie soll man expandieren, wenn man das nötige Geld für Investitionen nicht hat? Umgekehrt fragen wir uns: Wem erschien Zuckerbergs Vision eines offenen Netzwerks interessant genug, um sie mit Risikokapital zu finanzieren? Oder anders ausgedrückt: Welche Interessen waren dabei im Spiel?

Versetzen wir uns zurück in jene Zeit, als das Projekt dreier Studenten zum Geschäftsmodell mutierte. Ohne Sean Parker wäre es vielleicht nie so weit gekommen. Parker hatte bereits als Mitgründer der Musikplattform Napster Karriere in Silicon Valley gemacht. Glaubt man Ben Mezrich, Autor des Buches *Milliardär per Zufall*[80], waren die Zutaten des Zufalls, der Parker und Zuckerberg zusammenbrachte, mehr als bizarr. Demnach wachte Parker nach einer offenbar durchzechten Nacht im Zimmer eines Studentenwohnheims auf, in dem ein Laptop stand, auf dem jemand das Programm »Thefacebook« nicht beendet hatte. Parker war auf der Stelle elektrisiert und suchte Mark Zuckerberg, den Urheber der Seite, auf. Wenig später machte Parker seinen neuen Freund Zuckerberg mit dem späteren ersten Facebook-Investor Peter Thiel bekannt. Thiel ist bei Facebook der »Mann der ersten Stunde«. Beim ersten Besuch Zuckerbergs in Thiels Firmenzentrale wurden aus der anfangs geplanten Viertelstunde, die der Milliardär dem Studenten gewähren wollte, am Ende ein Mittagessen und ein gemeinsamer Nachmittag mit Parker und Thiel.[81] Zuckerberg und seine Freunde waren überrascht und glücklich, dass Thiel bereits bei diesem ersten Treffen 500 000 Dollar für »Thefacebook« lockermachte. Beeindruckt von Zuckerbergs Vision eines großen Netzwerks, auf dem Menschen sich frei austauschen, sprach Thiel laut Mezrich von »Startkapital«. Bereits an diesem

Tag vereinbarten die Drei alle Details der geplanten Expansion – auch die Änderung des Namens in »Facebook«. Thiel machte klar, dass er über seinen Status als Anteilseigner hinaus auch die Geschicke des neuen Unternehmens mitlenken wolle. Seitdem hält er sieben Prozent der Geschäftsanteile, deren geschätzter Wert bei mehr als einer Milliarde Dollar liegt. Außerdem gehört er dem fünfköpfigen Vorstand von Facebook an und ist damit eine Schlüsselfigur im Facebook-Imperium.

Hedgefonds-Manager Thiel galt eine Zeit lang als eine Art neuer George Soros. Der *Spiegel* nannte ihn 2007 sogar den »Hedgefonds-Hexer aus Frankfurt«.[82] Der gebürtige Deutsche studierte Jura und Philosophie an der Stanford-Universität. Nur kurze Zeit arbeitete er als Anwalt und wechselte dann in die Finanzbranche, weil ihm, wie er selbst sagt, Mathematik immer schon besser lag. Im großen Stil zu kalkulieren lernte er dann schnell als Derivatehändler für die Investmentbank Credit Suisse in New York. Anfang 1998 stieg er aus und gründete seinen ersten Hedgefonds, und zwar wieder im sonnigen Kalifornien. Und wie Mark Zuckerberg wenige Jahre später, begründete auch Peter Thiel sein Milliardenvermögen auf dem Campus der Stanford-Universität. Dort traf er im August 1998 auf den Informatikstudenten Max Levchin, der große Pläne für ein Internetbezahlsystem hatte. Gemeinsam gründeten die beiden noch im Dezember desselben Jahres die Firma PayPal, mit der sie »eine neue Weltwährung« einführen wollten. Zunächst jedoch ging es um die Abwicklung des Zahlungsverkehrs zwischen Palm-Computern und das Bezahlen per E-Mail, später entstand ein komplexes Online-Bezahlsystem. Rasch gewann PayPal 20 Millionen Nutzer. Dieser Erfolg weckte das Interesse des jungen Online-Auktionshauses Ebay, das PayPal schließlich im Jahr 2002 für 1,5 Milliarden Dollar kaufte. Peter Thiel konnte sich über geschätzte 60 Millionen Dollar aus dem Verkaufsgewinn freuen und gründete nun einen neuen Hedgefonds, den Clarium-Fonds, der schon wenige Jahre später ein Vermögen von bis zu sieben Milliarden Dollar verwaltete. Mit Wetten auf steigende Ölpreise oder fallende Dollarkurse verdiente Thiel in der Folge weitere Millionen.

Thiel pflegt einen barocken Lebensstil, wovon sich ein Reporter des Magazins *Fortune* selbst überzeugen konnte. In einem Artikel mit dem Titel »PayPal Mafia«[83] schilderte er seinen Besuch bei Thiel, wo ihn ein Butler in Livree umsorgte. Thiel leistet sich eine 500 000-Dollar-Luxus-Sportkarosse von McLaren, und im Silicon Valley wie in der Beteiligungskapital-Szene gilt der Zigarre rauchende Finanzfürst als genialer Freigeist. Und um zu verstehen, welche Vorstellungen bei der Facebook-Expansion Pate stehen, lohnt eine eingehendere Beschäftigung mit Peter Thiels Ideen. So war ihm klar, dass PayPal als Internetbezahlsystem die Steuergesetze tangieren würde, doch das entsprach seiner Grundhaltung: wenig Staat, möglichst keine Steuern.

Das Internet ist der Ort, an dem sich die Anhänger der klassischen kapitalistischen Lehre des Laissez-faire wohlfühlen. Thiel spricht davon, dass 40 Prozent des weltweiten Reichtums an Finanzplätzen wie den Kaimaninseln, Barbados oder Monaco konzentriert sind. In seinem Weltbild ist die Digitalisierung der internationalen Finanzströme nur von Vorteil, da es schwerer werde, solche Banken zu kontrollieren. »Eine Arbeiterrevolution, die darauf abzielt, eine Bank zu übernehmen, wird unmöglich, wenn die Bank in Vanuatu steht«, wird Thiel zitiert.[84] In solchen Äußerungen spiegelt sich zugleich die Arroganz reicher und mächtiger Finanzjongleure. Dazu passt Thiels politische Orientierung als Anhänger der radikalen rechten Neocon-Bewegung (Neokonservative).

Peter Thiel war von jeher mehr als ein kühler Rechner. Der technikbegeisterte Futurologe steckte Millionen Dollar in ein Institut für die Erforschung Künstlicher Intelligenz und fördert Forschungen zur Überwindung des Alterungsprozesses. Ihn treibt eine innere Mission – auch politisch: Schon als Student hatte er in Stanford zu schreiben und zu publizieren begonnen. In seinem Buch *The Diversity Myth*[85] attackierte er 1998 den »Multikulturalismus« als Quelle vieler politischer und gesellschaftlicher Übel. Keineswegs ein Produkt jugendlichen Leichtsinns, verweist Thiel noch 10 Jahre später stolz auf dieses Werk.[86]

Thiel und sein Co-Autor David O. Sacks, Gründer des sozialen Netzwerks Yammer für Firmenkommunikation, kritisieren die Definitionsmacht der »Multikulturalisten« in Stanford, aber auch in den USA generell. Gruppen wie Farbige, Frauen, Schwule und Lesben würden von den »Multikulturalisten« zu Opfergruppen stilisiert, um den freien Diskurs zu unterdrücken. »Die multikulturelle Opferlogik ihrer Rassen- und Geschlechterforschung stärken sich wechselseitig und generieren damit einen Schutzschirm (sowie Geld und Jobs) für die immer gleiche politische Bewegung.«[87] Harmlose Übergriffe und Beleidigungen an der

Universität würden als Verstöße gegen die »political cor-
rectness« systematisch verfolgt, wofür die Autoren einige
mehr oder weniger lustige Beispiele präsentieren.

Wofür Thiel im Gegenzug steht, wird am ehesten durch
eine Aufzählung dessen klar, was er kritisiert: das Propagieren von »safer sex« und das Verteilen von Kondomen auf
dem Campus als Bestandteil der »multikulturellen Sex-
Erziehung«; den Versuch der Clinton-Regierung, das Ge-
sundheitssystem zugunsten armer Menschen zu reformie-
ren; Steuererhöhungen für Reiche; die grundsätzliche Kritik
an der hegemonialen Politik des »Westens.«

Der »Westen« ist eine Art Leitmotiv für Thiel, weil er
die Werte einer von staatlicher Bevormundung befreiten
Welt repräsentiere. Als Bevormundung begreift Thiel jedoch nicht nur die Bestrafung geschmackloser Witze über
schwarze Schwule, sondern auch die Entrichtung von Steuern und die Einführung einer gesetzlichen Krankenversi-
cherung für alle Bürger. Er macht sich lustig über Vorschrif-
ten in Stanford, die kalifornische Weintrauben aus der
Kantine verbannten, weil die Pflücker ausgebeutet würden, und brandmarkt linke Landarbeitergewerkschaften.
Im Umkehrschluss behauptet er, dass jeder Mensch bereits
heute frei genug sei, etwas aus sich zu machen. Jede Kritik
an rassischer, geschlechtlicher oder religiöser Diskriminie-
rung vertiefe hingegen lediglich die bestehenden Gegensät-
ze. Martin Luther Kings Traum von einer »farbenblinden«
Gesellschaft sei längst geplatzt, und die Rassen lebten mehr
denn je nebeneinander. »Die Gründe für dieses Auseinan-
derdriften haben sich massiv gewandelt. Es mag paradox
erscheinen, aber der extreme Fokus auf den Rassismus ist

zu einer Quelle der Verbitterung vieler geworden, weil die Multikulturalisten die Weißen pauschal winziger und kaum greifbarer Formen des Rassismus beschuldigen, beispielsweise eines »institutionellen« oder eines »unbewussten« Rassismus. Anders ausgedrückt, wer Rassismus kritisiere, so Thiel, der fördere ihn. Letztlich sucht der heutige Zuckerberg-Intimus in seinem Buch nach Antworten auf die ihn bedrängende Frage, warum die Menschen in westlichen Staaten ständig ihr eigenes System kritisieren. Eine Antwort lautet: »›Multikulturalismus‹ hat das Vakuum gefüllt, das die Selbst-Vernichtung des Westens hinterlassen hat.«[88] Eine andere: »Wir haben herausgefunden, dass die Multikultur vielleicht am besten als neoprimitive Kultur gedacht werden sollte, in der das Individuum nicht zählt und in gewisser Weise gar nicht existiert.«[89] Dabei versteigen Thiel und sein Co-Autor sich zu Äußerungen wie der folgenden: »Der Multikulturalismus existiert, um den Westen zu zerstören, und diese Zerstörung geht grausam und diskriminierend vor sich, der multikulturelle Bulldozer hat alle Differenzierung zwischen dem Guten und Bösen der westlichen Gesellschaften eingeebnet.«[90]

Aber welche gesellschaftliche Vision hat dieser Mann, der heute im Vorstand eines 500 Millionen Menschen umfassenden Netzwerks sitzt? Eine politische Antwort auf den Multikulturalismus scheide aus, so Thiel, dafür sei er zu tief verwurzelt im Verhalten und in der Psyche der Menschen. Es genüge nicht, die politischen Führer auszutauschen: »Wir müssen uns der Wahrheit stellen, dass es keine silberne Kugel gibt, um der multikulturellen Hydra den Garaus zu machen.«[91] Auch kulturell sei dem Phänomen nicht beizukommen, es sei denn, man wolle zu den kulturellen Werten vor der 68er Revolte zurückkehren, was jedoch auf überwindbaren Widerstand in der Gesellschaft stieße.

Was Thiel propagiert, ist der Weg des extremen Individualismus: »Die Befreiung des Individuums erfordert den Triumph der Zivilisation über alle Kulturen, nicht nur die des Westens.« Thiel fordert die Transnationalität im Verein mit der technischen Zivilisation. Das klingt ganz nach dem, was Facebook heute mehr und mehr repräsentiert. Und es passt zu Thiels Visionen von einer technischen künstlichen Intelligenz als Ultima Ratio des Menschen. Dazu passt übrigens auch, was Facebook-Kenner David Kirkpatrick berichtet[92]: Der Sozialphilosoph und Medientheoretiker Marshall McLuhan sei einer der Favoriten unter den Angestellten im Facebook-Hauptquartier. McLuhan prägte bereits 1964 den Begriff des »globalen Dorfes« und sprach von der Entwicklung einer globalen Kommunikationsplattform, welche die Welt vereinige.

Facebook-Vorstand Thiel strotzt nicht nur vor futuristischen Visionen und konservativ-marktradikalen Ideen, er engagiert sich auch politisch. Auf diesen Zusammenhang dürfte als erster Tom Hodgkinson im Jahr 2008 in dem *Guardian*-Artikel »With friends like these« hingewiesen haben.[93] Hodgkinson weist unter anderem auf Thiels politisches Engagement bei der radikal-konservativen Online-Plattform The Vanguard hin, bei deren Vorgängerorganisation VanguardPAC er sogar im Beirat saß.[94] Mentor und Chef der Plattform ist der rechtskonservative Investor Rod D. Martin, den Thiel rückhaltlos bewundert: »Rod ist einer der führenden Denker der Nation bei der Schaffung neuer und notwendiger politischer Ideen.« Ein Blick auf diese Ideen ist durchaus aufschlussreich.

Putschisten gegen Obama sammeln sich auf Facebook

Wer die Website The Vanguard anklickt, wird sogleich auf den radikalen Kurs dieser Gemeinschaft eingeschworen. Ihr Staatsfeind Nr. 1 heißt offenkundig Barack Obama. Dass Obama seinen Sieg bei der Präsidentschaftswahl 2008 zum großen Teil der Mobilisierung von Anhängern über das Internet zu verdanken hatte, haben die Neocons noch immer nicht verwunden. So erklärte TheVanguard. org im August 2010: »Amerika ist ein konservatives Land, unsere Werte werden gewinnen, es sind unsere Führer, die verloren haben. Auch wenn es der radikalen linken Minderheit gelungen ist, mit Hilfe der Technologie zu gewinnen – im großen Stil zu gewinnen –, sollten jetzt die Millionen Durchschnittsamerikaner nachdenken, was sie tun können.«[95] Mit markigen Worten wirbt die Bewegung um Freiwillige: »Wir gründen eine Armee, die Amerika ausfegen wird.«

Was sich in der Vanguard-Bewegung konzentriert, klingt radikal, militaristisch und bedrohlich. Wer Vanguard auf Facebook folgt, stößt auf folgende Begrüßung: »Wenn du ein Bürger bist, der nicht nur an den Konservatismus und die Werte der amerikanischen Revolution glaubt, sondern der auch bereit ist, etwas zu unternehmen, fahre fort und trete uns bei. Wir werden dich anschreiben, wenn wir kurz davor sind, zu starten, und wir werden wissen, auf wen wir zählen können, wenn es Zeit ist, loszuschlagen.«[96] Das Ganze klingt wie eine geheime Verabredung rechter Putschisten gegen die Obama-Regierung. Und das soll es auch. Zwei Mitglieder der aktuellen Führungsmannschaft von TheVanguard.org arbeiteten übrigens früher mit Peter Thiel im Management von PayPal.[97] Auch PayPal war für Thiel mehr als nur eine gute Geschäftsidee. Das virtuelle Verschieben riesiger Geldsummen rund um den Globus galt ihm zugleich als Mittel zur Überwindung der schmutzigen Realwirtschaft.

Heute bietet Facebook Thiel die größtmögliche Spielfläche für seine Ideen, denn hier wird nicht nur die Privatsphäre aufgehoben und kommerzialisiert, sondern im Frühjahr 2010 führte Facebook mit den »Facebook-Credits« auch ein eigenes Bezahlsystem ein.[98] *Guardian*-Autor Hodgkinson konnte im Jahr 2008 noch nicht ahnen, welche technische und ökonomische Entwicklung Facebook seither nehmen würde. Thiel hält er für eine Art Mentor des Facebook-Projekts, für einen Mann, der die reale Welt zerstören und durch eine virtuelle ersetzen möchte. Das Netzwerk nennt Hodgkinson ein »freiheitsfeindliches Experiment der globalen Manipulation«. Thiels Ideen führen uns eindringlich vor Augen, dass Facebook weit mehr ist als ein geniales Geschäftsmodell. Das soziale Netzwerk ist eine Ideologie, die unser aller Leben nachhaltig verändern wird.

Sehen wir uns die weiteren Geldgeber von Facebook an. Die zweite Runde der Finanzierung über 12,7 Millionen Dollar kam im April 2005 von der Risikokapital-Firma Accel Partners.[99] Das Unternehmen ist an zahlreichen Startups beteiligt, aber auch an der Kaufhauskette Wal-Mart. Für das Facebook-Investment zuständig war und ist James Breyer. Er sitzt neben Zuckerberg und Thiel auch im Aufsichtsrat von Facebook. Doch Breyer ist nicht irgendein Vertreter der Investmentbranche, sondern als Vorsitzender der National Venture Capital Association, der Vereinigung der Risikokapital-Firmen, eine Zeit lang ihr oberster Lobbyist. Im Aufsichtsrat dieses wichtigen Verbandes saß eine weitere schillernde Figur – ein gewisser Gilman Louie. Louie hatte sich einen Namen mit der Entwicklung von Computerspielen wie dem Flugsimulator Falcon gemacht. Im Jahr 1998 verkaufte er seine Firma Micropose für 70 Millionen Dollar und begab sich offiziell in die Dienste der CIA.[100] In deren Auftrag gründete er die Technologiefirma In-Q-Tel, die seither als Investmentarm der CIA tätig ist und mit der wir uns später intensiv beschäftigen werden. Die Verbindung des Accel-Partners und Facebook-Managers James Breyer mit dem ehemaligen In-Q-Tel-Chef ist zugegebenermaßen eine ziemlich schwache Verbindung zur CIA, die nicht mehr aussagt, als dass man sich sicherlich ganz gut kennt.

Der Facebook-Draht zu Pentagon, CIA und Weißem Haus

Anders verhält es sich mit dem dritten großen Facebook-Investor, Greylock Partners. Greylock ist eines der größten Risikokapital-Unternehmen der USA und seit mehr als vier Jahrzehnten im Geschäft. Das Unternehmen investierte im

April 2006 27,5 Millionen Dollar in Facebook[101] und ist bis heute einer der wenigen Anteilseigner des Facebook-Konzerns. Ebenfalls mit von der Partie bei dieser Finanzierungsrunde waren Meritech Capital Partners sowie Accel Partners und wieder Peter Thiel.[102]

Zuständig für das Facebook-Investment bei Greylock ist David Sze, der auch als Beobachter im Facebook-Direktorium sitzt. Sze begründete die Beteiligung im April 2006 mit dem einleuchtenden Argument, Facebook sei für viele zum wesentlichen Bestandteil ihres täglichen Lebens geworden und damit eine wichtige Marke für eine einflussreiche, sonst schwer zu erreichende Bevölkerung.[103]

Vier Jahre später sagte Sze in einem Interview mit dem Fachmagazin *TechCrunch*, die Beteiligungen an Facebook, LinkedIn, dem Spielegiganten Zynga und der Musikplattform Pandora seien die besten der vergangenen sieben Jahre und diese Unternehmen die nächsten, die an die Börse gehen könnten. Es komme eben nicht auf die Höhe der Beteiligung an, sondern darauf, sich die richtigen Firmen herauszusuchen.[104] Und Greylock Partners hat gewiss keine schlechte Wahl getroffen, denn der Wert ihrer Facebook-Anteile wächst beständig und lag im August 2010 bereits bei 33,7 Milliarden Dollar.[105]

Es spricht also alles dafür, dass Sze in erster Linie das kommerzielle Potenzial von Facebook im Blick hatte. Trotzdem gibt es bei Greylock einen hochrangigen Manager, der außer den geschäftlichen auch politische Interessen verfolgt. Es handelt sich um den Senior-Gesellschafter von Greylock Howard E. Cox.[106] Der Manager ist seit Jahrzehnten eng verzahnt mit dem militärisch-industriellen Komplex der USA. Während der schwierigsten Phase des Vietnamkrieges arbeitete Cox zwei Jahre im Pentagon und zwar im Büro des damaligen Verteidigungsministers Melvin R. Laird.[107] Cox hatte schon damals Zugang zum Weißen Haus und dinierte mehrmals mit Präsident Richard Nixon, unter anderem während der Weihnachtsfeiertage 1971.[108] Der Cox-Clan zählt bis heute zu den einflussreichen republikanischen Familien in den Vereinigten Staaten. Im Präsidentschaftswahlkampf 2008 spendete Cox 50 000 Dollar für den republikanischen Kandidaten John McCain, um einen Sieg Barack Obamas zu verhindern.[109]

Howard E. Cox war nie ein reiner Wirtschaftmann und pflegte seine Kontakte zum Pentagon und später zur CIA. Bis 2009 saß der heute 67-Jährige im Business Board des Pentagon[110], einem exklusiven Club von Beratern des US-Verteidigungsministeriums, dem laut Satzung nicht mehr als 25 Mitglieder angehören sollen.[111] Von Verteidigungsminister Donald Rumsfeld ins Leben gerufen, soll dieses Gremium dem Pentagon-Chef Empfehlungen für eine effizientere Verwaltung des Militärapparates geben.[112]

Cox sitzt außerdem im Vorstand der Lobbyorganisation »Business Executives for National Security« (BENS)[113], zu der sich Vertreter einflussreicher Firmen vor allem aus der Finanz- und Beratungsbranche mit hochrangigen ehemaligen Politikern, Militärs und Geheimdienstchefs zusammengeschlossen haben. Neben Cox finden sich dort der ehemalige US-Außenminister Henry Kissinger, der ehemalige republikanische Präsidentschaftsbewerber Ross Perot sowie der einst mächtige FBI- und spätere CIA-Direktor William H. Webster.

Ziel dieser Organisation ist es, den US-Militärapparat an die Erfordernisse des 21. Jahrhunderts anzupassen.[114] Da Terroristen nach immer neuen Wegen suchten, die »amerikanische Heimat« anzugreifen, bräuchte es bürgerschaftlich gesinnte Manager, die genau um die Belange ihrer Städte wüssten, um sie gegen Angriffe zu wappnen. Zu diesem Zweck trifft man sich beispielsweise mit dem Oberkommando der U.S. Special Operations in Tampa/Florida, um die Risiken neuer Technologien im Hinblick auf ihre Nutzung durch terroristische Staaten und Organisationen zu erörtern.[115] Durch Zusammenarbeit mit Militärs und Regierungsvertretern versucht die Organisation, der Industrie eine Schlüsselrolle in Fragen der nationalen Sicherheit zu verschaffen: »BENS allein ist dazu geeignet, den öffentlichen und privaten Sektor zusammenzubringen, um den Gefahren im Internet zu begegnen.«[116]

Doch nicht nur im militärischen Apparat ist Greylock-Manager Cox seit Jahrzehnten verwurzelt, sondern auch im Geheimdienstsektor. So sitzt er im Aufsichtsrat der von der CIA gegründeten Firma In-Q-Tel.[117] Die Beteiligung von Greylock Partners rückt den Facebook-Konzern damit in direkte Nähe zur CIA. Was aber bewog die CIA zu dem außergewöhnlichen Schritt, ein eigenes Technologieunternehmen zu gründen? Und was interessiert die Geheimdienste am Internet und an den sozialen Netzwerken? Um diesen Fragen nachzuspüren, müssen wir das Geflecht um In-Q-Tel und seine Geschichte ausführlich beleuchten.

Die CIA-Cyberfirma huldigt James Bond

In-Q-Tel gilt als bahnbrechende Kooperation des US-Geheimdienstes mit einer privaten Firma. Dazu äußerte der damalige CIA-Direktor George Tenet: »Die In-Q-Tel-Allianz hat die CIA wieder in die erste Reihe der Technologie zurückgehievt, eine Front, von der wir uns niemals hätten zurückziehen dürfen.«[118] Zugleich erklärte er offen, dass In-Q-Tel am finanziellen Tropf der CIA hänge: »Wir zahlen zwar die Rechnungen, aber In-Q-Tel bleibt als Firma unabhängig von der CIA.«[119] Die CIA identifiziere die drängendsten Probleme und In-Q-Tel halte die Technologie bereit, ihnen zu begegnen.

In-Q-Tel verhält sich geheimdienstkompatibel und kopiert zugleich die Unternehmenskultur von Silicon-Valley. Mittlerweile hat das Unternehmen Büros in Boston, Nord-Virginia und im kalifornischen Menlo Park. Die Firma beschäftigt nur eine paar Dutzend Mitarbeiter und eine kleine Gruppe von Unternehmens- und Technologieberatern. Sie rühmt sich flacher Hierarchien, die schnelle Entscheidungen ermöglichten. In-Q-Tel hat seinen Sitz in einem vielbesuchten Bürokomplex, aber weder am Eingang noch in den Aufzügen weisen Hinweisschilder den Weg zu ihr. Ein Reporter der Tageszeitung *USA Today*, der die Firmenzentrale besuchen durfte, musste sich im Jahr 2004 sogar verpflichten, den genauen Standort nicht zu veröffentlichen, weshalb er schrieb: »somewhere near Washington«.[120]

Bei der Namensgebung der ominösen Firma stand einer der wohl berühmtesten Geheimagenten der Welt Pate. Das Q erinnert an den Agenten Q, der dem Kinohelden James

Bond immer wieder noch genialere Technik verschafft und ihm damit zum Erfolg verhilft. Die Vor- und Nachsilben »In-Tel« stehen für Intelligence, also Geheimdienste. Zugleich unterstreicht diese Symbolik die Relevanz der Firma für den Erfolg der CIA im Cyber-Zeitalter. Denn alle drei Stunden, schreibt die Zeitschrift *Technology Review*, habe der Geheimdienst Daten auszuwerten, deren Menge dem Gesamtbestand der Kongressbibliothek in Washington entspreche.[121]

Stöbert man in den CIA-Veröffentlichungen zum Thema In-Q-Tel, wird schnell klar, wie wichtig das Internet und dessen technologische Auswertung für den mächtigsten Geheimdienst der Welt sind. In-Q-Tel sei gegründet worden, weil die CIA ein informationsbasierter Dienst sei, der sich an den Schnittstellen der Informationstechnologie aufhalten müsse.[122] Dessen »Kunden« müsse In-Q-Tel mit Informationen versorgen, die sowohl zeitnah als auch relevant seien. Genau dies ist der entscheidende Vorteil von Facebook, nämlich zeitnah zu wissen, wer sich für was interessiert.

Eigentlich ist es in den USA verpönt, dass der Staat Firmen gründet und sich in die Wirtschaft einmischt. Und doch gab es immer wieder solche Initiativen, wenn die Sicherheitspolitiker fürchteten, von der technologischen Entwicklung abgehängt zu werden. Zum ersten Mal in Bedrängnis gerieten CIA und Pentagon 1958 angesichts der erfolgreichen Platzierung des ersten Satelliten im Weltall durch die Sowjetunion. Die USA reagierten auf den Erfolg des Sputnik mit einer unkonventionellen Idee: Das Pentagon rief die »Defence Advanced Research Projects Agency«

(DARPA) ins Leben, die fortan Forschungsprojekte fördern sollte, die in der realen Wirtschaft keine Gönner fänden, weil sie in den Augen der Manager unausgegorene Zukunftsmusik waren. Zu diesen Projekten zählten auch die technische Entwicklung Künstlicher Intelligenz und ein großer Beitrag zur Entstehung des Internets. Noch heute fließen beträchtliche Summen aus ihrem Drei-Milliarden-Dollar-Budget in die IT-Branche.[123]

Auch in den Neunzigerjahren des vorigen Jahrhunderts entglitt dem US-Sicherheitsapparat für eine Weile der Einfluss auf die IT-Branche. Das lag in der Natur der Marktökonomie, denn ausgehend von Silicon Valley entwickelten sich in jener Zeit gleich mehrere kommerzielle Internetfirmen, wie Microsoft, Apple, Sun Microsystems, Google und später dann Facebook und Amazon, zu Global Playern.

Wie Staubsauger hatten Apple und Co. Tausende von Informatik-Talenten aufgesaugt, und wer den Job wechselte, kam damals bestimmt nicht auf die Idee, bei CIA und Co. anzuheuern. Zumal wohl auch die meisten kommerziell orientierten Internetfreaks von einem für alle frei zugänglichen und nicht von einem staatlich observierten und manipulierten Netz träumten. Dabei wuchsen mit dem Internet von Tag zu Tag die Möglichkeiten der heimlichen Datenauswertung und Quellenanalyse.

Wer die neuen Feinde waren, hatte der Chef der im November 1952 gegründeten und für die weltweite Überwachung und Entschlüsselung elektronischer Kommunikation zuständigen National Security Agency (NSA) bereits vor den Anschlägen vom 11. September 2001 klargestellt: nicht die kommunistischen Widersacher des Kalten Krieges, die an den roten Knöpfen ihres Atomwaffenarsenals sitzen, sondern »Cyberterroristen, ein bösartiger Hacker oder selbst ein nicht feindselig gesinnter Hacker«, sagte der damalige Michael Hayden auf der National Information Systems Security Conference vor Vertretern von IT-Firmen und Risikokapital-Unternehmen.

Schon bei dieser Konferenz waren die Geheimdienstleute alles andere als Zaungäste; einer der beiden Konferenz-Moderatoren wurde von der NSA gestellt.[124] Seitdem sind Militär und Geheimdienste der USA technologisch wieder im Geschäft. Und in nur acht Jahren wurde das Personal der NSA von 32 000 Mitarbeitern im Jahr 2001 auf mehr als 60 000 im Jahr 2009 aufgestockt.[125]

Dass die CIA von der technischen Entwicklung abgehängt worden war, während der Dienst zugleich ein starkes Interesse an Daten hatte, erkannte 1998 auch dessen Führung.[126] Mit dem Rückenwind des US-Kongresses gab sie grünes Licht für die Gründung von In-Q-Tel. CIA-Direktor George Tenet und sein Verwaltungsdirektor Buzzy Krongard telefonierten persönlich mit Norm Augustine, dem ehemaligen Vorstandschef des Rüstungskonzerns Lockheed Martin.[127] Tenet erklärte dem gut vernetzten Ex-Manager, dass die CIA lange Zeit an der Spitze der Entwicklung des Internets gestanden habe. Mittlerweile aber würden hochqualifizierte IT-Experten lieber in der Privatwirtschaft reich, anstatt sich mit den mäßigen Löhnen in staatlichen Behörden abspeisen zu lassen. Augustine erinnert sich, man habe damals den Weg beschritten, Anteilseigner in diesen vielen kleinen Technologiefirmen zu werden.[128] Dann kontaktierte der CIA-Boss Gilman Louie, einen Mann, der zuvor mit der Entwicklung und Vermarktung von Computerspielen wie dem Flugsimulator Falcon ein Vermögen verdient hatte. Tenet appellierte persönlich an Louis' Patriotismus. »Er überzeugte mich, dass dieses Problem überhand nehmen würde, wenn die CIA das Informationsproblem nicht lösen könnte.«[129] Noch immer zögerten viele junge Informatiker, dem Projekt unter die Arme zu greifen. Die Wende brachte letztlich der 11. September 2001. Unter dem Eindruck des verheerenden Anschlags waren nun auch junge Leute aus der IT-Branche bereit, sich für die CIA zu engagieren. Sie rannten der kalifornischen Filiale von In-Q-Tel in Menlo Park, Silicon Valley, förmlich die Bude ein. Rund tausend Businesspläne reichten sie über das Jahr bei In-Q-Tel ein. »Plötzlich war die CIA in einer verletzlichen Welt angekommen«, erinnert sich Gilman Louie, »der einzige Weg, da wieder rauszufinden, war die Internettechnologie.«[130] Mittlerweile hat sich die Beteiligungsgesellschaft des US-Geheimdienstes in viele High-Tech-Firmen eingekauft, von der Biotechnologie bis hin zur Nanotechnologie, vor allem aber in Unternehmen der IT-Branche.

Auch bei der Suche nach jungen Talenten mischt die CIA inzwischen ganz vorne mit. Ebenso wie die NSA wirbt der Dienst über Facebook aktiv um Mitarbeiter. Die Überwachung der Kommunikation durch Computer- und andere Informationstechnologien spiele, so die Behörde auf ihrer Website, eine äußerst wichtige Rolle sowohl bei der Analyse als auch bei der Informationsbeschaffung.

Wer versucht, den Wert von In-Q-Tel mit den klassischen Mitteln der alten Ökonomie zu messen, beschreitet den falschen Weg. Bei In-Q-Tel geht es weniger um Umsätze und Gewinne, sondern um die Vernetzung des Unternehmens, und hier zeigt die CIA, dass sie gelernt hat, aus den Vorteilen des Internets den größtmöglichen Nutzen zu ziehen. Es geht um direkte und indirekte finanzielle Beteiligungen an Startups. Die Kernaufgabe von In-Q-Tel sei es, »in die Technologie-Community einzudringen«, so ihr erster Chef Gilman Louie. Schnell knüpfte man Beziehungen zu führenden Risikokapital-Firmen wie Kleiner Perkins, die ihrerseits Geld in die heute ganz Großen der Branche, wie AOL, Amazon, Genentech und Sun, gesteckt hatten.[131] Mit Hilfe der Investitionen soll die für die CIA notwendige Technologie abgeschöpft werden. Konsequenterweise bezeichnet sich In-Q-Tel selbst nicht als Produkthersteller, sondern als Unternehmen für Lösungen, und zwar für die kompliziertesten IT-Probleme, mit denen die CIA konfrontiert ist.

Ein hochrangiger CIA-Mitarbeiter namens Rick E. Yannuzzi war bei In-Q-Tel so etwas wie der Mann der ersten Stunde. Der Geheimdienstoffizier war eigentlich innerhalb der CIA für Strategien und Nuklearprogramme zuständig, wurde aber in der Gründungsphase von In-Q-Tel in dessen Vorstand entsandt. In-Q-Tel werde sich, so Yannuzzi, »intensiv mit Partnern in der Industrie, der Beteiligungskapital-Branche, der Wissenschaft und mit allen anderen, die an vorderster Front der IT-Innovation stehen, vernetzen«.[132] Dass Unternehmen wie Google, Apple und Facebook dabei links liegen gelassen wurden, ist kaum vorstellbar.

Die CIA auf dem Weg ins Silicon Valley

In-Q-Tel ist kein klassisches Joint Venture zwischen Wirtschaft und Staat, die Idee basiert auf den Eigeninteressen der Partner, aber vor allem auf dem ständigen Einfluss der CIA. Eingedenk der Erkenntnis, dass nirgendwo so effizient und innovativ gearbeitet wird wie in einem kommerziellen Unternehmen, schob der Geheimdienst das Unternehmen an. Zugleich sicherte man sich ab, indem man sich selber auf die Suche nach geeignetem Führungspersonal machte. Die CIA habe »geholfen, den bestmöglichen Aufsichtsrat zu formen«, schreibt Rick E. Yannuzzi. Auch damit unterscheidet sich das Unternehmen von den vielen freien Startups der Branche: Hier hatte nicht ein brillanter Kopf eine gute Idee, woraufhin Scharen junger Leute herbeiströmten. Hier war eine staatliche Behörde der Ideengeber und suchte sich ihr wohlgesonnene Leute, um einen Auftrag zu erfüllen. Das entsprach so gar nicht den Gepflogenheiten des Internets.

Werfen wir einen Blick auf dieses Personal: Im Aufsichtsrat von In-Q-Tel sitzen unter anderem der Direktor der Arizona State University Michael M. Crow, Howard E. Cox vom Facebook-Investor Greylock Partners und der ehemalige Admiral der US-Marine David E. Jeremiah, der über beste Beziehungen zur Rüstungsindustrie verfügt. Auch der ehemalige CIA-Verwaltungsdirektor A. B. »Buzzy« Krongard ist mit von der Partie.

Interessant ist Anita K. Jones, emeritierte Professorin für Informatik an der Universität von Virginia. Auf der Homepage von In-Q-Tel fehlt allerdings der Hinweis auf ihre geschäftlichen Aktivitäten und ihre zentrale Rolle für die Vernetzung von Wirtschaft und Militär. Jones war lange Zeit im Pentagon Direktorin der Abteilung »Defense Research and Engineering« und unter anderem zuständig für die bereits erwähnte DARPA. Stolz verweist sie auf ihre Auszeichnungen, darunter die Air Force-Verdienstmedaille für Zivilisten und eine Pentagon-Auszeichnung für hervorragende Dienste. Im Jahr 2004 wurde sie in den Aufsichtsrat des mit dem Pentagon eng verbundenen Unternehmens BBN Technologies berufen. Dazu merkte sie nicht ohne Pathos an: »An diesem Punkt unserer nationalen Geschichte sind Wissenschaft und technologische Forschung mehr denn je Schlüsselfaktoren für die Stärke der US-Volkswirtschaft und unsere nationale Sicherheit.«[133]

Wie Howard E. Cox gehört auch Anita K. Jones zu jenen Überzeugungstätern, für die das Geschäftliche nicht von den Erfordernissen der nationalen Sicherheit zu trennen ist. So ist es kein Wunder, dass sie bei ihrem Ausscheiden aus dem Pentagon die folgende Lobeshymne von US-Senator Chuck Robb zu hören bekam: »Sie brachte die Welten der Technologen und des Militärs einander näher, um einen detaillierten Plan für die Aufrechterhaltung der US-Vorherrschaft auf dem Schlachtfeld des nächsten Jahrhunderts zu entwickeln.«[134] Es geht also um Vorherrschaft und Einfluss – aber wie erfolgreich ist die CIA mit ihrer Firmenneugründung In-Q-Tel?

Die In-Q-Tel-Idee ist wahrlich innovativ. Die Geschäftspartner der CIA-gesteuerten Firma können ihre Produkte weiterentwickeln und erhalten über die Kooperation mit In-Q-Tel Gelegenheit, ihre Prototypen in der Praxis zu testen. Gleichzeitig verschmelzen hier kommerzielle Interessen mit dem Machtinteresse des Staates, denn die Innovationen kommen direkt der CIA zugute, und zwar nicht nur als Abfallprodukte, sondern auch zeitnah auf Bestellung. Über ihre Beteiligungen an mittlerweile gut 175 Startups[135] erwerben In-Q-Tel und damit auch die CIA wichtige Patente, die dem US-Geheimdienst nachhaltigen Einfluss auf das World Wide Web sichern.

In-Q-Tel soll sich allmählich von der CIA emanzipieren und Verträge über Kooperationen und Joint-Ventures auch ohne Zustimmung der CIA abschließen können. Was allerdings bedeutet, dass es der Öffentlichkeit künftig schwerer fallen wird, sich über den langen Arm des Geheimdienstes in die IT-Industrie zu informieren. Außerdem unterliegt, was In-Q-Tel konkret unternimmt, dem Geschäftsgeheimnis. Wir als Mitglieder weltweiter Gemeinschaften wie Facebook müssen jedenfalls in Zukunft noch stärker als bisher befürchten, bei unseren privaten und zugegebenermaßen häufig profanen Dialogen belauscht zu werden.

Im April 2004 veröffentlichte die US-Datenschutzorganisation EPIC (»Electronic Privacy Information Center«) einen klammheimlich im April 2003 zwischen der CIA und der National Science Foundation abgeschlossenen Rahmenvertrag über den Kampf gegen den Terror, der die Arbeit an Technologien zur Analyse des Internets beinhaltet.[136] EPIC-Direktor Marc Rotenberg kritisierte die Überwachung von Chatrooms scharf. Die Geheimdienste seien dabei, ihre Prioritäten in der Forschung zu verändern, und die National Science Foundation müsse aufpassen, dass sie nicht zu einer National Spy Foundation, einer »nationalen Spionage-

Stiftung«, verkomme. Das Internetmagazin *Cnet*[137] brachte weitere Enthüllungen. So habe das seinerzeit beteiligte Rensselaer Polytechnic Institute ein System vorgeschlagen, das allen Anhängern des freien Internets einen Schauer über den Rücken jagen müsste: »Das vorgeschlagene System kann den Geheimdiensten helfen, versteckte Gemeinschaften und Kommunikationswege in Chatrooms herauszufiltern, und das automatisiert.«

Doch zurück zu den Aktivitäten von In-Q-Tel. Dessen erster Chef, Gilman Louie, spielte den James-Bond-Vergleich gegenüber *USA Today* herunter, weil hier »nicht Autos oder andere Dinge unsichtbar gemacht« würden.[138] Vielmehr gehe es darum, aus einem milliardenfachen Fundus an Mitteilungen, Meinungen und Behauptungen in der Tiefe des Internets kritische Hinweise herauszufiltern und Technologien zu fördern, um diese Informationen zu strukturieren und für die Zwecke des US-Geheimdienstes aufzubereiten.

Diese Aktivitäten hingegen zur CIA zurückzuverfolgen, dürfte ein hartes Stück Arbeit sein, und wer es versucht, beißt häufig auf Granit. »Wir sprechen niemals über unsere Kunden«, antwortete der Chef der Startup-Firma Arc Sight, Robert Shaw, dem *USA Today*-Reporter. Nicht einmal das Wort CIA komme Shaw über die Lippen, so der Reporter. Die Technologie von Arc Sight zielte damals (2004) auf die Abwehr von Hacker-Angriffen. In-Q-Tel hatte inzwischen 150 Millionen Dollar in entsprechende Technologien investiert, die laut Gilman Louie in insgesamt 40 »Regierungsprojekten« zur Anwendung kamen. Auch Louie meidet tunlichst das Wort CIA.

Verteidigung und Angriff:
die E-Waffen-Schmiede der CIA

Aber wofür interessiert sich die CIA im Internet? Die dies-
bezüglichen Auskünfte von In-Q-Tel sind ziemlich nichts-
sagend. Nach dem Willen der CIA soll In-Q-Tel allgemein
»nicht klassifizierbare« IT-Arbeiten für den Geheimdienst
erledigen. Und es würden nur Projekte durchgeführt, an
denen sowohl die CIA als auch kommerzielle Unternehmen ein Interesse hätten.

Die CIA/In-Q-Tel-Aktivitäten umfassen so gut wie alle
gängigen Internet-Technologien: das sogenannte »data ware-
housing«, also das Zusammenführen von Daten aus unterschiedlichen Datenbanken; das »data mining«, also das He-
rausfiltern bestimmter Informationen aus diesen Daten;
sowie Suchmaschinen, geografische Ortung, Bildanalyse
und Wiedererkennung von Kommunikationsmustern, außerdem Übersetzungsprogramme, mobile Anwendungen
und Datensicherheit.[139]

Informationssicherheit ist bislang vor allem eine Domä-
ne der kommerziellen IT-Wirtschaft. Verschlüsselungspro-
gramme, digitale Signaturen, zentrale Server-Verwaltung
und zentralisierte Log-In-Systeme sind für die Sicherung
hochsensibler Daten und ihrer Kommunikation inner- und
außerhalb von Unternehmen geradezu überlebenswichtig
geworden. Die Wirtschaftsspione des Internetzeitalters
sind vor allem Hacker.

Sowohl die Wirtschaft als auch staatliche Institutionen
müssen sich im offenen Internet absichern: Manager müssen sichergehen, dass die Botschaft, die sie erreicht, von

dem tatsächlichen und nicht von einem gefälschten Absender stammt. Ermittler müssen sichergehen, dass sie beim Surfen im Internet nicht gleichzeitig von den Übeltätern, denen sie auf der Spur sind, verfolgt, sprich: bei ihrem Surfverhalten beobachtet werden. Hacker sollten in diesen Systemen keine Chance haben.

Mit all diesen Dingen beschäftigt sich In-Q-Tel, was nicht unbedingt eine beruhigende Nachricht ist. Denn aus der militärischen Forschung wissen wir seit langem, dass vermeintliche Verteidigungstechnologien im Handumdrehen zu Angriffswaffen umgemodelt werden können. Wer an der Abwehr bakteriologischer Kampfstoffe arbeitet, ist umgekehrt auch in der Lage, sie herzustellen. Technologisches Wissen ist nie nur gut. Daran hat auch das Internet nichts geändert. Nach der Entwicklung von A-, B- und C-Waffen will man auch die Entwicklung von »IT-Waffen« in Händen behalten. Aber wie sehen diese »IT-Waffen« genau aus?

Sehen wir uns eine der ersten In-Q-Tel-Investitionen an, das Programm »netEraser«. Eigentlich ein Segen für die Nutzer, schützt es doch durch den ständigen Wechsel von IP-Adressen deren persönliche Identität, sodass ihre Aktivitäten im Netz nur schwer zurückzuverfolgen sind. Und es schützt vor sogenannten »Denial-of-Service«-Attacken, also gezielten Angriffen auf ganze Serversysteme, die das Internet in Teilen lahmlegen können.

Aber auch der CIA war es ad hoc drei Millionen Dollar wert. Diese Summe stellte der Dienst dem Unternehmen Science Applications International Corporation (SAIC) zur Verfügung.[140] Das ist ungefähr so, als überließe eine international tätige Bank es ihren Kunden, ein absolut wasserdichtes System von Auslandskonten zu entwickeln, während das Finanzamt die Entwicklung bezuschusst und als Gegenleistung sämtliches technologisches Wissen zur Ausforschung der Konten erhält. Das wäre aus meiner Sicht und angesichts von Milliarden ins Ausland transferierter Steuern sogar legitim.

Im Falle von In-Q-Tel geht es aber nicht um die Verfolgung von Wirtschaftskriminellen, sondern um die Ausforschung unserer Internetaktivitäten. Zwar wurde uns feierlich der Schlüssel zu unserer Privatsphäre überreicht, eine Kopie liegt aber längst bei Vater Staat – in diesem Fall bei der global tätigen CIA.

Und auch in Sachen Wirtschaftsspionage und ihrer Abwehr versucht In-Q-Tel am Ball zu bleiben. Im November 2009 investierte das CIA-Unternehmen in die Firma Fire-Eye.[141] Auch der Facebook-Kapitalgeber Sequoia Capital stieg bei FireEye ein. FireEye entwickelt Programme, um besonders gefährliche Trojaner, sogenannte »botnets«, aufzuspüren. Diese Programme werden vor allem von kriminellen Hacker-Banden versendet. Zwar gebe es bereits viele Anti-Viren-Programme auf dem Markt, sagt T. J. Rylander von In-Q-Tel, aber kriminelle Hacker seien in der Lage, diese Programme zu knacken und technologisch zu überholen. FireEye gehe das Problem jedoch auf einzigartige Weise an, verspricht er, und habe das Potenzial, »das Spiel zu verändern«. Das Unternehmen hat eine Art »Dummysoftware« entwickelt, die als potenzielles Opfer von Hacker-Attacken den Cyberspace nach gefährlichen Virenströmen absucht, diese einfängt und dabei genau verfolgt, nach welchem Muster diese Viren vorgehen. Damit könnten Sicherheitslücken in beispielloser Weise aufgedeckt werden. Das heißt aber auch, dass die CIA über In-Q-Tel technologisch in die Lage versetzt wird, Sicherheitslücken aufzuspüren. Und es wäre schon erstaunlich, wenn ein moderner Geheimdienst im Internetzeitalter von den entdeckten Schwachstellen bei potenziellen Gegnern oder Konkurrenten der Weltmacht USA keinen aggressiven Gebrauch machte.

Die CIA lässt auch Facebook ausspionieren

In-Q-Tel und die CIA wären nicht auf der Höhe der Zeit, hätten sie nicht das enorme Überwachungspotenzial entdeckt, das sich in den Millionen freimütiger Nutzer sozialer Netzwerke verbirgt. Im Oktober 2009 kündigte In-Q-Tel eine strategische Partnerschaft mit der Firma Visible Technologies an.[142] Visible sei ein »Schlüssel, um die Landschaft sozialer Netzwerke in ihrer ganzen Tragweite zu begreifen«, so In-Q-Tel-Manager Troy M. Pearsall. Die Firma liefere ein klares und verständliches Bild der komplexen Informationsflüsse im Netz, indem man die Echtzeit-Daten aus Online-Dialogen auf einfache Art und Weise in ihrem Kontext und sogar in ihrem inhaltlichen Tenor analysiere. Schon vor der CIA zählte Visible milliardenschwere Firmen wie Microsoft zu seinen Kunden.

Der Software-Riese habe Visible Technologies zum Beispiel beauftragt, in Netzinhalten systematisch zu erforschen, wie die globale Internetgemeinde das neue Programm Windows 7 beurteile, berichtet das Online-Magazin

Wired.[143] Auch dem milliardenschweren Lebensmittelkonzern Hormel griff der Internet-Dienstleister energisch unter die Arme, indem man die Online-Aktivitäten von Tierschutz-Aktivisten systematisch verfolgte.

Was in sozialen Netzwerken von wem diskutiert wird, lässt auch die CIA nicht kalt. Und so versorgt Visible Technologies auch die US-Regierung mit Auswertungen. Täglich werden eine halbe Million interaktive Webseiten durchforstet. Auf seiner Homepage wirbt das Unternehmen damit, dass sein Angebot »alle Blogs, Foren, Online-News, Twitter, *social networks*, Facebook, archivierte Seiten, Videos und den RSS-feed von Kunden abdecke«.[144] Das Portfolio von Visible Technologies ist riesig: Die Fotoplattform Flickr gehört ebenso dazu wie YouTube, aber auch die Buchrezensionen bei Amazon werden analysiert. Was bislang vor allem die werbetreibende Industrie interessierte, dazu hat sich nun auch die CIA Zugang verschafft: »social media-Erkenntnisse in Echtzeit«. Eine kleine Beruhigungspille versucht uns das Unternehmen trotzdem zu verabreichen: Geschützte Facebook-Gespräche würden mit dem neuen System nicht geknackt.[145]

Im Zuge von Recherchen über den Einsatz von Uranmunition durch die NATO in Jugoslawien erhielt ich seinerzeit von einem serbischen Informanten eine E-Mail, die mich damals überraschte und deren Inhalt ich für übertrieben hielt: »Achtung, NSA liest mit!« Die USA und ihre Verbündeten hatten während der Balkankriege keinerlei Interesse daran, dass eine breite Öffentlichkeit allzu genaue Kenntnis von ihrer rücksichtslosen Kriegführung gegen die Zivilbevölkerung erhielt.

Dass es irgendwann eine Firma gäbe, die sämtliche On-line-Aktivitäten nach Schlüsselwörtern und Botschaften durchforstet und die Empörungswellen nach Ereignissen misst, wäre mir damals wie Science Fiction vorgekommen. Dabei ist die NSA seit Jahrzehnten Weltmeister in Kryptologie, das heißt im Entschlüsseln von Kommunikation. Nur waren es im Kalten Krieg vor allem die Botschaften und Geheimdienste der Sowjetunion und ihrer Verbündeten, die auf teils waghalsige Art ausgespäht wurden. Aber schon gegen Ende der Achtzigerjahre des 20. Jahrhunderts schwollen die Datenmengen aus abgehörten Telefonaten und Funkverbindungen derart an, dass im NSA-Hauptquartier nur 20 Prozent dieser Informationen verarbeitet werden konnten.[146] Aber gerade die Ergebnisse dieser Spionage waren maßgeblich für die Weltpolitik der USA. US-Präsident George Bush sagte vor der NSA: »Ich kann Ihnen versichern, dass Ihre Kommunikations-Aufklärung die wichtigste Rolle bei unseren Entscheidungsprozessen spielt, für die gesamte Außenpolitik unseres Landes.«[147]

Die Gedankenpolizei bedroht die Internet-Demokratie

Das Internet hat sich seit jener Zeit zum vielleicht wichtigsten Medium der Menschheit entwickelt. Es öffnet Räume auch für politische Gruppen, die nicht im Geld schwimmen. Und es öffnet Räume für die Unzufriedenen, die Benachteiligten in dieser Welt. Damit stellt es zugleich eine Bedrohung für Regierungen dar, die in einer zu großen Öffentlichkeit und in zu großer Offenheit eine Gefahr sehen. Die Zusammenarbeit des Staates mit privaten Internetfirmen erscheint da unausweichlich. Ein Sprecher von In-Q-Tel begründete das Engagement der CIA bei Visible Technologies damit, dass man ein »Frühwarnsystem über Debatten wolle, die international stattfinden«. Im Klartext: Die CIA will erfahren, ob sich irgendwo auf der Welt etwas zusammenbraut, das den Interessen der USA schaden könnte.[148]

Das Arbeitsprinzip von Visible Technologies ist nicht sonderlich neu. Wie Google verwendet man sogenannte Crawler, die Netzinhalte auf bestimmte Stichworte hin durchforsten. Die Firma selbst behauptet, bei ihrer Netzrecherche auch den Ruf oder Stellenwert des Urhebers der Einträge zu werten, ein Verfahren, das dem Page Ranking von Google ähnelt. Ja, man filtere sogar heraus, in welchem »Tonfall« über ein Unternehmen, ein Ereignis oder eine Marke gesprochen wird, ob »positiv, negativ, gemischt oder neutral«. Auch von großen deutschen Kundenunternehmen werden solche Verfahren des sogenannten »opinion mining« seit kurzem kommerziell genutzt. Während die Wirtschaft uns als Konsumenten abschöpft, hat uns der Staat als kritische Bürger im Visier: Mit Hilfe der »Meinungsfilter« können uns Firmen wie Visible Technologies im Auftrag von Geheimdiensten oder Regierungen in sozialen Netzwerken abhören.

Kurz, sie spüren auf, welche Positionen den Mächtigen aufgrund ihrer Verbreitung in einem bislang noch weitgehend freien und mehr oder weniger uneingeschränkt zugänglichen Medium womöglich gefährlich werden können. Die CIA und die mit ihr kooperierenden Unternehmen betätigen sich aber nicht nur als Gedankenpolizei, indem sie die Quellen von Informationen und Meinungen systematisch analysieren, sondern sie zählen auch die Köpfe am anderen Ende der Leitung, indem sie die Zahl der Menschen ermitteln, die regelmäßig einen Blog oder eine Website anklicken, deren Inhalte in den Augen der CIA gefährlich sein könnten.

Erich Schmidt-Eenboom gilt in Deutschland seit Jahrzehnten als wichtiger Experte für Geheimdienst-Angelegenheiten. In seinem Forschungsinstitut für Friedenspolitik unterhält er das wohl größte private Geheimdienstarchiv der Bundesrepublik. Die Aktivitäten der US-Geheimdienste zur Ausforschung sozialer Medien hält er für beispiellos in demokratischen Staaten: »Bisher galt es als untrügliches Zeichen für eine Diktatur, wenn Geheimdienste die Gesinnungslage der Nation ausspähen und Regierungsapparaten damit Handlungswissen für Propaganda und psychologische Kriegsführung zur Verfügung stellen.«

Ein historischer Prototyp für dieses Vorgehen sei der Sicherheitsdienst (SD) des Reichsführers SS während des Nationalsozialismus. Das SD-Hauptamt (ab 1939 Amt III – Inlandsnachrichtendienst – des Reichssicherheits-Hauptamtes) überzog Deutschland und die besetzten Gebiete in Osteuropa mit einem flächendeckenden Netz von Haupt- und Außenstellen. Seine *Meldungen aus dem Reich* betrafen »Grundfragen der Stimmung und Haltung des deutschen Volkes« in unglaublicher Bandbreite, die von der Resonanz des Films *Ich klage an* in der Bevölkerung über das »Zeitgeschehen und seine Auswirkungen auf

Stimmung und Haltung der Frauen« bis zur »gefühlsmäßigen Einstellung der Bevölkerung gegenüber den Feinden« reichte.[149]

Es sieht so aus, als würden ausgerechnet die USA den urdemokratischen Charakter des Internets opfern und zugleich seinen Vorteil gegenüber den kostenpflichtigen Medien zerstören. Zeitungen geben Auflagen bekannt, Fernseh- und Radiosender legitimieren sich täglich mit den Einschaltquoten. Das Internet hatte so etwas bislang nur in kommerzieller Hinsicht nötig, weil es sich über Werbung finanziert. Es entwickelte sich auf freundlich-anarchische Weise zu einem ungeordneten Medium, das höchstens durch die Zustimmung oder Ablehnung der Nutzer strukturiert wurde. Seit den Aktivitäten staatlicher Gedankenpolizeien ist es damit vorbei. Zwar ist das Internet kein Staat und hat somit auch keine Verfassung, aber gäbe es eine demokratische und freie Verfassung des Internets, müsste man von einem glatten Verfassungsbruch, einem Putsch sprechen.

Die Freunde von Freunden von Facebook

Wir haben nun die Freunde von Facebook durchforstet und die Freunde der Freunde von Facebook und natürlich gemeinsame Freunde von Facebook und dem CIA-Investmentarm In-Q-Tel. All diese Leute bekleiden Schlüsselpositionen: Peter Thiel bei Facebook, Howard E. Cox beim Facebook-Investor Greylock Partners und bei In-Q-Tel, und In-Q-Tel spioniert über Firmen wie Visible Technologies die Nutzer sozialer Netzwerke aus. Es zeichnet sich ein grobes Raster ab: All diese wunderbaren Startups wie Facebook leben von Enthusiasten, von Computerfreaks und vom Geschäft. Aber an wichtigen Schnittstellen haben sich Leute in diese jungen Unternehmen eingekauft, die mehr als eine geschäftliche Vision haben. Menschen wie Thiel, die von einer anderen Welt ohne staatliche Regulierung träumen und erzkonservative Kreise gegen Präsident Obama unterstützen. Und Menschen wie Cox oder Louie, deren Geschäftssinn ihrem Patriotismus nie im Wege stand, der umgekehrt ihren Geschäftssinn noch befeuerte. Und natürlich Zuckerberg selbst, von dem nicht ein einziges politisches Statement aufzutreiben ist. Aber wie verhält sich der Facebook-Konzern selbst zu den politisch Mächtigen?

In Sachen Lobbyismus verhalten sich Google, Microsoft oder Facebook nicht anders als gewöhnliche Großkonzerne. Und sie haben dieses Lobbying auch nötig. So muss sich Facebook auch im US-Kongress eine Menge Kritik zu seinem mangelhaften Datenschutz anhören. Und auch die Wettbewerbspolitiker schlafen nicht. Um eventuellem Gegenwind aus Parlament oder Regierung möglichst frühzeitig zu begegnen, leistet sich auch Facebook einen Lobbyisten in Washington. Den suchen sich Konzerne manchmal gern auf der vermeintlich »gegnerischen Seite«. Damit schlagen die Konzerne gleich zwei Fliegen mit einer Klappe: Zum einen schaffen sie sich einen Kritiker vom Hals, zum anderen stärkt es in der Öffentlichkeit die eigene Glaubwürdigkeit, wenn ein vermeintlich »glaubwürdiger« Kritiker zum Lobbyisten »befördert« wird.

»Facebook macht einen seiner besten Gegner zum Lobbyisten«, titelt im Juni 2009 die *Washington Post*.[150] Timothy Sparapani stritt lange Jahre als Anwalt für das Recht auf Privatsphäre und gewann für seine Mandanten manchen Prozess gegen die Internetriesen. Er kritisierte öffentlich, dass die Provider zu viele Informationen über die Konsuminteressen der Internet-Nutzer speichern. Sich selbst bezeichnete er als »Eiferer für die Privatsphäre«, und er bekleidete eine leitende Position in der American Civil Liberties Union, einer Bürgerrechtsorganisation. Noch ein halbes Jahr vor Aufnahme seiner Lobbyistentätigkeit lehnte er es ab, sich einen Facebook-Account zuzulegen, weil er keine privaten Details ins Netz stellen wollte. Gegenüber der *Washington-Post* fand er eine etwas wolkige Erklärung für seinen Frontenwechsel: »Wir müssen hier präsent sein, um uns gegenüber der Politik zu definieren, bevor andere das für uns tun. Es ist klar, dass wir Teil des neuen Denkens in Washington werden müssen.«

Der Lobby-Report von US-Senat und -Kongress nennt als Sparapanis Themenfeld »Angelegenheiten der Privatsphäre«.[151] Vorbildlich – jedenfalls für deutsche Verhältnisse – legt das Dokument zudem offen, mit welchen staatlichen Stellen der Facebook-Lobbyist spricht: mit der Homeland Security, also dem Heimatschutzministerium, der Transportation Security Administration (TSA), dem Deptartment of Defense (DOD) im White House Office, der Defense Intelligence Agency (DIA), der US-Armee sowie Kongress und Senat. Angesichts der marktbeherrschenden Stellung von Facebook wäre es durchaus naheliegend, wenn Sparapani sich um Abgeordnete und Ministerien kümmerte, um Kritik an der marktbeherrschenden Position seines Auftraggebers zu begegnen. Doch die Auswahl zeigt, dass der Lobbyist vor allem mit dem militärisch-geheimdienstlichen Komplex in Kontakt steht. Damit bricht Facebook ein Tabu, an das andere Internetriesen wie Google, Microsoft, Amazon oder Apple bislang nicht gerührt haben.[152]

Obama will die weltweite Online-Kommunikation abhören

Eigentlich müsste Timothy Sparapani in diesen Tagen viel zu tun haben. Wenn es Facebook ernst wäre mit dem Schutz unserer Daten, dann müsste er eine gigantische Kampagne gegen Präsident Barack Obama starten. Denn »Obama will die Welt abhören«, wie *Spiegel-Online* meldete.[153] Der Präsident plant, im Kongress ein Gesetz einzubringen, das künftig allen Sicherheitsbehörden erlaubt, die gesamte weltweite Online-Kommunikation abzuhören, einschließlich des verschlüsselten Datenverkehrs von E-Mail-Providern und der verschlüsselten Bereiche sozialer Netzwerke wie Twitter oder Facebook sowie der Internet-Telefonie über Skype. FBI-Sprecherin Valerie E. Caproni bestätigte das Gesetzesvorhaben gegenüber der *New York Times:* »Wir sprechen über ein gesetzlich geregeltes Abhören. Wir reden darüber, unsere bestehenden Eingriffsrechte zu stärken, um die Bevölkerung zu schützen.«[154] Neben dem FBI, der NSA, dem Weißen Haus und dem Justizministerium seien auch andere Dienste an der Initiative beteiligt.

Schon bisher durften amerikanische Überwachungsbehörden an den Schnittstellen beispielsweise von Telefonzentralen mithören. Künftig sollen auch geschlossene Dienste, sogenannte »Peer-to-Peer«-Systeme, in denen wir ohne zentrale Schnittstelle direkt miteinander kommunizieren, mit Verschlüsselungstechnologie abgehört werden. Um das Gesetz auch auf ausländische Kommunikationsdienste anwenden zu können, sollen laut *New York Times* ausländische Gesellschaften gezwungen werden, Niederlassungen in den USA zu eröffnen, soweit sie es noch nicht getan haben. Wer seine Pforten hingegen den Sicherheits- und Geheimdiensten verschließt, müsse Geldbußen oder gar strafrechtliche Konsequenzen fürchten. Sowohl innerhalb als auch außerhalb der USA regt sich Kritik gegen diese Pläne – vor allem vonseiten der Branche selbst. Das Vorhaben bringe »das Verhältnis von Sicherheit und Privatsphäre völlig aus dem Gleichgewicht«, so der erfahrene IT-Experte Rüdiger Spies vom Marktforschungsinstitut IDC gegenüber *Spiegel Online*. »Schon heute ist es möglich, Telefongespräche über das Internet mittels Sprache-zu-Text-Software zu transkribieren und diese Transskripte durch Filter laufen zu lassen, die sie auf verdächtige Formulierungen scannen. Wäre es künftig legal, auch verschlüsselte Gespräche und Chats so zu scannen, würde ein Großteil der über das Internet geführten Kommunikation künftig abgehört. Verkürzt gesagt: Obama versucht die Welt abzuhören.«[155]

Die US-Behörden verweisen als Argument für ihr Vorhaben auf die Online-Kommunikation terroristischer Netzwerke und krimineller Banden. Dass aber genau die gar nicht funktioniert, hat der amerikanische Autor Matthew

M. Aid in seinem neuesten Buch nachgewiesen.[156] Nur ein Beispiel von vielen: Am 5. November 2009 erschoss der Armeepsychologe Nidal Malik Hasan im texanischen Fort Hood 13 Soldaten und verletzte Dutzende weiterer. Dabei hatte die NSA zwischen Dezember 2008 und Januar 2009 zwölf E-Mails zwischen Hasan und einem radikal-islamistischen Geistlichen in Jemen abgefangen.

Solche Pannen wird auch die Obama-Initiative nicht verhindern. Professor Norbert Pohlmann vom Gelsenkirchener Institut für Internet-Sicherheit hält die Pläne des Präsidenten gleich aus drei Gründen für sinnlos und gefährlich. Wenn das flächendeckende Abhören durch US-Behörden weltweite Praxis werde, würden gerade terroristische Gruppen die klassischen Kommunikations-Infrastrukturen wie E-Mail-Provider oder Skype fortan nicht mehr benutzen. »Es gibt einfache Verfahren, das zu umgehen und das wissen auch Terrornetzwerke«, sagt Pohlmann. So könnten zwei Gesprächspartner sich per SMS ihre tagesaktuelle IP-Adresse zusenden und dann eine verschlüsselte »Voice-over-IP«-Verbindung miteinander aufbauen, ohne auf die klassischen Provider zurückzugreifen. »Solche Verbindungen lassen sich nicht abhören«, erklärt der Informatik-Experte und verweist auf die Konsequenz: »Die Guten hört man ab, die Bösen kommunizieren woanders.« Insofern sei die Obama-Initiative eine Gefährdung unserer Gesellschaften, denn man überwache die Bevölkerung und beeinträchtige damit sogar die Kommunikation in der Wirtschaft, ohne mehr Sicherheit zu schaffen. Das sei »sicherheitstechnischer Unfug und verletzt die Privatsphäre der BürgerInnen«.

Überdies müssten für die Abhöraktionen dauerhafte Schnittstellen bei allen E-Mail- und Netzwerk-Providern geschaffen werden, deren Vertrauenswürdigkeit vielfach schwer einzuschätzen sei. Weshalb diese Schnittstellen anfällig für Angriffe krimineller Hacker wären. Es sei immer so, erläutert Norbert Pohlmann: »Je mehr Türen ein Haus hat, insbesondere Türen, die nicht sicher sind, desto eher fühlen sich Einbrecher eingeladen.« Auch aus diesem Grund erklärte das Bundesverfassungsgericht im März 2010 das Gesetz über die Vorratsdatenspeicherung für verfassungswidrig.[157] Die Richter forderten für eine vom Gesetz vorgesehene sechsmonatige Speicherung von Verbindungsdaten, E-Mail-Adressen und IP-Adressen deutlich höhere Sicherheitsstandards. Pohlmann hält das amerikanische Gesetzesvorhaben für weit gravierender als die deutsche Vorratsdatenspeicherung, denn danach würden auch sämtliche persönlichen und firmenbezogenen Inhalte der Kommunikation abgehört und gefiltert. »So etwas wäre in Deutschland schlicht rechtswidrig.«

Es ist beeindruckend, mit wie vielen Millionen Dollar das US-Militär und US-Geheimdienste über Jahre hinweg Internet-Technologien gefördert haben, die uns privat besser vernetzen, uns aber zugleich offen machen wie ein Buch. Dass genau diese Dienste nun ganz legal auf unsere Privatsphäre zugreifen wollen, entbehrt nicht der Logik von Geheimdiensten, die immer danach streben, ihre Quellen auszuweiten. Geheimdienst-Experte Schmidt-Eenboom sieht das Motiv für Obamas Vorgehen in dessen eigenen positiven Erfahrungen mit sozialen Medien, die ihm zum Wahlsieg verholfen hätten: »Dass Obama seine Sicherheitsbehörden mit dem Herrschaftsmonopol über offene und verschlüsselte Datenverkehre ausstatten will, mag aus seiner Wahlkampferfahrung erklärlich sein, erstaunlich ist nur seine Kurzsichtigkeit, die übersieht, dass er damit den Neo-Konservativen in die Hände spielt, die die aggregierten Informationen als Wertstoffsammlung für die Tea-Party-Demagogen und zur Steuerung ihrer Medien-Konzerne missbrauchen werden.« Im Übrigen zeige das Vorgehen, dass die USA »auch unter Führung der Demokraten den Anspruch erheben, global die inneren Verhältnisse anderer souveräner Staaten mitzugestalten«.

Schmidt-Eenboom verlangt vom Europaparlament, dieser »US-amerikanischen Cyber-Diktatur« entgegenzutreten. Das Widerspruchsrecht jedes einzelnen Europäers gegen die Erfassung und Verwertung seiner Daten müsse gestärkt und Firmen wie Google und Facebook müssten gezwungen werden, das Ausmaß und die Ziele der Grundrechtseingriffe vor einem parlamentarischen Kontrollgremium offenzulegen. Der Europäischen Kommission stehe von Bußgeldern bis hin zum Ausschluss vom europäischen Markt ein ausreichend großes Sanktionspotenzial zur Verfügung, um die Balance zwischen hemmungsloser Überwachung und Schutz der Privatsphäre wenigstens nicht ganz kippen zu lassen. Flankierend sollten Klagen vor dem Internationalen Gerichtshof für Menschenrechte das geplante Gesetz an den Pranger stellen. Zwar werde Washington kein Urteil akzeptieren, aber wenigstens würde das völkerrechtswidrige Vorgehen thematisiert und diskutiert.

Facebook schweigt zu der Geheimdienst-Initiative

Aber wie steht der ehemalige Bürgerrechtsanwalt und jetzige Facebook-Lobbyist Timothy Sparapani zu dem Vorhaben? Schließlich steht er doch in dauerndem Kontakt mit den Überwachungsorganen der USA. Leider erhielt ich auf eine entsprechende E-Mail-Anfrage bis heute keine Antwort von ihm. Immerhin antwortete mir das Unternehmen Facebook auf die Frage, wenn auch dürftig: »Facebook wird jeden Gesetzesvorschlag dann anschauen, wenn er konkret ist, aber nichts kommentieren, das noch nicht gesehen wurde.«

Noch ein Wort zu Google: Auch die Internet-Suchmaschine, die sehr hilfreich war bei meinen Recherchen, hat sich mit der CIA eingelassen. Am 28. Juli 2010 meldete *Wired*, dass In-Q-Tel und Google sich im Jahr 2009 gleichzeitig in eine Firma namens Future Record eingekauft und Vertreter in deren Aufsichtsrat entsandt hätten.[158] Future Record durchsucht Hunderttausende von Websites, Blogs, Foren und Twitter-Accounts gezielt nach bestimmten Inhalten und stellt Verknüpfungen zwischen Menschen und Organisationen, ihren Handlungen und Ereignissen her. Zeiten und Orte werden mit Hilfe der sogenannten »spatial and temporal analysis« verknüpft und sogar die inhaltliche Tendenz in den Webbeiträgen wird per »sentimental analysis« herausgefiltert. Außerdem suchen sogenannte Analyse-Generatoren nach unsichtbaren Links zwischen Dokumenten gleichen oder ähnlichen Inhalts. Der Generator misst bei Ereignissen, wie sich die Welle der Aufmerksamkeit über das Netz ergießt und welchen Gesetzen die Aufmerksamkeit dabei folgt. »Das Coole daran ist, dass wir in vielen Fällen diese Aufmerksamkeitskurve schon vorhersagen können«, so Future-Record-Chef Christopher Ahlberg.

Die Welle der Aufmerksamkeit zielgenau zu berechnen und Muster zu erstellen gehört zum Kerngeschäft von Google. Und die Möglichkeit des Zugriffs auf dieses bislang vor allem kommerziell verwertete Wissen können natürlich auch staatliche Machthaber bestens nutzen. Je berechenbarer die Reflexe der öffentlichen Meinungsbildung werden, desto zielgenauer können Regierungen mit Halbwahrheiten operieren oder ihre Bevölkerungen manipulieren.

Bevor Google Ventures sich zeitgleich mit In-Q-Tel bei Future Record einkaufte, hatte der Suchmaschinen-Konzern den Geheimdiensten schon einmal bewusst unter die Arme gegriffen, als er der NSA Programme verkaufte, um deren Netzwerke sicherer zu machen. In-Q-Tel kaufte sich zudem in die Firma Keyhole ein. Und im Jahr 2004 kaufte Google wiederum Keyhole.

Es ist nicht ganz leicht zu entscheiden, inwieweit all diese Verflechtungen zwischen Internetfirmen, Risikokapital-Gesellschaften und Geheimdiensten uns ängstigen sollten. Kein Zweifel besteht jedoch daran, dass die CIA und ihre Leute es bestens verstanden haben, sich in Silicon Valley breitzumachen, weil sie begriffen haben, dass soziale Netzwerke mit ihren aberhundert Millionen Mitgliedern eine unschätzbare Informationsquelle sind. Während der DNI (Director of National Intelligence) Open Source-Konferenz 2008 in Washington plauderte der damalige CIA-Direktor Michael Hayden gutgelaunt über den Stellenwert

offener Quellen – wie sozialer Netzwerke – für seinen Geheimdienst: »Geheime Informationen sind nicht alles in
unserem Beruf, und es macht wirklich Spaß, Probleme
mit Hilfe von Informationen zu lösen, die Leute so dumm
waren, offen ins Netz zu stellen.«[159]

KAPITEL 5

Die Fake-Politik

Wie soziale Medien die Demokratie verpixeln

Der Mann im blütenweißen Hemd mit blauer Krawatte wirkt jugendlich. Er blickt zuversichtlich in eine strahlende Zukunft, während er am oberen Ende der Homepage thront. Gleich daneben fällt unser Blick auf einen roten Button. »Donate Now«, »Spenden Sie jetzt«, steht darauf. Wer ihn anklickt, braucht nur noch Namen, Adresse und Kreditkartennummer einzugeben und muss sich anschließend entscheiden, ob er 10, 20, 50 oder ein paar hundert Dollar lockermachen will. Sie würden so etwas nicht tun, denken Sie jetzt? 1,5 Millionen Amerikaner haben es getan. Von März 2007 bis Juli 2008 nahm Barack Obama mit 280 Millionen Dollar mehr an Spendengeldern ein, als George W. Bush während seines gesamten Wahlkampfs im Jahr 2004.[160] Im Wahljahr flossen beständig etwa 20 Millionen Dollar monatlich, im Februar 2008 zählte Obamas Wahlkampfteam sogar Einnahmen in Höhe von 55 Millionen Dollar, wovon 45 Millionen über die Internetseite Mybarackobama.com flossen.

Obama hatte das Glück, ein politischer Popstar zu sein, der zur richtigen Zeit am richtigen Ort auftauchte und der eine Vision von einem besseren Land hatte. Viele Experten meinen allerdings, dass dieser Newcomer ohne die Online-Mobilisierung junger, bislang politisch desinteressierter Menschen, ohne die gigantische Sammlung von Kleinspenden und ohne die Wählermobilisierung via Internet keine Chance gegen das reiche Establishment gehabt hätte, das hinter dem republikanischen Präsidentschaftskandidaten John McCain stand.

Ob es das Geld war oder seine Ausstrahlung oder beides, in jedem Fall war es das Internet, ohne das die Wahl dieses charismatischen Quereinsteigers nicht möglich gewesen wäre. Stehen wir also nun vor einem neuen Zeitalter der Internet-Demokratie, wie es uns der ehemalige US-Vizepräsident Al Gore bereits 1994 prophezeite? Gore führte damals aus:

»Die globale Informationsgesellschaft wird mehr sein als eine Metapher für eine funktionierende Demokratie. Sie wird das Funktionieren der Demokratie tatsächlich voranbringen, weil sie die Bürger an den Entscheidungen beteiligt. Und sie wird auf großartige Weise die Fähigkeit der Länder stärken, miteinander zu kooperieren. Ich sehe ein neues athenisches Zeitalter der Demokratie, das in den Foren der globalen Informationsgesellschaft geschaffen wird.«[161]

Barack Obama schreibt mir noch immer

Es ist schwer zu sagen, ob die Vereinigten Staaten seit Obamas Amtsübernahme demokratischer geworden sind. Aber ob Sie es glauben oder nicht: Der Präsident kennt mich noch immer. Täglich schickt er mir Botschaften, Hinweise auf wichtige Abstimmungen und nun, im Herbst 2010, Mobilisierungsaufrufe für die anlaufenden Vorwahlen in den USA. Der Grund: Als der damalige Kandidat 2008 nach Berlin kam, ließ ich mich als Journalist online registrieren und konnte den Hoffnungsträger aus nächster Nähe bewundern. Meine E-Mail-Adresse und die von 13 Millionen Amerikanern[162] dient ihm noch heute dazu, uns alle auf dem Laufenden und seine potenziellen amerikanischen Wähler politisch bei der Stange zu halten. Auf der Website der Demokratischen Partei sehe ich, wie erfolgreich diese Strategie nach wie vor ist. Unter dem Foto von Obama haben 13 943 714 Facebook-Nutzer den »Like«-Button angeklickt. Genau eine Minute später sind es bereits hundert mehr.[163] Auch diese Facebook-Nutzer kann das Obama-Team kontaktieren. Die Spalte »Obama everywhere« verlinkt uns mit sämtlichen sozialen Netzwerken sowie YouTube und der Foto-Plattform Flickr. Und selbstverständlich gibt es für mein Smartphone auch eine Obama-App.

Mehr Demokratie dank Merkel-App?

In Deutschland gibt es seit Herbst 2010 immerhin eine Bundestags-App, mit der man sich auch unterwegs via Smartphone bequem über den parlamentarischen Betrieb auf dem Laufenden halten kann. Die Gabriel-App oder die Merkel-App stehen noch aus. Politiker-Apps, so könnte man annehmen, lohnen den Aufwand auch erst ab einem gewissen visionären Potenzial des Betreffenden.

Aber wenn es uns in Deutschland schon an Visionären vom Kaliber eines Barack Obama mangelt, so wollen wir wenigstens den Menschen im Politiker, und den möglichst ungefiltert. Immer mehr Politiker sind jetzt endlich bereit, uns dieses Geschenk zu machen. Sie twittern: »Krank im Bett. Kein Wunder bei FDP-Rösler als Gesundheitsminister.« – »Gestern Impfung gegen Japanische Enzephalitis, heute halbtot. Alle dachten, ich hätte 'ne Grippeimpfung. Müsste ICH nicht phantasieren?« – »Ein Tag wie jeder andere: Mail overflow im Büro, Telefonterror durch Anrufer, kein Bier im Kühlschrank. Das Leben ist schön.«

Dies ist eine kleine Auswahl aus den gesammelten Werken eines Twitterers namens Sigmar Gabriel, seines Zeichens Vorsitzender der SPD[164], eines Mannes, der mit einer Vision für ein gerechteres Deutschland in die nächste Wahl ziehen möchte. Ich sitze ungläubig vor meinem PC. Entweder handelt es sich um eine Internet-Ente, um Zweifel an der Intelligenz des obersten deutschen Sozialdemokraten zu säen, oder er ist es wirklich. Ich rufe bei Wahl.de, der Plattform, die das Verhalten von Politikern auf Twitter und Facebook systematisch beobachtet, an und frage, ob das wirklich Gabriel sei, der hier twittere. Jonas Westphal von Wahl.de sieht sich die Einträge an und findet sie genauso merkwürdig wie ich. Er tippt auf Gabriels Büroleiter, der in dessen Namen twittere. Auf meine Anfrage in der SPD-Zentrale erhalte ich keine Antwort. Kein Wunder, dass die SPD Hunderttausende Mitglieder verliert.

Das gleiche trostlose Bild bietet in dieser Hinsicht die CDU, zumindest die von Web-2.0-Experten und Parteistrategen stets als vorbildlich-fleißige Twitterin hingestellte Bundesfamilienministerin Kristina Schröder. Ob ihre Einträge und Kommentare indes für die Spracherziehung von Kindern, Jugendlichen und ihren Eltern, für welche die Ministerin ja zuständig ist, Vorbildfunktion haben können, darf angesichts der folgenden Kostproben bezweifelt werden: »Unterwegs zu Terminen in Bayern, u. a. ›Twittagessen‹ mit @DWoehrl!«[165], schreibt sie, und weil sie ihre Wortschöpfung vermutlich außerordentlich gelungen fand, ergänzt sie kurz darauf: »Bin gerade beim Twabendessen, als das sich das Twittagessen entpuppt hat ...« Am 5. Juni 2010 kümmerte sie sich um schwul-lesbisch-heterosexuelle Fußballvergnügungen: »Komme gerade von der Eröffnung der ›Respect-Gaymes‹, bei der Heterosexuelle gegen Homosexuelle Fussball spielen.« Das war aber nicht wirklich witzig, weshalb sie eine Minute später nachlegt: »Jetzt dürfen nur nicht die schwulen Mannschaften auf den letzten Plätzen landen, schließlich sollen ja Vorurteile widerlegt werden ;-).« Immerhin scheint unsere Ministerin eigenhändig zu twittern, aber wenn das die Zukunft der politischen Information sein soll, kann einem Angst und Bange werden um die Demokratie im Zeitalter des Internets.

Aber können die Gabriels und Merkels trotzdem von Obama lernen? Sind sie schon im Internet angekommen? Oder anders gefragt: Warten wir dort überhaupt auf sie?

Mitte Oktober 2010. Ich klicke die Seite der CDU-Online-Community »teAM Deutschland« (AM steht für Angela Merkel) an – die Plattform der CDU. Ein Männchen im grauen Anzug, das Hermann Gröhe heißt, grinst mich an. Gröhe ist CDU-Generalsekretär und schreibt: »Diskutieren Sie die Zukunft der Bundeswehr!« Leider liegt die Diskussion über die Zukunft der Bundeswehr für Internetverhältnisse schon lange zurück – fünf Wochen. Nein, ich finde auf diesem Blog kein Wort zu den spannenden Themen des September 2010: nicht zur Gesundheitsreform, nicht zur Laufzeitverlängerung der AKW, nicht zur Hartz-IV-Änderung. Der einzige, der uns auf der CDU-Online-Seite erwartet, ist dieser Herr im grauen Anzug, und seit fünf Wochen hält er die gleiche Botschaft parat.[166]

Auf Facebook ist die CDU aktiver. Dort werden täglich Interviews von Angela Merkel und anderen eingestellt, und einige Nutzer bewegt das sogar zu Kommentaren. So am 29. September 2010. Seit Tagen schlagen die politischen Wellen in der Öffentlichkeit hoch, denn die Koalition will die Hartz-IV-Sätze um gerade mal fünf Euro anheben. Während die Zeitungen sich mit Kommentaren überschlagen, ist die Lage auf Facebook angenehm ruhig. Die Kanzlerin spricht: »Hartz IV soll kein Lebensschicksal sein.« Gerade mal 22 Menschen »gefällt« das. Und ganze 26 Zeitgenossen lassen sich zu einem Kommentar hinreißen. Ein Nutzer namens Karl-Heinz Pfeiffer schreibt kurz und bündig: »Was soll dieser Schwachsinn?«, und ein Christian Fritzsch meint:

»Warum macht die Koalition dann genau das Gegenteil?«
Merkwürdigerweise entspinnt sich unter den wenigen Kommentatoren plötzlich eine Debatte zur Atompolitik. Konzentrierte Debatten sehen anders aus. Und in Sachen Hartz IV bleibt die Revolution auf Facebook jedenfalls aus.

Wundersame Mitgliedervermehrung in der CDU-Community

Nicht nur der reale Politikbetrieb zeichnet sich häufig durch kleine Merkwürdigkeiten aus, die Journalisten neugierig machen. Auch das Internet-Leben scheint solche Episoden bereitzuhalten. Der Medienwissenschaftler Benjamin Gürkan, selbst ein junges SPD-Mitglied, hat mittlerweile eine eigene Agentur für politische Kommunikation gegründet. Im Rahmen seiner Masterarbeit[167] beobachtete er monatelang den Online-Wahlkampf der Parteien, sah sich unter einem Pseudonym in ihren Online-Gemeinschaften um und sprach mit Wahlkampfakteuren. Während seiner Recherchen machte er eine brisante Entdeckung, von der er mir berichtete.

Im Jahr 2009 hatte die SPD-Gemeinschaft »MeineSPD. net« etwa 30 000 Mitglieder – angesichts von 75 000 Jusos nicht gerade eine rekordverdächtige Zahl.[168] Die CDU hatte noch größere Probleme, ihre Anhängerschaft im Netz zu mobilisieren und wenigstens mit der SPD mitzuhalten. Vielleicht war sie auch eifersüchtig auf ihren kleinen Wunsch-Regierungspartner FDP mit mehr als 45 000 Nutzern in der »mit mach arena FDP«. Jedenfalls brachte die

CDU es in kurzer Zeit auf 27 800 Nutzer in ihrer neuen Gemeinschaft team2009.de, die heute »teAM Deutschland« heißt. Allerdings gibt es dort auffällig viele Mitglieder mit einem bizarren Namen. Sie heißen nur TeAM und tragen eine Nummer. Sie haben keinen Vor- oder Zunamen. Keine E-Mail. Nichts. Ich möchte wissen, wie viele dieser Anonymen es im sozialen Netzwerk der CDU gibt, und gebe wie bei Facebook in eine Suchmaske für die Freundessuche ein: »teAM«. Das Ergebnis ist verblüffend: Es geht los mit dem anonymen Nutzer teAM0043 und endet mit teAM209155. Insgesamt ergibt meine Suche 486 Seiten mit jeweils zehn »teAM«-Adressen – also gut 9000 anonyme Unterstützer der CDU. Offenkundig war kein einziger davon jemals online aktiv. Womöglich wurden sie erfunden, um im Wahlkampf den Anschein einer großen CDU-Anhängerschaft zu erwecken. Und um der ohnehin geschwächten SPD vielleicht noch mehr Angst einzujagen.

Ich frage bei der CDU an und werde in die Bundesgeschäftsstelle eingeladen. Eigentlich war ich darauf gefasst, hinter den Glasfassaden des futuristischen Konrad-Adenauer-Hauses eine Online-Abteilung vorzufinden und waschechten Community-Managern dieser Partei zu begegnen. Stattdessen begrüßt mich ein netter junger Mann mit Namen Stefan Hennewig, und auf seiner Visitenkarte steht: »Leiter Internes Management«. Er sei hier ein »Einzelkämpfer« und in »Friedenszeiten verantwortlich für Personal und Finanzen – auch wichtig«. Netzpolitik betreibe er nur nebenher »und ein bisschen Web 2.0«. Hinzu kommen noch fünf Mitarbeiter, die die CDU.de-Seite, die VZ- und die Facebook-Seite betreuen und sämtliche Online-Anfragen beantworten. Was den veralteten Diskussionsbeitrag des Generalsekretärs Hermann Gröhe zur Bundeswehrreform auf »teAM Deutschland« erklärt. »Wir wissen auch, dass es so, wie es läuft, nicht optimal ist, aber wir haben die Ressourcen nicht, um es optimal zu betreiben«, räumt Hennewig ein. Im Übrigen sei die Bundeswehrdebatte eine Herzensangelegenheit der Union und insofern zu Recht im Online-Angebot der Partei gelandet.

Aber wie erklärt er, dass in der CDU-Online-Gemeinschaft 9 000 anonyme Mitglieder verzeichnet sind? Die Antwort ist frappierend: »Es ist ja keine Online-Community, das teAM Deutschland ist als Freiwilligen-Aktion geplant und nicht als Online-Community. Die ist nur ein Bestandteil.« Hennewig erzählt, man habe auf Marktplätzen Postkarten verteilt, auf denen Unionssympathisanten aufschrieben, warum sie Angela Merkel unterstützen. Diese hätte man dann mit Hilfe einer automatischen Software, die die Nummern willkürlich vergebe, in der Netzgemeinschaft registriert. Nur ein Bruchteil dieser neuen Mitglieder sei tatsächlich online aktiv geworden.

Ich klicke nun noch einmal die Seite an und frage mich, warum ich in der sogenannten Gemeinschaft »Freunde« suchen soll, wenn ein Drittel von ihnen Offline-Karteileichen sind? Und warum reicht es nicht, den netten Senioren, die offline sind, auch weiterhin Postkarten zu schicken? Hennewig sagt, immerhin 94 Prozent dieser offline generierten Mitglieder könne die CDU trotzdem per E-Mail erreichen. Die Hoffnungen der Partei richteten sich ohnehin auf Facebook. Dort könne man schon jetzt immerhin 50 000 Merkel-Fans kontaktieren, so Hennewig: »Die Netzwerke werden als Informationskanal immer wichtiger, die Bedeutung der Portalseiten wird eher abnehmen.« Die CDU jedenfalls ist in der Facebook-Republik angekommen.

Die SPD schläft den Schlaf der Gerechten

Ich bin neugierig, was die SPD treibt. Ihre Facebook-Seite müsste das ideale Ventil für alle Menschen sein, die von der Politik der schwarz-gelben Koalition die Nase voll haben. Beispielsweise von der zaghaften Erhöhung der Hartz-IV-Sätze. »Chancengleichheit für Kinder in weiter Ferne« schreibt die SPD, weil die neuen Hartz-IV-Regelsätze die Lebensrealität von Kindern ausblendeten. Der Beitrag »gefällt« 38 Nutzern und sorgt für 54 Kommentare.

Immerhin hat die SPD seit 2007 eine eigene Netzgemeinschaft, eine Art parteiinternes Facebook. Ich melde mich bei »MeineSPD.net« vorschriftsgemäß an, hinterlasse meine E-Mail-Adresse und meine Daten und freue mich darauf, fortan unbeschwert in der sozialdemokratischen Online-Gemeinde herumspazieren zu können. Zu früh gefreut. Denn Astrid Klug, die Bundesgeschäftsführerin und Online-Koordinatorin der SPD, teilt mir und allen Community-Mitgliedern mit, dass unsere Zeit eigentlich schon abgelaufen sei. Die SPD »renoviere« gerade ihren Internetauftritt: »Am 26. September 2010 geht das neue SPD.de online. Ab dem 26. September 2010 könnt ihr euch in dem neu geschaffenen ›Mein Bereich‹ auf spd.de registrieren. Zum 31. Dezember 2010 werden eure alten Zugänge auf meinespd.net nicht mehr zur Verfügung stehen.« Aber warum kann ich mich drei Tage, nachdem die neue Gemeinschaft startbereit ist, überhaupt noch bei der alten anmelden? Und was geschieht mit den Zehntausenden Mitgliedern? Ziemlich mutig von der SPD, sie einfach zu löschen und darauf zu hoffen, dass sie sich irgendwann wieder anmelden.

Also versuche ich es mit dem neuen SPD-Internetauftritt. Oben auf der Seite werde ich mit wichtigen Themen empfangen, die ich anklicken kann: »Bildung, Atomausstieg, Steuern und Finanzen, Mindestlohn, Gesundheit, Familienpolitik«. Daneben gibt es eine Suchmaske für andere Themen, die mich interessieren. Ich gebe dort ein: »Hartz IV« und bin zunächst enttäuscht, weil der erste Artikel zum Thema auch schon gut eine Woche alt ist und sich mit der Meldung beschäftigt, dass die Koalition die Hartz-IV-Sätze um 20 Euro erhöhen wolle. Längst ist klar, es sind nur fünf Euro, und ich denke: Die SPD schläft den Schlaf der Gerechten. Wohlwollend könnte man auch sagen: Die Partei lernt noch.

Aber wie kommen diese Lernversuche bei den Nutzern an? Gelingen im Netz jene lebendigen Debatten, welche die Politik durchlässiger machen sollen für den Bürger? Zur Beantwortung dieser Frage lohnt ein Blick auf die Bundestagswahl 2009. Es war die Zeit der »Obamania«, die natürlich auch die Genossen von der SPD infizierte. Viele werden sich noch an den Auftritt des damaligen Generalsekretärs Hubertus Heil auf dem SPD-Parteitag erinnern. Heil spazierte auf die Bühne und versuchte es zunächst mit einer Lockerungsübung für alle: »Ich würde ganz kurz einmal was von Euch hören, was Barack Obama dauernd sagt, nämlich: Yes we can. Also sprecht mir mal nach: Yes we can!« Stille. Nur eine Handvoll Fistelstimmen war zu vernehmen: »Yes we can!« Ansonsten erntete Heil die verständnislosen Blicke der Delegierten. Heil versuchte es noch einmal: »Das war ein bisschen leise, könnt Ihr das lauter«, sagte er unsicher. Die Sache ging in die Hose, und Heil ist eben kein Obama.[169]

Hubertus Heil und andere waren von Obamas Strategie fasziniert, nur ein Problem ließ sich nicht aus der Welt schaffen: Keine Partei in Deutschland verfügt über einen Obama. Und sich vor allem auf Bildmedien im Internet wie Flickr und YouTube zu konzentrieren, erwies sich als Fehler. Der wichtigste Politblogger Deutschlands, Markus Beckedahl (Netzpolitik.org), kommentierte das schon im Wahlkampf abschätzig als »Fernsehmentalität«.[170] Und in seiner Studie »Politik im Web 2.0« schreibt er, die Parteien seien im Netz unterrepräsentiert und falsch platziert gewesen: »Von den Aktivitäten der Parteien auf YouTube kann man zumindest eines sagen: In der Regel wirken dort Politiker für die Zuschauer noch langweiliger als im Fernsehen.«[171]

Der deutsche Online-Wahlkampf: Keiner klickte hin

Neben Heil setzte im Wahlkampf 2009 vor allem der damalige SPD-Wahlkampfleiter Kajo Wasserhövel begeistert auf das Netz: »Das Internet steht an der Schwelle, zum neuen Leitmedium für die politische Kommunikation zu werden«, äußerte er gegenüber der *Zeit*.[172] Die gute alte SPD stülpte sich schnell ein neues virtuelles Gewand über und überarbeitete ihre Website www.spd.de. »Frischer« sollte sie laut Wasserhövel aussehen und »alle Kanäle bündeln, die das Netz zur Verfügung stellt.« Daraus wurde – jedenfalls 2009 – nichts. Im Rahmen der »German Longitudinal Election Study« wurden kurz vor der Wahl 2 173 Wähler persönlich befragt, welches Wahlkampfmedium sie wie stark beeinflusst habe.[173] Es war die gute alte Materialschlacht mit Straßenplakaten. Sie erzielten bei drei Viertel der Befragten den höchsten Aufmerksamkeitsgrad. Etwas mehr als die Hälfte hatte sich Wahlspots der Parteien im Fernsehen angesehen, etwas weniger als die Hälfte die Anzeigen der Parteien in Zeitungen gelesen. An einem Straßenstand hatten gerade mal zwölf Prozent angehalten, knapp neun Prozent eine Kundgebung besucht. Und die Obama-Methode? Hier kommen die Autoren zu einem für die Parteien niederschmetternden Ergebnis: »In Anbetracht des Stellenwertes, den die Parteien ihren Onlineaktivitäten im Wahlkampf beimaßen, ist bemerkenswert, wie wenige Wähler Websites von Parteien besuchten: Selbst die beiden großen Parteien konnten lediglich 3,9 (Union) bzw. 3,4 Prozent (SPD) der Wähler auf ihre Internetauftritte locken.« E-Mails und SMS brachten es bei den Parteien auf einen Anteil von unter einem Prozent.[174] Fazit: Es gab einen groß angelegten Online-Wahlkampf, aber keiner klickte hin. Einzige Ausnahme war hier allerdings die Piratenpartei, die vor allem dank ihres Online-Auftritts zwei Prozent der Stimmen schaffte, bei männlichen Erstwählern sogar 13 Prozent erreichte.

Die Gründe für das Scheitern der Parteien im Netz hat Benjamin Gürkan in seiner Studie messerscharf analysiert.

Er kommt zu einem vernichtenden Urteil: »Der Dialog der Parteien im Internet glich eher einem Selbstgespräch.«[175] Denn die Internet-Gemeinde interessiere sich sehr wohl für Politik. So hätten bis zur Wahl 6,9 Millionen Nutzer den »Wahl-O-Mat« benutzt, um ihre Nähe zu einer Partei zu prüfen. Und gerade die junge Generation informiert sich hauptsächlich im Internet über Politik, wie diverse Studien belegen. Das Problem hat Gürkan bei den Parteien selbst ausgemacht: Deren Netzgemeinschaften hätten den Nutzern keinen effektiven politischen Mehrwert verschafft. Die Macher der Web-Auftritte hätten Angst gehabt, den Nutzern eine Kontrolle über den Verlauf der Kampagne einzuräumen. Und wer nicht ermutigt werde, der traue sich auch nicht. Überdies seien auch die Botschaften auf den Plattformen am Zielpublikum vorbei formuliert worden. So seien die Communities unattraktiv und zu klein geblieben, um Wirkung entfalten zu können. Aber Gürkan machte auch externe Faktoren ausfindig: Nicht nur, dass die Menschen insgesamt eher geringes Vertrauen in Parteien und Politiker setzten, hätten SPD und CDU dieses Vertrauen noch weiter erschüttert, als sie für Netzsperren im Internet eintraten – eine Todsünde für die Netzgemeinde.[176]

Dass Twitter und Facebook die zentralen Medien künftiger politischer Auseinandersetzungen im Netz sein werden, glauben viele Strategen. Aber das dauert. Denn auch die Politiker müssen ihr Handwerk noch lernen. Im Jahr 2009 analysierte die *Zeit*, welcher Politiker überhaupt bereit und in der Lage sei, sich auf Twitter zu stürzen. Neben SPD-Generalsekretär Hubertus Heil gehörten der Vorsitzende der schleswig-holsteinischen SPD Ralf Stegner und die spätere stellvertretende SPD-Parteivorsitzende Andrea Nahles zu den an erster Stelle Genannten. Heil hatte im August 2008 mit folgendem Twitterversuch einige Berühmtheit erlangt: »Mdb muetze hat ein skateboard, mdb annen schuh gekauft. Wir koennen jetzt weiterarbeiten ...«[177]

Am meisten Aufsehen erregte bislang der Twitter-Auftritt von Ex-SPD-Chef Franz Müntefering. Am 28. August 2009 twitterte er[178]: »Die Koalition von Union und FDP kann sich keiner ernsthaft wünschen, der die Finanzkrise und d. Ursachen auch nur ansatzweise verfolgt hat.« Am gleichen Tag freute er sich: »Übrigens: Die Politik ist bei Twitter der deutschen Wirtschaft voraus. Wir machen das hier alle persönlich.« Das »persönliche« Zwitschern Münteferings fand schnell mehr als 4000 Follower auf Twitter. Nicht schlecht für den Anfang, wenn es denn ein persönlicher Account gewesen wäre. Nach einigen Monaten flog der Schwindel auf. Ein offenkundig um die SPD besorgter PR-Agent hatte Müntefering@ erfunden[179] – mit Erfolg. Am 2. Oktober 2009 ließ er Müntefering twittern: »Jetzt ist aber wirklich Schluss. Twitter ist Mist – das sollen andere machen.« Erstaunlich an dieser Aktion war der Erfolg. Denn der falsche Müntefering war gezwungen, auch mit Kritikern zu kommunizieren, die einer SPD misstrauten, die zum Beispiel zunächst Hedgefonds zugelassen hatte, um dann die Folgen der Finanzkrise zu beklagen.

Der Vorteil der sozialen Medien ist, dass Parteien und Politiker dort ungefiltert lesen können, was Bürger denken. Verblüffend ist zugleich, dass die Nutzer Politikern auch die dümmste Banalität zutrauen, ohne misstrauisch zu werden.

Aber kann man diesen Sog aus Banalitäten und subjektiven Info-Tipps via Twitter und Facebook überhaupt noch als politische Kommunikation bezeichnen? Das fragte ich einen Mann, der als Sprachrohr der Macht fast sieben Jahre lang in ihrem Zentrum diente: Thomas Steg, ehemaliger Vize-Regierungssprecher, erst unter Gerhard Schröder, dann unter Angela Merkel in der Großen Koalition.

Der Sitz von Stegs neuer Firma, der Steg Kommunikation und Beratung GmbH, liegt nur wenige Meter von dem Ort entfernt, an dem er zuvor die Politik seiner Chefin, Bundeskanzlerin Merkel, verkünden und erklären musste. Steg hat weder einen Facebook-Account noch twittert er, sogar eine Homepage suche ich vergeblich. »Meine Kunden schätzen Diskretion«, sagt er freundlich und umschreibt seine neuen Arbeitsfelder als »Schnittstellen zwischen Politik, Gesellschaft und Wirtschaft«. Ab und an hält er Vorlesungen vor Studenten der Kommunikationswissenschaft. Dabei gehört auch Steg einer Generation an, in der viele sich für das Politikmachen begeisterten. Steg bringt eine wichtige Dimension ins Spiel, die gar nichts mit der Art der Medien zu tun hat: die gesellschaftliche Polarisierung. Er selbst sei vor zwanzig Jahren in die SPD eingetreten, als es noch darum gegangen sei, für eine Partei und »gegen das andere Lager« zu sein, erzählt Steg. »Das ist heute meinen Studenten mit Anfang zwanzig völlig fremd. Das interessiert die nicht und hat mit ihrem Lebensalltag nichts zu tun.«

Obama polarisierte, weil er für ein besseres, moralischeres, aber auch jüngeres Amerika stand. Dass er die Kanäle der jüngeren Wählergenerationen perfekt bedienen konnte, war also kein Wunder. In Deutschland lief der Versuch, Obamas digitalen Wahlkampf zu imitieren, ins Leere. Der ehemalige Wahlkampfberater Steg räumt ein, dass keine Partei damals wirklich darauf eingestellt war. Die deutsche Obamania ging nach hinten los, was nicht zuletzt in der bemerkenswerten *Bild*-Schlagzeile über das TV-Duell Merkel-Steinbrück zum Ausdruck kam: »Yes, we gähn!«

Steg spricht von einer »Glaubwürdigkeitslücke« der Parteien: Die junge Generation kaufe der Politik nicht ab, wenn sie sich mitten im Wahlkampf neuer Medien bediene und danach jahrelang durch Abwesenheit glänze. »Wer vernetzt ist und das über längere Zeit macht, also glaubwürdig macht,« sagt Steg, »der muss sich gar nicht darum bemühen, der gilt heute als modern, unabhängig von den Inhalten.« Offenbar stehen wir tatsächlich vor einem neuen Zeitalter, allerdings einem, um mit Al Gore zu sprechen, das Demagogen eine ideale Spielfläche bietet, wenn sie denn die Technik beherrschen. Zum Beispiel dem niederländischen Rechtspopulisten Geert Wilders, der immerhin mehr als 48 000 Follower auf Twitter vorweisen kann.

Aber haben Politiker mit einer gesellschaftlichen Vision überhaupt noch eine Chance in der Welt des banalen Gezwitschers? Thomas Steg ist skeptisch. Das Medium Internet genüge gegenwärtig vor allem dem »Interesse der Öffentlichkeit«. »Aber an welcher Stelle wird noch über das öffentliche Interesse gesprochen und entschieden? Wer ist dafür verantwortlich? »Nach meinem Verständnis sind es nicht die Bürger, die von sich aus sagen müssen, das ist jetzt das ›public-interest‹, sondern das sind schon in unserem System Politik und Parteien, die Regierung und Stars die so etwas zusammenführen müssen und Bürger dafür begeistern müssen«, sagt Steg. Nach dieser Lesart hätten wir also einfach Pech gehabt, wenn die Politik nicht mehr in der Lage ist, Werte zu vermitteln und uns mit ihren Visionen in den Bann zu ziehen. Wir wären also politisch aufgeschmissen, gelänge es nicht gelegentlich charismatischen Figuren wie Barack Obama, uns für Politik zu begeistern.

Ist Twittern politisch?

Wer twittert, hat für einen Eintrag genau 140 Zeichen zur Verfügung – nicht viel, um politische Botschaften zu vermitteln. Laut der Online-Plattform Politik-digital.de twittern deutschlandweit etwa 430 Politiker, darunter 201 Abgeordnete auf Bundes-, Landes- und kommunaler Ebene.[180] Das sind nicht viele. Im Unterschied zur Restbevölkerung hat die Aktivität der Politiker auf Twitter nach dem Bundestagswahlkampf abgenommen, und das hat mit einem Typus von Politiker zu tun, den Politik-digital.de »den Wahlkämpfer« nennt – Politiker, die nur im Wahlkampf zu Hochform auflaufen.

Interessanter sind die anderen Typisierungen. Zur Kategorie »Linkschleuder« zählen die Beobachter unter anderem den grünen EU-Abgeordneten Reinhard Bütikofer, der sich auf Twitter Bueti nennt. Und er twittert häufig einfach Links zu wichtigen Berichten, beispielsweise »China on climate change: potentially nations could agree on a legally binding treaty next year in South Africa«, oder Partei-

politisches, wie »FTD schreibt über Leerstellen der Grünen«, oder Erfolgsmeldungen: »Neue EU-Finanzmarktauf-
sicht: Die europäischen Aufseher haben das Sagen«. Insgesamt hat Bueti bislang 4 454 Tweets geschrieben[181], und
sein Account hat sich zu einem lebendigen Forum entwickelt, auf dem 4 208 Follower mit ihm und untereinander
diskutieren.

Politisch uninteressant ist der sogenannte »Wo-bin-ich-
Was-mache-ich«-Typ, den Politik-digital.de in dem Hamburger SPD-Politiker Johannes Kahrs ausgemacht hat: Er
vertreibe sich durch Tweets privater Natur vermutlich vor
allem die eigene Langeweile: »fertig, zu hause, uff«, »strand
:-))))))«.

Zumindest unterhaltsam sind die sogenannten »Basher«
(to bash, engl.; schlagen, scharf kritisieren). Sie sorgen dafür, dass wenigstens wieder ein wenig der Wind harter politischer Auseinandersetzung aus den Siebzigerjahren des
vorigen Jahrhunderts à la Wehner oder Strauß durch das
Netz weht. Politik-digital.de nennt hier vor allem den SPD-
Bundestagsabgeordneten Ulrich Kelber, der über Twitter
kräftig gegen die schwarz-gelbe Koalition vom Leder ziehe:
»FDP-Lindner ist ein Hetzer« oder »Konservative waren gegen Entspannung, Frauenwahlrecht, Demokratie, Sozial-
versicherung. Wer braucht das?«

Eleganter und witziger formuliert der parlamentarische
Geschäftsführer der grünen Bundestagsfraktion Volker
Beck. Während der politischen Sommerpause 2010 schrieb
er: »Merkel verspricht, in der Sommerpause nicht zurück-
zutreten. Wer dann?« Nach den Übergriffen von Polizisten
auf Demonstranten gegen Stuttgart 21 antwortete er einem

Kritiker von der CDU, der wissen wollte, warum auch Kinder zu Demonstrationen gingen: »Normales Kind geht nicht auf Demos, sondern tritt mit 16 CDU bei! Also selbst schuld, wenn der nette Polizist ausholt!« Und die stellvertretende CSU-Generalsekretärin Dorothee Bär teilt gern bajuwarisch aus: »Tja. So sind die Sozen! Unzuverlässig!«

Oft fragt man sich angesichts solcher Statements, wo der informative Gehalt dieses politischen Gezwitschers bleibt. Oder, wie die Kommunikationsprofis sagen würden: Wo bleibt der Mehrwert für die Nutzer?

Den Versuch, uns mehr zu bieten als platte Parteipropaganda, startete eine junge Bundestagsabgeordnete, Halina Wawzyniak. Die stellvertretende Vorsitzende der Partei Die Linke ist schon bei Facebook, seit es Facebook gibt, und hat schon getwittert, lange bevor sie 2009 in den Bundestag gewählt wurde. Wawzyniak schätzt den offenen Austausch in Chats und freut sich, dass sie unbequeme Fragen dort auch zehnmal hintereinander stellen kann, ohne dass es unhöflich wirkt. In ihrer Partei ist sie bereits mehrmals mit dem Mainstream aneinandergeraten, zum Beispiel, als sie auf einer Veranstaltung sagte: »Die DDR ist zu Recht an mangelnder Demokratie und fehlender Rechtsstaatlichkeit gescheitert. Die Geschichte hat geurteilt und das Urteil war vernichtend.«[182]

Richtigen Ärger brachte ihr ein Facebook-Eintrag zum Thema »ehrenamtliche Arbeit« im Parteivorstand ein. Es ging um den Beschluss, insgesamt 240 000 Euro für die Arbeit im Vorstand zur Verfügung zu stellen – unter anderem für die Parteibildungsbeauftragten. Wawzyniak stellte via Facebook klar, dass sie ihre Tätigkeit ehrenamtlich ausüben wolle, während andere dafür noch Geld kassierten. Außerdem twitterte sie aus öffentlichen Parteivorstandssitzungen, was einigen nicht behagte. »Aber Leute, das ist doch 'ne öffentliche Sitzung, Berliner sind bevorteilt, die können sich hierher bewegen, und was ist denn mit dem Rest der Republik?«, fragte Wawzyniak noch, aber es nutzte nichts: Die Parteioberen schätzen die Twitterei nicht.

Wawzyniak wollte interessierte Menschen auf dem Laufenden halten, ohne Anspruch auf Objektivität: »Das ist Transparenz. Und jeder wusste doch, das ist von mir, es ist subjektiv eingefärbt, ich habe nicht mal versucht, den Anschein zu geben, neutral zu berichten.« Vielleicht ist es genau diese Transparenz, die uns einen Mehrwert bescheren würde. Zu erfahren, wer in politischen Gremien welche Position bezieht, wie diskutiert wird. Einen Blick hinter die verschlossenen Türen des Politikbetriebes werfen zu können, würde uns Politiker vielleicht sogar wieder sympathischer erscheinen lassen. Der verstorbene Medienpolitiker Peter Glotz formulierte dazu einmal: »Das Problem liegt in der Abschirmung der Binnenkommunikation der Parteien vom Zeitgespräch der gesamten Gesellschaft.«[183] Parteien seien einseitig zusammengesetzte, relativ geschlossene und vergleichsweise alte, hierarchisch gestufte Kommunikationszirkel. Alle Bundestagsparteien könnten sich hier ein Beispiel an der Piratenpartei nehmen. Deren Parteidebatten werden ausnahmslos ins Netz gestellt, sogar, wenn es um finanzielle Dinge geht – in Schriftform und als MP3-Audiofile.[184]

Wir amüsieren uns zu Tode

Eine Antwort auf die entscheidende Frage dieses Kapitels steht indes noch aus: Ist Twittern politisch? Ist es politisch, wenn Politiker twittern: »fertig, zu hause, uff«, »strand :-))))))«. Müssen Politiker twittern? Ja, sie müssen, meint Stefan Hennewig, der Web-2.0-Betreuer der Bundes-CDU. »Es macht die Mischung, es müssen alltägliche Sachen gemischt sein mit politischer Botschaft. Weder das eine noch das andere funktioniert in Reinform.« Wenn diese Erkenntnis bei allen Online-Strategen der Parteien vorherrscht, müssen wir uns also weiterhin auf jede Menge Banalitäten einstellen. »Wir amüsieren uns zu Tode«, lautet der Titel von Neil Postmans Standardwerk zur Medienkritik aus den Achtzigerjahren des vorigen Jahrhunderts. Darin analysierte Postman, wie die Banalitäten des Fernsehens, ihre Sprache und Formen unser Denkvermögen beeinflussen oder vielmehr beschädigen[185]:

> »Wir sehen die Natur, die Intelligenz, die menschliche Motivation oder die Ideologie nicht so, wie sie sind, sondern so, wie unsere Sprachen sie uns sehen lassen. Unsere Sprachen sind unsere Medien. Unsere Medien sind unsere Metaphern. Unsere Metaphern schaffen den Inhalt unserer Kultur.«

Auf die politischen Auftritte der Politiker in sozialen Netzwerken bezogen, heißt das: Wir dürfen uns Sorgen machen, denn die Banalität ist längst Teil der politischen Kultur geworden. Postman schrieb damals auch, die »Tagesnachrichten seien ein Produkt unserer technischen Phantasie«.[186]

Das Twittern aus Hunderten politischer Kanäle ist für die Rezipienten nicht nur anstrengend, weil es ihre Aufmerksamkeit überfordert, sondern es schränkt auch ihre Autonomie ein, weil dahinter nicht mehr der Wunsch steht, »uns« zu informieren. Wir sind einem Echtzeit-Beschuss mit Nachrichten ausgesetzt, die andere wichtig finden. Lassen wir uns darauf ein, werden wir als aktive Bürger allein schon aus Zeitmangel durch die schiere Informationsmenge schachmatt gesetzt. Zugleich beflügelt die »technische Phantasie«, alles sofort wissen und weiterreichen zu können, unsere Illusion, die digitale Gesellschaft sei demokratischer. Wir alle dürfen uns als Publizisten und Verleger fühlen, wobei wir jedoch rasch vergessen, dass wir es nur in den engen technischen Grenzen sind, die Portale wie Twitter und Facebook uns vorschreiben. Wir sind Publizisten im Rahmen des freundschaftlichen Austauschs. Dieser, so prickelnd er auch ist, ersetzt aber nicht eine kritische Öffentlichkeit.

Postman sprach bereits dem Fernsehen die Fähigkeit ab, politische Ideen zu erklären und zu verbreiten. Nun gibt es in den USA auch keine politischen Fernsehmagazine mit Millionenpublikum wie in Deutschland. Aber auch hierzulande bevorzugen viele Zuschauer inzwischen Sendungen wie »Deutschland sucht den Superstar«. Die Menschen projizieren ihre eigenen Hoffnungen auf die künstlerischen Eintagsfliegen, die ihnen dort präsentiert werden, und internalisieren deren simple Botschaften. Denn Postman zufolge brennen sich Botschaften selbst dann tief in das kollektive Bewusstsein ein, wenn sie RTL- oder Dieter-Bohlen-generiert sind: »Gedanken, die sich bequem ausdrücken lassen, werden unweigerlich zum wesentlichen Inhalt einer Kultur.«[187]

Aber welche Art von Öffentlichkeit entsteht im Web 2.0? Wie reiht sich dieses Medium ein in eine Entwicklung, die es informativen Zeitungen immer schwerer macht, wirtschaftlich zu bestehen, und die der Trivialität sogar im öffentlich-rechtlichen Rundfunk und Fernsehen feste Sendeplätze verschafft hat?

Auf den ersten Blick ist dieses neue, interaktive Medium ein Fortschritt im Sinne der alten bürgerlichen Öffentlichkeit, weil jeder mitmachen kann. Andererseits haben Moderatoren wie Anne Will, Frank Plasberg, Johannes B. Kerner oder Maybrit Illner einen festen Sendeplatz für ihre Talkshows, einen Beginn und ein Ende. Als Zuschauer konzentriert man sich auf die Diskussion oder lässt es bleiben. Auf Facebook oder Twitter haben Debatten hingegen nie einen Anfang und nehmen nie ein Ende. Hier wird ständig geschnattert, aber die Konzentration darauf fällt schwer. Im Web 2.0 verschwimmen die Grenzen zwischen der politischen Öffentlichkeit als klassischer Arena der Auseinandersetzung und unserer Privatsphäre. Wir ziehen vom Fernsehsofa ins Überall um, das Smartphone stets parat. So schmelzen uns auch die Restbestände einer politischen Öffentlichkeit dahin.

Jürgen Habermas sprach von einer Vergesellschaftung des Privaten im Zuge der modernen Unternehmenskultur.[188] Moderne Unternehmen geben uns nicht nur Lohn für unsere Arbeit, sondern auch Kindergartenplätze, Fitnessräume und sogar Wohnungen. Folglich ist es ihnen in den vergangenen hundert Jahren gelungen, uns einen Teil unseres Privatlebens abzukaufen, der somit öffentlich wurde.[189] Was Habermas zur Zeit seiner Publikation nur ahnen konnte: Längst kaufen uns große Internetkonzerne unsere Privatheit ab, indem sie uns das kostenlose Vergnügen verschaffen, im Netz ›öffentlich‹ zu werden. Legte man Habermas'sche Maßstäbe an, wären wir alle unpolitisch, weil wir andere Menschen, zumindest auf kommerziellen Informations-Plattformen, nicht außerhalb ihrer wirtschaftlichen Potenziale treffen, sondern *wegen* dieser Potenziale. Ohne Werbung kein *Spiegel*, ohne Werbung scheinbar auch keine ARD. Ohne Werbung und die Messung unserer Interessen durch Facebook, Google und Co. kein Internet.

Auf der anderen Seite scheint der Zugang zu Informationen durch das Internet weitaus sozialer zu sein als in Epochen, in denen nur die Sprösslinge der Wirtschaftseliten sich bilden und anschließend publizistisch darüber auslassen konnten und in denen zu diesen Wissensprodukten nur Zugang hatte, wer es sich leisten konnte. Heute können wir uns an einem Tag die *FAZ*, die *Süddeutsche Zeitung*, die *Frankfurter Rundschau*, die *Welt*, die *Zeit* und den *Spiegel* und jede Menge anderer Publikationen, Internetpublikationen inklusive, leisten und es kostet uns lediglich Aufmerksamkeit. Der New Yorker Medienexperte und Erfolgsblogger Jeff Jarvis nennt Google den modernen Zeitungskiosk. Und dessen Auslagen sind prall gefüllt.

Aber wer bestimmt eigentlich, was uns interessieren könnte? Die Vorauswahl treffen alle Nutzer für uns. Je häufiger sie einen Artikel anklicken, desto augenfälliger wird er im Google-Ranking. Und wenn ich getreu den Zuckerberg'schen Visionen irgendwann Facebook gar nicht mehr verlasse, bleibt mir nur noch die Suche nach dem, was meine Freunde mir an politischer Information empfehlen. Es bleiben Facebook-Gruppen, die zwar hübsch nach Themenfeldern unterschieden werden, von denen ich aber nicht weiß, wer sie dafür bezahlt, mir Informationen vorzusortieren. Kurz und gut: Wenn ich mich auf das verlasse, was der Facebook-Algorithmus als für mich »relevant« vorgefiltert hat, beraube ich mich eines Gutteils meiner eigenen, kritischen Urteilskraft.

Es spricht vieles dafür, dass die politische Öffentlichkeit weiter schrumpft. Was wir zur politischen Debatte beizutragen haben, wird in kleine Twitter-Häppchen zerlegt, verpackt und ins Netz geschleudert, wo es verglüht wie ein Meteorit. Jürgen Habermas hat, Jahrzehnte vor Facebook, diesen Zusammenhang formuliert. Er spielt auf die Zeit der Salons und Kaffeehäuser an, in denen Menschen sich trafen, nicht nur, um Wein zu trinken und zu rauchen, sondern vor allem, um politisch und gesellschaftlich zu debattieren – und das aus purer Freude an der Debatte. Diese »literarische Öffentlichkeit« wurde weitgehend von der Konsumgesellschaft überrollt. Übrig geblieben ist eine neue Art von »Pseudoöffentlichkeit«:

»Diese wird stattdessen heute zu einem Einfallstor für die über die konsumkulturelle Öffentlichkeit der Massenmedien in den kleinfamilialen Binnenraum eingeschleusten sozialen Kräfte. Der entprivatisierte Intimbereich wird publizistisch ausgehöhlt, eine entliteralisierte Pseudoöffentlichkeit zur Vertrautheitszone einer Art Überfamilie zusammengezogen.«[190]

Und was sind Plattformen wie Facebook oder Twitter anderes als »Vertrautheitszone[n] einer Art Überfamilie«? Der eine oder andere mag heute zu Recht denken, dass diese Überfamilie doch besser und aufrichtiger sei als die eigene Familie oder gar keine. Tatsächlich überdauern echte Freundschaften Krisen und Irrwege weit eher als viele Ehen oder Lebensgemeinschaften. Und Facebook ist es gelungen, genau diesen Nimbus zum Geschäftsmodell zu entwickeln.

Aber Facebook ist eine kommerzielle Plattform, die die Interessen aller mit allen abgleicht. Eine rechnerische Glanzleistung der 40 000 Großrechner weltweit und eines ausgeklügelten Algorithmus dahinter. Aber was kommt dabei politisch heraus? Bin ich besser informiert, wenn ich, statt täglich eine Tageszeitung zu lesen, mal diesem oder jenem Politiker auf Twitter »folge« oder mich nach den zufälligen Anregungen von »Freunden« richte? Ratlos stehen wir vor einer neuen Art von Informationsflut, die aus Hunderten Rohren auf uns einprasselt. Neil Postman vergleicht die Desinformation durch Geheimdienste wie die CIA mit der Desinformation durch den Dauerbeschuss aus vielen Quellen mit flachem Informationsgehalt:

»Desinformation ist nicht dasselbe wie Falschinformation. Desinformation bedeutet irreführende Information, unangebrachte, irrelevante, bruchstückhafte oder oberflächliche Information – Information, die vortäuscht, man wisse etwas, während sie einen in Wirklichkeit vom Wissen weglockt.«[191]

Ein Freund von mir schwärmt von Facebook, weil dort jedermann öffentlich werde. Auch derjenige, der nicht in den Medien vorkomme: »Ich kam mir plötzlich vor wie eine Institution.« Dazu reicht im Zweifelsfall ein Klick auf einen »Gefällt-mir«-Button. Nun betreibt dieser Freund seinen Facebook-Account tatsächlich wie ein Verleger. Er postet, was er oder seine Freunde künstlerisch produzieren und was ihm politisch wichtig erscheint. Um bei der Analogie zum Fernsehen zu bleiben: Wir haben nicht mehr 40 Kanäle, sondern Millionen. Diese Kanäle werden durch das Internet zahlreicher, aber werden sie auch einflussreicher im Sinne der demokratischen Mitbestimmung?

Als private Fernsehanstalten in Deutschland zugelassen wurden, gab es eine ähnliche Debatte. Die einen sahen die Qualität des Fernsehens durch die Banalisierung der neuen »Sehkultur« bedroht, die anderen waren energisch dafür, weil mehr Sender auch mehr Meinungsvielfalt mit sich brächten. Doch das Privatfernsehen hat die Gewichte zugunsten einer Vulgärkultur in der Fernsehunterhaltung verschoben. So versammelt ein TV-Dauerbrenner wie »Deutschland sucht den Superstar« im Finale mehr als sieben Millionen Zuschauer vor dem Fernseher. Und der Sieger »gefällt« auf Facebook auch noch 139 912 Menschen, während Angela Merkel sich mit gerade mal 47 000 Fans begnügen muss.

Dabei ist zweifelhaft, ob dieser »Clicktivism«, also der möglichst häufige Druck auf den »Gefällt-mir«-Button, tatsächliche Zustimmung signalisiert. Vielleicht ist seine Aussagekraft ebenso gering wie die Quotenerhebung im öffentlich-rechtlichen Fernsehen, die längst die Sorge um eine inhaltliche Qualitätsverbesserung ersetzt hat. Der »Clicktivism« macht nicht wirklich schlauer. Er informiert nicht uns, sondern füttert die Konzern- und Politstrategen mit Aufmerksamkeitswerten. Trotzdem lässt sich nicht bestreiten, dass uns das Internet zumindest die *Möglichkeit* bietet, uns schlauer zu machen. Wir dürfen ihm nur ebenso wenig blind vertrauen, wie wir Zeitungs- oder Fernsehberichten blind vertrauen dürfen.

Die Informationsvorherrschaft der Dilettanten

Kennen Sie die Vornamen des jetzigen deutschen Verteidigungsministers und vormaligen Bundeswirtschaftsministers zu Guttenberg? Nein? Dann geht es Ihnen so wie weiland, einem Redakteur der *Bild*-Zeitung.

Es war ein Sonntag im Februar 2009 und CSU-Chef Horst Seehofer hatte gerade verkündet, ein gewisser Theodor zu Guttenberg werde neuer Bundeswirtschaftsminister. Der *Bild*-Redakteur gab der Titelstory zur Begrüßung des frischgebackenen Ministers den Titel: »Müssen wir uns diesen Namen merken?«. Wegen des Vornamens zog der Redakteur, der natürlich unter Zeitdruck stand, das Internet-Lexikon Wikipedia zu Rate. Dort fand er: »Karl Theodor Maria Nikolaus Johann Jakob Philipp Wilhelm Franz Joseph Sylvester Freiherr von und zu Guttenberg«. Was der Redakteur nicht wusste: Ein Spaßvogel hatte die lange Reihe der Vornamen des Politadeligen um Wilhelm ergänzt.[192] Diese Falschinformation hielt sich sage und schreibe vierundzwanzig Stunden und wurde von vielen deutschen

Printmedien, von heute.de und vom »RTL-Nachtjournal« übernommen. Zwar gab es bei Wikipedia selbst Autoren, die in dieser Zeit kritisch nachfragten, ob es denn Einzelnachweise für den Wilhelm und die anderen Namen gebe. Und die gab es tatsächlich, denn auch *Spiegel Online* hatte den Wilhelm übernommen, sodass nun eine Fehlinformation mit einer anderen belegt wurde. Immerhin entschuldigten sich *Spiegel Online* und das *Handelsblatt* später bei ihren Lesern, die *Süddeutsche Zeitung* machte eine Glosse daraus, und die *taz* gelobte: »In Zukunft werden wir misstrauischer sein, aber solche Täuschungsversuche dürfen nicht zur Regel werden. Dann nämlich ist auf Wikipedia gar kein Verlass mehr.«[193] Die Episode zeigt, dass auch ausgebildete Journalisten in klassischen Medien anfällig sind für Manipulationen im demokratischen Medium Internet, in dem jeder nach Lust und Laune publizieren kann.

Der Amerikaner Andrew Keen sieht hinter solchen Ereignissen eine für unsere gesamte Kultur zerstörerische »Kakophonie« der vielen und unprofessionellen Kanäle. Keen ist eine Art Nestbeschmutzer, denn er war selbst Startup-Unternehmer in Silicon Valley und gilt heute als der fundamentalste Kritiker der sozialen Medien in den USA. In seinem Buch *Die Stunde der Stümper*[194] vergleicht er Blogger mit »Affen«. Eindrucksvoll schildert er, wie das Internet ganze Berufsgruppen verdrängt, etwa Literaturrezensenten, Korrespondenten, Lexikon-Redakteure oder Journalisten, weil ihre auf Ausbildung und Berufserfahrung beruhende Tätigkeit zunehmend von selbsternannten »Experten« auf kostenlosen Internet-Plattformen übernommen werde.

Auf die Frage, ob die spektakuläre Expansion von Facebook so weitergehe, antwortet mir Keen: »Ja, das ist ein sehr erfolgreiches Unternehmen und wird es auch bleiben, weil es sich immer unverzichtbarer macht, um unsere sozialen Bedürfnisse zu befriedigen.« In zehn Jahren werde es nur noch ein einziges soziales Netzwerk namens Facebook geben. Das Kernproblem sieht Keen darin, dass Facebook zu mächtig wird, weil es zu viel über uns weiß: »Man könnte alle unseren persönlichen Daten und Informationen einfach missbrauchen. Es ist eine ganz merkwürdige Vorstellung, dass jemand dies tun würde, aber wie wir aus der Geschichte bereits wissen, ist das nicht so undenkbar.«

Gefragt, ob er sich am Ende eine Diktatur der Meinungsströme und Interessen vorstellen könne, antwortet Keen: »Ich würde mir nicht allzu große Gedanken machen, dass Facebook selbst eine Diktatur errichtet, aber die Möglichkeit steht im Raum, dass politische Organisationen die Informationen der Netzwerkbenutzer auswerten und missbrauchen.« In China oder Iran seien solche Dinge bereits passiert. Die eigentliche Bedrohung liege eher in dem, was in den Nutzern selbst vorgehe und was unsere Kinder mit dem Netz täten. Denn viele Inhalte im Netz seien nicht geprüft, wie das in herkömmlichen Medien noch der Fall sei. »Wir als Kinder der Zeitung können damit umgehen, weil wir gelernt haben, Informationen zu gewichten und kritisch zu sehen«, sagt er. »Bei der Internetgeneration ist das anders.«

In Amerika nennt man die Dauerkonsumenten von Internetspielen und plattesten Unterhaltungsshows »Shallows«, geistlose und oberflächliche Surfer. »Wir sind nicht mehr in der Lage, Bücher zu lesen oder vernünftig zu diskutieren«, sagt Keen und fügt pessimistisch hinzu: »Ich bin mir nicht sicher, was die Zukunft der neuen Technologien betrifft, aber was im Moment passiert, wird sich wahrscheinlich fortsetzen.«

Wer die Online-Aktivitäten von Politikern und Parteien verfolgt, könnte tatsächlich zu dem Schluss kommen, dass die Politik selbst inzwischen zu einem Online-Spiel verkommen ist. Jedenfalls in den westlichen Demokratien. Vielleicht stecken Politik und Politiker aber auch noch in einer »Lernphase«. Als im deutschen Fernsehen Talkshows in Mode kamen, waren nur die wenigsten Politiker fernsehtauglich. Ebenso verhält es sich nun mit Facebook und Twitter. Auch hier müssen Politiker sich umstellen und lernen, mit dem neuen Medium umzugehen, wenn sie an dieser Form der Kommunikation teilhaben und mit ihren Beiträgen ernst genommen werden wollen.

Leider ist die Wahrscheinlichkeit, dass am anderen Ende unserer Kommunikation im Netz der »echte« Mensch mit uns ins Gespräch kommt, umso geringer, je wichtiger ein Politiker ist, weil ihm schlicht die Zeit fehlt, auf den entsprechenden Plattformen ständig präsent zu sein. Diese Art der Online-Kommunikation dürfte also kaum die Fernseh-Talkshows verdrängen, für die sich Politiker nach wie vor gerne freinehmen. Die sozialen Medien werden daher unter dem Strich ein technisches Werbemedium bleiben, mit der Besonderheit, dass dort jedermann oder jede Frau ungestraft seine Meinung kundtun kann und darf.

Wenn wir im Netz nach politisch und gesellschaftlich relevanten Informationen suchen, werden wir mehr als fündig. Ja, wir drohen förmlich darin zu ertrinken. Der *FAZ*-Herausgeber Frank Schirrmacher beschreibt in seinem Buch *Payback*, wie unsere Multitasking-Fähigkeiten durch die Computernutzung überdehnt werden, und bringt das Dilemma auf den Punkt: »Ich werde aufgefressen.«[195]

In der »Kakophonie« des Internets (Keen) wird es zunehmend schwieriger, selbst herauszufiltern, was wahr ist und was falsch. Selbst die Quellen der Informationen, ihre Unabhängigkeit oder Abhängigkeit zu prüfen bedarf einer eigenen parallelen Recherche. Weltweit soll es inzwischen mehrere hundert Millionen Blogs geben, genaue Zahlen sind nirgends zu finden. Die Blogs tauchen in der Google-Recherche nicht nur mit ihren Autoren auf, sondern auch mit noch weit mehr Lesern, die in den interaktiven Foren ihr »Wissen« zum Besten geben. Eines darf man allerdings nicht vergessen: Das Web 2.0 ist nicht der Beginn einer öffentlichen Hölle, die die paradiesischen Zustände einer von traditionellen Verlagen und Fernsehanstalten organisierten Informationsgesellschaft ablöst. Denn Manipulatoren und Lobbyisten sind keine Erfindung des Internets.

Wie Lobbyisten das Web 2.0 manipulieren

Verdeckte PR, Schleichwerbung und verdeckten Lobbyismus gab und gibt es auch in öffentlich-rechtlichen Fernsehanstalten und in alteingesessenen Verlagshäusern. Im Web 2.0 ist die Verbreitung dieses Gifts allerdings unkontrollierbarer geworden, denn am Ende der langen Kopier-Arie des Wissens weiß häufig niemand mehr, wer der eigentliche

Urheber einer Information ist. Und sich im allgemeinen Orchester der vielen Nutzer in Foren und auf sozialen Plattformen zu verstecken, ist für PR-Agenten und Lobbyisten ebenfalls leichter als auf der großen Bühne klassischer Medien.

Das hat zum Beispiel die Deutsche Bahn entdeckt. 2007 war nicht unbedingt ein gutes Jahr für den Konzern, denn es war ein Jahr der Mehrfrontenkämpfe für die Bahnmanager. Die Lokführergewerkschaft GDL organisierte bundesweit Streiks und holte am Ende für alle Beschäftigten höhere Löhne heraus. Und das Bahnmanagement stieß mit seinen Plänen, den bundeseigenen Konzern via Börsengang zu privatisieren, auf immer mehr öffentlichen Widerstand. Also kam man auf die Idee, verdeckt Stimmung für die Privatisierung und gegen die Lokführer machen zu lassen, wie die unabhängige Organisation LobbyControl zwei Jahre später enthüllte.[196] Einen entsprechenden Auftrag erhielt nach diesen Recherchen die Lobby-Agentur European Public Policy Advisers (EPPA), wofür die Bahn 1,65 Millionen Euro zahlte. Die EPPA wiederum beauftragte die angeblich unabhängige Denkfabrik Berlinpolis e.V. sowie die Berlinpolis GmbH mit einem Generalauftrag, im Internet und in Printmedien Stimmung zugunsten der Bahnprivatisierung zu machen. Die Auftraggeber sollten dabei nicht genannt werden.[197]

Berlinpolis startete eine als neutrales Informationsportal getarnte Website www.zukunftmobil.de mit dem »Ziel, nachhaltige Mobilität« zu schaffen. Über das Portal konnten Journalisten, Politiker und Interessierte einen Newsletter beziehen. Die Berlinpolis-Lobbyisten riefen sogar einen

Blog ins Leben und stellten eine angebliche Straßenumfrage bei YouTube ins Netz. Sogar eine Meinungsumfrage über die Privatisierung gab Berlinpolis bei dem Meinungsforschungsinstitut Forsa in Auftrag.

Die Enthüllungen von LobbyControl führten zu einer öffentlichen Rüge der Deutschen Public Relations Gesellschaft e.V. (DPRG), des Selbstkontroll-Organs der PR-Branche, wegen »nachweislich verdeckter PR-Maßnahmen für die Deutsche Bahn AG«.[198] Und selbst die Forsa-Meinungsumfrage hatten die Lobbyisten ihrem Auftrag entsprechend manipuliert, stellte die DPRG fest: »Die Fragen waren einseitig bahnfreundlich formuliert, und die daraus resultierenden bahnfreundlichen Ergebnisse wurden entsprechend publiziert und von den Medien auch aufgegriffen.« Ähnlich verfuhr Berlinpolis bei einer Umfrage zum Lokführerstreik, allerdings konnte nicht nachgewiesen werden, dass auch hierfür Geld geflossen war.

PR-Agenten betreuen Ministeriums-Website

Bereits wenige Monate später machte LobbyControl den nächsten Skandal publik. Diesmal ging es um Biosprit.[199] Der Verband der Deutschen Biokraftstoffindustrie e.V. (VDB), der immerhin 80 Prozent der Biosprit-Hersteller vertritt, räumte ein, »dass er 2008 monatelang mit unlauteren Mitteln Werbung für seine Ziele – die positive Darstellung von Biosprit – betrieb«. Wieder waren EPPA und Berlinpolis beauftragt worden, Stimmung zu machen, denn Umwelt- und Entwicklungshilfeorganisationen hatten auf die ökologischen und sozialen Gefahren des Anbaus von Biosprit-Pflanzen in der Dritten Welt hingewiesen und damit eine breite politische Debatte entfacht, die der Branche zunehmend gefährlich wurde.

Am Ende der Kette waren wieder die PR-Agenten von Berlinpolis am Werk: Mitarbeiter schrieben Leserbriefe zu biospritkritischen Berichten auf den Online-Plattformen *FAZ.Net*, *fr-online.de* sowie in *Welt, Junger Welt, Märkischer Allgemeinen* und *taz*. Und Berlinpolis-Geschäftsführer Daniel Dettling betätigte sich einmal mehr als journalistischer Autor und schrieb Gastkommentare in der *Welt* und in der *Financial Times Deutschland*: »Biokraftstoffe geraten zu Unrecht in Verruf. Ihre Ökobilanz ist besser als die von Benzin und Diesel auf Erdölbasis. Und eine Konkurrenz zwischen Teller und Tankstelle gibt es de facto nicht.«[200] Und damit nicht genug, veröffentlichte Berlinpolis nicht nur einen Artikel zum Thema Biosprit auf der Internetseite des Wirtschafts- und Energieministeriums von Nordrhein-Westfalen, sondern betreute von 2007 bis 2009 auch gleich dessen gesamten Web-Auftritt.[201] Dettling bestritt gegenüber LobbyControl, dass die Verträge von Berlinpolis mit dem Ministerium jemals für »unlautere« oder »verdeckte PR« genutzt worden seien und die von Berlinpolis-Mitarbeitern verfassten Artikel hätten »zu keinem Zeitpunkt in einem sachlichen oder rechtlichen Zusammenhang mit den Aktivitäten ›VdB/Biosprit‹« gestanden.[202]

Berlinpolis gibt es inzwischen nicht mehr, aber Dettling ist weiter präsent. Im Jahr 2010 gründete er die Firma »Re:publik – Institut für Zukunftspolitik« und verteidigt inzwischen im Onlineportal der *Westdeutschen Allgemeinen*

Zeitung (WAZ), Der Westen, die Billiglohnverhältnisse in Deutschland: »Die Geschichte zeigt uns, dass das, was wir in den letzten 50 Jahren als Normalarbeitsverhältnis kannten, eben nicht normal war.«[203] Auch in anderen Medien ist er längst wieder als »Experte« präsent.

Offenbar suchen die klassischen Medien und deren Netz-Ableger händeringend nach intellektuellen Krawallmachern, ob unabhängig oder nicht – oder es fehlt den Redakteuren die Zeit, ihre Interviewpartner zu überprüfen. Dabei sind die Entscheidungsträger in diesen Medien keine x-beliebigen Blogger, sondern angeblich ausgebildete Redakteure, die es aber offenbar nicht einmal für nötig halten, sich zumindest auf Wikipedia über die »Experten« zu informieren, denen sie in ihren Web-Auftritten das Wort überlassen. Aber auch den SPD-Bundesvorsitzenden Sigmar Gabriel hielt Dettlings Vergangenheit nicht davon ab, sich von dessen neuem »Institut« den »4. Redner- und Dialogpreis« verleihen zu lassen, so wenig wie sie den Grünen Jürgen Trittin daran hinderte, die Laudatio auf Gabriel zu halten.[204]

Der oft zitierte Satz vom Internet, das nichts vergesse, scheint im Falle wichtiger Meinungsmacher und politischer Entscheidungsträger nicht zu gelten. Zugleich illustriert der Fall Dettling den schleichenden Verfall der Sitten. Sicher wäre es falsch, das Internet per se als globales Fälscher-Forum zu brandmarken, denn gefälscht, vergessen oder weggelassen wird zuweilen auch in den herkömmlichen Medien. Aber das Internet bietet weit mehr Raum für Manipulationen, was die politische PR sich zunehmend zunutze macht.

Einer der wohl professionellsten journalistischen Blogs in Deutschland heißt *Ruhrbarone.de – Journalisten bloggen das Revier.* Hier sind echte Journalisten am Werk und beweisen durch die Veröffentlichung von brisanten Dokumenten immer wieder, dass der investigative Journalismus keineswegs tot ist. Und dass er nach wie vor in der Lage ist, den Mächtigen, beispielsweise dem ehemaligen NRW-Ministerpräsidenten Jürgen Rüttgers im Zusammenhang mit seiner Spendenaffäre, gewaltig auf die Füße zu treten.

Auch der jungen FDP-Abgeordneten im Europaparlament Silvana Koch-Mehrin traten die »Ruhrbarone« auf ihre Schühchen, indem sie über einen *FAZ*-Artikel berichteten, wonach die Freidemokratin angeblich nur an 45 Prozent der Sitzungstage im Parlament anwesend war.[205] Soweit jedenfalls die Protokolle des EU-Parlaments. Die Zahl wurde irgendwann auf 62 Prozent erhöht, weil man ihre entschuldigten Fehlzeiten als Mutter einbezog. Koch-Mehrin reagierte mit einer eidesstattlichen Erklärung, wonach sie 75 Prozent der Parlamentssitzungen besucht habe.[206] Dadurch erst wurde der Fall auch strafrechtlich relevant, weil Meineid nun mal unter Strafe steht. Die Berichterstattung der »Ruhrbarone« über den Fall löste zahlreiche Reaktionen von Lesern aus. Wie sich später herausstellte, aber auch Reaktionen von »Lesern«, die keine waren. In nachweislich sechs Kommentaren schaltete sich unter Pseudonym ein Mitarbeiter der Presse-Abteilung der FDP-Bundesgeschäftsstelle in die Debatte ein und versuchte die Wogen zu glätten. Damit handelte sich die FDP eine Rüge der DPRG ein[207], woraufhin die Partei sich von dem Vorgehen ihres Mitarbeiters distanzierte, der angeblich nicht auf Anweisung gehandelt habe.

Angeheuert, bezahlt oder einfach nur bescheuert?

Der Fall ist ein Beleg dafür, dass soziale Netzwerke und Foren alles andere als »sichere Orte« politischer Auseinandersetzung sind. Und das keineswegs aus Gründen unserer persönlichen Sicherheit, weil wir uns staatlicher Beobachtung oder Verfolgung aussetzen wie in Iran oder China. Sie sind unsicher, weil wir uns nicht sicher sein können, wer dort mit uns debattiert. Barack Obama beispielsweise räumte öffentlich ein, im Leben noch nicht selbst getwittert zu haben.[208] Obama twittert ohne Obama. Es wäre auch Zeit- und Steuergeldverschwendung, würde Obama höchstpersönlich mit Millionen Menschen twittern – eine absurde Vorstellung. Auf der Facebook-Seite von Angela Merkel ist klar vermerkt, dass sie dort nicht selber aktiv ist, und trotzdem fragen Menschen, ob sie es wirklich sei.

Die sozialen Medien leben von der Vorstellung, dass wir es mit einem persönlichen Gegenüber zu tun zu haben. Wer unterhält sich schon gern mit der automatischen Stimme einer Hotline? Im Netz geben wir uns eher solchen Illusionen hin, weil es keine automatische Stimme gibt. Trotzdem ist die Vorstellung, dass uns statt echter Politiker beauftragte Community-Manager antworten, nicht mit der Idee des sozialen Netzwerks kompatibel. Es wird zur Werbeplattform, und die Leute am anderen Ende der Leitung könnten ebenso gut Daimler oder die Deutsche Bank verkörpern. Hatte man bereits zu Zeiten der Schröder-Regierung häufig den Eindruck, einer Medien-Inszenierung aufzusitzen, so müssen wir uns im Internet komplett von der Vorstellung verabschieden, dass die Politiker, die uns antworten, »echt«

sind. Aber was ist überhaupt »echt«, seit es elektronische Medien gibt? Die Antwort lautet: Wir sind echt. Und alle Menschen, die sich über Twitter oder Facebook zusammenfinden, um etwas zu bewegen.

Was diese neue Basisdemokratie im Netz ausrichten kann, hat auch Angela Merkel im Bundestagswahlkampf 2009 schmerzlich erfahren. Als die Kanzlerin am 18. September 2009 auf dem Hamburger Gänsemarkt eintraf, dürfte sie sich im ersten Augenblick über den regen Zuspruch für ihre Wahlkampfrede gefreut haben.[209] Immerhin zweitausend Menschen hatten sich versammelt. Die wahren Angie-Fans waren aber nur eine Minderheit. Während die treuen Anhänger der Union brav zuhörten und gelegentlich applaudierten, wurde Merkel alle paar Sekunden von ohrenbetäubenden »Yeah«-Rufen unterbrochen, die aus einem sogenannten Flashmob kamen, einer blitzartig agierenden Menschenmenge, die sich im Netz zu der realen Aktionen verabredet hatte. Die »Yeah«-Rufer verfolgten sie bei mehreren Veranstaltungen, und entstanden war die Aktion im Internet. Irgendjemand hatte auf der Plattform Flickr das Foto eines Hamburger Wahlplakats mit Angela Merkel eingestellt. Darauf stand: »Die Kanzlerin kommt«, aber daneben hatte jemand mit Filzstift gekritzelt: »und alle so: Yeaahh.« Schnell verbreitete sich die Idee über die beliebten Blogs Nerdcore.de, Spreeblick.com und über Twitter, und nach nur sieben Tagen stand der ständige Protest.

Nur auf das Internet zu setzen grenzt Menschen aus

Aber auch klassische Protestformen organisieren sich immer häufiger über Twitter und Facebook – allerdings sind sie nicht allein selig machend. So jedenfalls war es im Herbst 2010 in Deutschland. Zum zweiten Mal in diesem Jahr gelang es einer uralten Bewegung, hunderttausend Menschen auf die Beine zu bringen.

Jochen Stay ist ein Veteran der Anti-Atomkraftbewegung und hätte vor zehn Jahren wohl selbst nicht mehr geglaubt, dass sie noch einmal auferstehen würde. Es gab auch nicht mehr viel zu demonstrieren, hatte doch die rot-grüne Bundesregierung mit den Stromkonzernen den langfristigen Ausstieg beschlossen. Inzwischen hat die schwarz-gelbe Bundesregierung diesen Beschluss gekippt, obwohl Meinungsumfragen seit Jahren eine stabile Mehrheit für den Ausstieg aus der Atomkraft zeigen. Als am 18. September 2010 plötzlich gut hunderttausend Menschen rund um das Regierungsviertel demonstrierten, überraschte dies die Veranstalter des Vereins »ausgestrahlt« dennoch. Die Demonstranten mobilisiert hatte der Verein unter anderem über soziale Medien wie Facebook und Twitter.

»Wir haben eine E-Mail-Kartei von 40 000 Adressen, um die Leute zu mobilisieren, und immer mehr kommen auf unserer Twitter- und Facebook-Seite hinzu«, sagt Atomkraftgegner Stay. Trotzdem gebe es viele politisch aktive Menschen, die überhaupt nicht mit dem Internet verbunden seien. Deshalb verschickt Stays Verein »ausgestrahlt« viermal im Jahr rund 70 000 Infobriefe. »Noch aus echtem

Papier, das kostet viel Geld, aber täten wir das nicht, würden wir so viele Menschen ausschließen.« Auf Twitter hat »ausgestrahlt« 1090 Follower[210], und die Facebook-Seite »gefällt« 3963 Menschen.

Auch mich hat die Atom-Politik inzwischen eingeholt. Via Facebook. Mitten in der Nacht entdeckte ich eine Aufforderung, an einer Online-Petition im Deutschen Bundestag für den Atomausstieg teilzunehmen. Die Sache sei eilig, weil die Frist ablaufe. Zwei Tage zuvor hatte ich in einem Rundfunkinterview den Lobbyismus der Bundesregierung kritisiert. Also füllte ich rasch das Formular des Deutschen Bundestages aus. Und Klick! Meine Stimme wurde noch angenommen. Ich bin die Nr. 7310.

Wo Licht ist, da ist allerdings auch Schatten. Auch in den USA gibt es Online-Petitionen im Kongress. Kaum ein Projekt hat die US-Bürger in den letzten Jahren so polarisiert wie die Gesundheitsreform von Präsident Obama. Die Lobby der Versicherungsgesellschaften kam irgendwann auf die Idee, ihrer Petition gegen die Obama-Reform über Facebook ein wenig »nachzuhelfen.« Ein Formular zeigte ein nettes Ärzteteam im Krankenhaus, daneben stand: »Lasst uns auf die bestehende Gesundheitsversicherung bauen, bevor diese für alle herhalten muss.« Ein platter Appell an die Menschen, die krankenversichert sind, sich gegen die obligatorische Aufnahme von Millionen US-Bürgern, die bislang nicht versichert sind, zu wehren. Aber offenbar misstrauten die Versicherungslobbyisten ihren eigenen Argumenten, denn sie griffen zu einem scheinbar schlagkräftigeren Lockmittel: Wer die Petition mit seinen Personalien unterschrieb, dem überwies die

Spielplattform OMGPOP »virtuelles Geld«. So kaufte man sich kurzerhand die Stimmen, derer man sich nicht sicher wähnte.[211]

Die Legende von der Twitter- und Facebook-Revolution

Die Verteidiger der Internet-Demokratie werden jetzt mit Gegenbeispielen aus ungemütlichen Regionen dieser Welt argumentieren: der »Twitter-Revolution« gegen das kommunistische Regime in der ehemaligen Sowjetrepublik Moldawien 2009, der Sammlung von einer Million Unterstützern gegen die Farc-Guerilla in Kolumbien über Facebook, der massenhaften Selbstmobilisierung indischer Frauen gegen ihre Unterdrückung in einer Facebook-Gruppe und der angeblichen Twitter-Revolution gegen den iranischen Präsidenten Mahmud Ahmadinedschad im Jahr 2009. Diese »Erfolge« haben Aufsehen erregt, und sie haben die Medien teilweise intensiver beschäftigt als die politischen Ereignisse selbst. Aber blicken wir nach Iran. Präsident Ahmadinedschad ist noch immer Präsident. Und sein Regime ließ Facebook abwechselnd ab- und wieder einschalten.

Evgeny Morozov ist einer der weltweit angesehensten politischen Netz-Experten, Mitherausgeber des Magazins *Foreign Policy*, (Neteffect.foreignpolicy.com) und publiziert in vielen wichtigen Zeitungen der Welt. Er hält die Erfolgsmeldungen über die »Twitter-Revolution« im Iran schlicht für falsch.[212] Es sei überhaupt nicht klar, inwieweit die Protestbewegung die iranische Gesellschaft nachhaltig verändert habe. Im Gegenteil: Morozov hält den Großeinsatz der sozialen Medien im Nachhinein für ein Schwert, das die Protestler gegen sich selbst richteten. Dank der digitalen Spuren des Protestes auf Twitter oder Facebook könne das Regime nun sehr bequem die Drahtzieher entlarven und verfolgen. »Das Netz kann Menschen auch entmutigen, an Protesten teilzunehmen«, sagte er während des Berliner Blogger-Kongresses im April 2010.

Facebook ist ein Segen für das iranische Regime

Drei Wochen vor der Präsidentschaftswahl im Iran sperrten die iranischen Behörden den Zugang zu Facebook. Denn Ahmadinedschads reformorientierter Gegenkandidat Hussein Mussawi hatte Facebook erfolgreich als politische Plattform genutzt. So hatte er immerhin 5200 »Freunde« gesammelt und pflegte mit vielen einen regen Informationsaustausch.[213] Für das Ahmadinedschad-Regime war dies Fluch und Segen zugleich. Denn der Geheimdienst und die gefürchteten Revolutionsgarden hatten die Namen und Verbindungen Tausender Oppositioneller jetzt auf dem digitalen Präsentierteller. Für die Betroffenen hatte das gravierende Folgen, wie ein iranischer Exilant dem ARD-Portal tagesschau.de berichtete.[214] Der Blogger, der aus Sicherheitsgründen anonym bleiben muss, erzählt, er habe seit der Wahl mehrmals in den Iran reisen wollen, doch seine Mutter habe ihn davor gewarnt. »Die meisten meiner Freunde sind entweder durch Bestechung wieder auf freiem Fuß, oder sie sitzen im Gefängnis, ihre Familien haben keine Nachricht von ihnen«, sagt der Blogger. Er berichtet über die schrecklichen Erfahrungen seines Freundes Aschkan[215] aus Schweden, der es wagte, in den Iran zurückzukehren:

»Aschkan erzählt mir im Chat, dass er eine Woche nach der Wahl beschlossen habe, in den Iran zu reisen. Als er am Flughafen in Teheran ankommt, wird ihm der Pass abgenommen. Die Beamten geben ihm eine Adresse, dort soll er sich wegen des Passes melden. Dort durchsucht man ihn am ganzen Körper, er muss persönliche Dinge und sein Mobiltelefon abgeben. In einem Wartesaal sitzen Dutzende anderer, die in einer ähnlichen Situation sind wie er. Nach mehreren Stunden wird er aufgerufen. In Zimmer Nummer 34 sitzen bereits zwei Beamte. Einer fragt: ›Auf wie vielen Demonstrationen im Ausland warst du?‹ Aschkan sagt: ›Auf keiner!‹ Der jüngere der beiden Beamten sagt: ›Du bist sehr dumm!‹ Sie legen Fotos von einer Demonstration vor der Botschaft in Stockholm auf den Tisch. Auf mehreren ist Aschkans Gesicht rot eingekreist. ›Jetzt nimm den Stift und markiere die Gesichter deiner Freunde und sag uns, wie sie heißen.‹

Aschkan sagt, er sei alleine hingegangen. Daraufhin stößt einer der Männer ihm sein Knie in den Rücken und sagt: ›Hast du von deiner Mutter und deinem Vater Abschied genommen, bevor du hierher gekommen bist?‹ Einer der Beamten sagt: ›Hör mal Junge, hier haben schon viel größere Köpfe als du alles erzählt. Um die Ordnung in diesem Land zu bewahren, schrecken wir vor nichts zurück. Also vergeude nicht unsere Zeit und gefährde nicht deine Gesundheit!‹ Aschkan umkreist auf einem Foto die Gesichter von sieben Personen und schreibt ihre Namen dazu. Plötzlich fragt einer der Beamten: ›Warum hast du deinen Namen und dein Foto auf

Facebook verändert?‹ Er legt ihm einige Ausdrucke von der geschlossenen Facebook-Profilseite hin. Die Beamten fordern ihn auf, das Passwort seines Facebook-Accounts zu nennen. Dann muss er den Raum verlassen. Nach einer halben Stunde wird er erneut aufgerufen. Sie legen ihm Ausdrucke von Facebook-Seiten mit Listen der Fotos und Namen seiner Facebook-Freunde vor. Aschkan muss ihre Namen und alles, was zu ihrer Identifizierung notwendig ist, aufschreiben. 15 Personen sind rot markiert, die Beamten fordern mehr Informationen über sie. Einer von ihnen ist Aschkans bester Freund im Iran. Er versucht dieses Gesicht einfach zu überspringen, aber einer der Beamten bekommt es mit: ›Du willst mir doch nicht erzählen, dass du deinen besten Freund nicht kennst!‹«

Stehen wir vor einem digitalen Imperialismus?

Diese Geschichte belegt auf bedrückende Weise eine Freiheit des Internets, die nur vermeintlich Freiheit schafft. Sie kann auch mit Haft, Folter und Todesstrafe enden. Für Oppositionelle in autoritären Staaten, die glauben, im »demokratischen« Medium Internet offen agieren zu können, wird just dieses Medium zu einer bösen Falle. Einer Falle, die ihnen an Erfolgsmeldungen interessierte Internet-Konzerne und die erste internetaffine Regierung, die der USA, aufgestellt haben.

Bei seinen Blockaden westlicher Internetdienste berief sich das iranische Regime auch auf die enge Kooperation von Internet-Konzernen wie Google mit der US-Regierung. Evgeny Morozov warnt deshalb vor der Nutzung sozialer Netzwerke für politische Aktivitäten. Er kritisiert zugleich die immer engeren Verflechtungen zwischen US-Sicherheitsbehörden und Internet-Firmen: »Wenn die Beamten im Außenministerium sehr enge und marktschreierisch verkündete Allianzen mit Google, Twitter oder anderen großen Technologieunternehmen eingehen, lassen diese Firmen sie so aussehen, als wären sie die Reinkarnation von ›Radio Free Europe‹ im Netz, ein ›Radio Free Internet‹, wenn man so will.«[216]

Diesen Eindruck vermitteln neuerdings auch die Internet-Konzerne selbst. Je mächtiger sie werden, desto lauter wird in den demokratischen Staaten die Kritik an dieser Macht. Also treten sie aus Marketinggründen die Flucht nach vorn an und gerieren sich als Speerspitze der Demokratie. Dabei geben sie zugleich ihre bisherige politische Zurückhaltung auf. So behauptet Facebook auf seiner »Facebook-for-peace«-Seite zum Beispiel: »Facebook wurde zur Mobilmachung gegen die Farc verwendet.«[217] Mark Zuckerberg sieht sein Netzwerk als zentrales Instrument weltweiter Demokratisierung: »Demokratie heißt doch, jedermann eine Stimme und den Menschen Macht zu geben. Das hat immer zu einem guten Ende geführt. Und es ist unsere Rolle, den Menschen zu dieser Macht zu verhelfen.«[218] Der Vorstandschef von Twitter, Evan Williams, geht noch weiter und hält seinen Kommunikationskanal für das »fundamentale« Medium, über das Menschen mit ihren Regierungen kommunizieren.[219] Während die weltweite Internetnutzung wächst, wächst die Macht der Konzerne. Microsoft, dessen Suchmaschine Bing nur mittelmäßig genutzt wird, startet jetzt mit Facebook den Versuch einer »sozialen« Suchmaschine, um Google herauszufordern.

Facebook integriert Skype. Apple integriert alle. Und alle kooperieren mit der US-Regierung. Die Vielfalt des Internets, die herrlich anarchische Struktur der Information fällt in rasendem Tempo den wirtschaftlichen und technischen Konzentrationsprozessen zum Opfer.

Und ausgerechnet der Sieger der digitalen Revolution an der Basis in den USA entpuppt sich nun als Anhänger des Überwachungsstaates. Barack Obama will CIA, NSA und FBI künftig die Macht geben, weltweit all unsere Kommunikationsinhalte zu analysieren – ob verschlüsselt oder nicht. Einzuwenden, dass unsere Geheimdienste schließlich demokratisch gewählten Regierungen gehorchten, ist die falsche Sichtweise. Denn erstens gehorchen sie bekanntermaßen nicht immer den demokratischen Verfassungen ihrer Staaten. Und zweitens haben auch westliche Geheimdienste eine lange Tradition der Unterstützung von Putschisten, der Destabilisierung auch frei gewählter Regierungen und vor allem der Desinformation der Öffentlichkeit (man denke an das angebliche Atomwaffenarsenal des Irak). Vielleicht finden wir das alles nicht sonderlich bedrohlich, weil der Präsident Barack Obama heißt. Hätte der versierte Manipulator und Kriegsherr George W. Bush diese Machtmittel in Händen, bekämen wir es ganz sicher mit der Angst zu tun. Aber vielleicht wird den smarten Typen aus Silicon Valley und dem netten Burschen im Weißen Haus ihr Optimismus irgendwann vergehen. Spätestens dann, wenn andere an den Schaltstellen des neuen digitalen Imperialismus sitzen und von der digitalen Revolution an der Basis nicht mehr viel übrig sein wird.

KAPITEL 6

Kampf gegen die Mafia 2.0

Organisierte Kriminelle, Sextäter und Rechtsextreme vernetzen sich schneller als die Polizei

Wir alle lieben Helden. Am liebsten sind uns Helden mit menschlichen Schwächen, die sich trotzdem behaupten. Thomas A. Anderson aus dem Kinofilm *Matrix* ist ein solcher Held.[220] Seine Schwäche ist die Einsamkeit des Hackers. Sein bürgerlicher Beruf als Software-Entwickler langweilt ihn, also macht er sich einen Namen als Hacker unter dem Pseudonym Neo. Er spürt, dass in der Welt, in der er lebt, etwas nicht stimmt, er weiß nur nicht genau, was. Eines Tages erreicht ihn der Anruf einer Unbekannten. Wie sich herausstellt, heißt die attraktive junge Frau Trinity. Und Neo erfährt, dass er für sie kein Unbekannter ist. Sie weiß, dass er sich in das Schatzamt gehackt hat. Sie weiß auch, warum er Nacht für Nacht vor dem Computer hockt. Und sie weiß, dass er nach der Matrix sucht. Dann sagt sie ihm noch, dass er die Matrix finden könne, wenn er wolle. Neo ist verstört. Aber er geht auf das Angebot ein, einen Vertreter dieser anderen Welt kennenzulernen: Morpheus. Der fragt ihn nach seinen Absichten:

* *Glaubst du an das Schicksal, Neo?*
* *Nein*
* *Warum nicht?*
* *Mir missfällt der Gedanke, mein Leben nicht unter Kontrolle zu haben.*
* *Ich weiß ganz genau, was du meinst. Ich will dir sagen, wieso du hier bist. Du bist hier, weil du etwas weißt, etwas, das du nicht erklären kannst, aber du fühlst es. Du fühlst es schon dein ganzes Leben lang, dass mit der Welt etwas nicht stimmt. Du weißt nicht was, aber es ist da. Wie ein Splitter in deinem Kopf, der dich verrückt macht.*[221]

Neo entscheidet sich, die Matrix zu durchdringen, eine Firewall zwischen der realen Welt und einer Welt des Grauens, in der Menschen nur noch Energielieferanten einer Künstlichen Intelligenz sind, die diese Welt beherrscht. Neo wird zum Helden, weil er sein bürgerliches Leben opfert und den Kampf aufnimmt mit den Mächten der Finsternis.

Heutzutage sprechen wir nicht mehr vom Cyberspace, sondern vom Internet. Und dort verbirgt sich längst eine Menge finsterer Gestalten: Betrüger, kriminelle Banden, Pädophile und Rechtsextremisten. Cybercops oder Internetpolizisten gibt es auch. Allerdings müssen sie häufig noch geschult werden. Das besorgen zum Beispiel zwei Polizeilehrer in Rheinland-Pfalz: Axel Henrichs und Jörg Wilhelm. Glaubt man ihrer Studie, dann ist Facebook nicht nur für Kriminelle, sondern auch für Ermittler ein El Dorado: »Die recht offenherzige Bekanntgabe von personenbezogenen Informationen durch die Nutzer der SNS [Social Network Services] ist Teil der Geschäftsgrundlage zur Betriebs- und Funktionsfähigkeit der Netzwerke, und für die Sicherheitsbehörden sind diese Daten natürlich von großem Interesse.«[222] Die Polizeilehrer schildern sehr konkret, warum auch Kriminelle in die Facebook-Falle geraten: So kann schon das persönliche Profil Erkennungsmerkmale wie Tätowierungen, Spitznamen oder politische Zugehörigkeit der gesuchten Person anzeigen.[223]

Facebook-Grüße aus Moskau

Der Fall des sogenannten Gangsta-Rappers Xatar ist ein Beispiel dafür, dass Ganoven manchmal dümmer sind, als die Polizei erlaubt. Der Mann mit dem bürgerlichen Namen Giwar Hajabi soll laut Anklagebehörde mit mehreren Komplizen einen Goldtransporter in Ludwigsburg überfallen und dabei 1,8 Millionen Euro erbeutet haben.[224] Hajabi setzte sich Richtung Osteuropa ab und fühlte sich offenkundig so sicher, dass er eines Tages auf seiner Facebook-Seite Grüße aus Moskau postete. Er schrieb an seine Pinnwand: »Moscow never sleeps« und »Ich seh nur maybachz ... woher zum teufel haben die russen das ganze geld??«[225] Das brachte Zielfahnder des Landeskriminalamtes auf die Spur des 28-jährigen. Sie verfolgten ihn in Ruhe, bis sie ihn und zwei Kumpane schließlich im Nord-Irak festnahmen.

Der Fall ist besonders bizarr, weil die Gangster, verkleidet als Steuerfahnder und Polizisten, ihre Tat beinahe filmreif und gewaltlos über die Bühne brachten. Dann aber tappten sie in die Facebook-Falle wie die Olsenbande, die noch nie etwas vom Internet gehört hat.

Ebenso ungeschickt stellte sich im Sommer 2010 ein amerikanischer Bankbetrüger an. Er hatte sogar sein Facebook-Profil im Internet verdeckt, beging dann aber den Fehler, sich auf die Freundschaftsanfrage eines Unbekannten einzulassen. Der war dummerweise ein Ex-Justizmitarbeiter, der nun lesen konnte, was der Betrüger aus der schönen mexikanischen Küstenstadt Cancún postete: »Es ist wie das Leben im Paradies« und »Ich liebe es«. Kurz darauf wurde er verhaftet.[226] Ungeachtet solcher eher dem Zufall geschuldeten Erfolge beginnt die Polizei mehr als schleppend, die Möglichkeiten zu begreifen, welche die sozialen Netzwerke für die Kriminalitätsbekämpfung bieten. Dafür spricht jedenfalls eine Zahl aus dem Mund des Vorsitzenden des Bundes Deutscher Kriminalbeamter (BDK), Klaus Jansen: Nur ein Prozent der 260 000 deutschen Polizeibeamten seien überhaupt fähig, im Internet zu ermitteln.[227] Demgegenüber steigt die Zahl der Internet-Straftaten rasant an. Laut polizeilicher Kriminalstatistik waren es im Jahr 2009 rund 207 000 Fälle »mit dem Tatmittel Internet« und damit 23 Prozent mehr als im Jahr zuvor.[228]

Einbrecher hocken längst nicht mehr im Gebüsch

Die Zeiten, als Einbrecher noch tagelang hinter einem Gebüsch lauerten, um die Lebensgewohnheiten ihrer potenziellen Opfer auszuspionieren, gehen langsam zu Ende. Heute stöbern sie auf Facebook-Seiten. Und wer diese als Online-Tagebuch für das gesamte Internet sichtbar betreibt, kann auch gleich seine Wohnungstür offenstehen lassen. So erging es dem Ehepaar Keri McMullen und Kurt Pendleton aus dem US-Bundesstaat Indiana. »Ich breche jetzt auf zum Konzert. Kurt und die anderen sind auch dabei«, postete Keri McMullan. Eine Dreiviertelstunde später tummelten sich zwei Einbrecher in ihrer Wohnung und machten fette Beute: einen schicken Plasma-Fernseher, zwei Laptops und Keris Verlobungsring. Die Einbrecher bemerkten allerdings nicht, dass es im ganzen Haus Überwachungskameras gab. Und auf dem Video stellte Keri fest, dass einer der Einbrecher auf Facebook mit ihr »befreundet« war. Er hatte ihr ein halbes Jahr zuvor eine Freundschaftseinladung geschickt und sich als ehemaliger Nachbar ausgegeben. So half Keri McMullan der Polizei auf die Sprünge. Denn die hatte, wie sie selber freimütig einräumte, gar nicht daran gedacht, Facebook in die Ermittlungen einzubeziehen.[229]

Facebook, die Hilfssheriff-Plattform

Auch die Polizei in der neuseeländischen Stadt Queenstown fasste einen Verbrecher über Facebook. Der 21-jährige Einbrecher hatte versucht, den Safe eines Restaurants zu knacken. Nicht nur, dass ihm das nicht gelang, zog er sich auch noch seine Maske so ungeschickt vom Kopf, dass sein Gesicht von einer Überwachungskamera aufgezeichnet wurde. Die Queenstowner Polizei hatte schon vorher eine Facebook-Seite, auf der sie nun das Video einstellte. Nur vierundzwanzig Stunden später wurde der Dieb gefasst. Laut *New York Times* wird die ungewöhnliche Fahndungsmethode inzwischen in ganz Neuseeland eingesetzt. In Queensland kam sie gut an: Die Kontakte auf der Freundesliste der Polizeidienststelle verdoppelten sich, nachdem der Einbrecher gefasst worden war.[230]

In Australien ist Facebook seit kurzem sogar ein offizielles Zustellungsmedium für die Justiz. Ein Mann hatte monatelang seine Ex-Freundin über Facebook belästigt und bedroht. Die Frau erwirkte vor Gericht ein Urteil gegen den Stalker. Die Polizei von Melbourne schickte die einstweilige Anordnung per Post, doch sie kam zurück. Und auch eine Übergabe durch Beamte scheiterte mangels Anwesenheit des Übeltäters. Am Ende erwirkte die Polizei eine gerichtliche Genehmigung, die Verfügung per Videobotschaft direkt an den Facebook-Account des Mannes senden zu dürfen. Offenbar beeindruckt von der Findigkeit der Behörde, löschte der Stalker augenblicklich seinen Account.[231]

Solche Geschichten dürften den Facebook-Betreibern als Ritterschlag im Namen von Recht und Gesetz erscheinen.

Sie haben aber auch eine Schattenseite: Spätestens, wenn Staaten beginnen, Facebook als Medium zur Durchsetzung öffentlicher Interessen zu betrachten, ist Vorsicht angebracht, denn die private Kommunikationsplattform rückt damit ins Visier staatlicher Machtpolitik. Und wieder geht ein Stück Unabhängigkeit des Internets verloren.

Solche Anekdoten wären eigentlich nicht der Rede wert, wäre Facebook nicht auch für Kriminelle ganz anderen Kalibers interessant, die dort offenbar so effizient agieren, dass sogar deutsche Großkonzerne die Angst packt. So haben Porsche, VW, Heidelberger Cement und die Commerzbank ihren Beschäftigten den privaten Zugang zu ihren Facebook-Accounts gesperrt oder verboten.[232] Die Unternehmen taten dies angeblich nicht, weil die Arbeitnehmer zu viel Arbeitszeit damit verplemperten, sondern weil sie Sicherheitslücken fürchteten, wie sie bei Facebook immer wieder auftreten.

Eine aktuelle Studie der Software-Initiative Deutschland e.V. (SID) und des Fraunhofer-Instituts für Angewandte Informationstechnik FIT kam im Jahr 2010 zu dem Ergebnis, dass die Nutzung sozialer Medien bei immerhin 45 Prozent der Unternehmen in den Marketing- und PR-Abteilungen üblich sei. Allerdings nannten 76 Prozent der Firmen Sicherheitsbedenken als größte Hürde für einen flächendeckenden Einsatz von Facebook und Co. in ihren Unternehmen.[233]

Die Cybercops vom BKA

Mirko Manske kann die Vorsicht der Unternehmen verstehen. Seit vier Jahren arbeitet er in der Zentrale des Bundeskriminalamts in Wiesbaden als Sachgebietsleiter »Operative Auswertung« im Bereich Cybercrime, Internetverbrechen. Er beschäftigt sich mit Straftaten, die zum Nachteil anderer Facebook-Nutzer und unter Verwendung der Facebook-Infrastruktur begangen werden.

Auch der 38-jährige Manske hat einen Facebook-Account, aber nicht verdeckt, sondern ganz offen. Er gehört zu jener neuen Generation von Cybercops, die den international agierenden Banden im Netz das Fürchten lehren sollen. Und die Attraktivität der sozialen Medien – in seinem Fall allerdings für Kriminelle – beschreibt Manske in ähnlichen Worten wie die Marketingstrategen: »Wo schwimmt der Hecht hin? Dorthin, wo immer mehr Fische hinkommen«, sagt er. »Cybercrime ist anonym. Im Real-Life müssen Sie, um Straftaten zu begehen, nach Deutschland kommen. Das müssen Sie beim Cybercrime nicht mehr. Sie bleiben im Ausland und verüben die Straftaten von dort aus.« Sein Vorgesetzter, der stellvertretende Referatsleiter Fred-Mario Silberbach, ergänzt: »Diese Leute werden zum Beispiel mit wenigen Mausklicks vom anderen Ende der Welt im Millisekundenbereich um einige tausend Euro reicher. Sie brauchen niemandem mehr unter die Augen zu treten, um eine Straftat zu begehen, etwa wie bei einem Raubüberfall.«

Betrüger unterwandern Facebook

Früher nannte man so etwas den Enkeltrick: Gauner rufen Rentner an und geben sich als Enkel aus, die dringend Geld benötigen. Dann schicken sie einen »Bekannten« vorbei. So ähnlich funktioniert der sogenannte Vorschussbetrug auf Facebook – nur perfider. Denn die Gauner geben sich als Freunde aus, indem sie ein Profil kopieren und auf der Pinnwand zum Beispiel posten: »Bin in Paris bestohlen worden, mein Rucksack mit Geld und Papieren ist weg. Ich brauche dringend 300 Euro«. Alle sehen dann das Foto ihres bemitleidenswerten Freundes und bieten Hilfe an. Sie zahlen das Geld zum Beispiel bei Western Union ein, und die Betrüger holen es irgendwo im Ausland ab. Der angeblich notleidende Freund war aber gar nicht in Paris und weiß von nichts.

Auf solche Tricks spezialisiert ist die sogenannte Nigeria-Connection. Deshalb werden solche Delikte von der Polizei auch unter dem Codenamen »419 Scam« – dem einschlägigen Paragrafen im nigerianischen Strafrecht – behandelt. Laut dem niederländischen Institut Ultrascan hat die Connection allein im Jahr 2009 im Internet weltweit rund 6,7 Milliarden Euro ergaunert.[234]

Doch diese Betrüger nutzten nicht nur Facebook, sondern verschickten auch massenweise E-Mails. Eine beliebte Geschichte aus dem virtuellen Märchenbuch der Gauner ist die vom reichen Erben, der kurzfristig Geld benötige, um an das Erbe zu kommen. Am Ende werde der Helfer selbstverständlich einen ordentlichen Batzen davon abbekommen.

Diese Praktiken werden im Internet seit Jahren erfolgreich betrieben, und obwohl sie publik wurden, fallen Menschen nach wie vor darauf herein – Gier frisst bekanntlich Hirn. Dem Unternehmen Facebook können solche Geschichten nicht gefallen, kratzen sie doch am Ruf des »Freunde«-Netzwerks. Der Cheflobbyist von Facebook für Europa, Richard Allan, kündigte deshalb im Januar 2010 eine technische Abwehrmaßnahme gegen solche Tricks an: So soll künftig, wenn wir aus dem Ausland oder von fremden Rechnern auf unseren Facebook-Account zugreifen wollen, unser Passwort nicht mehr ausreichen, um unsere Identität zu belegen. Facebook will uns zusätzlich Fotos von Freunden schicken, denen wir dann Namen zuweisen müssen.[235] Weltweite Berichte über den Missbrauch von Daten im Internet scheinen auch bei Facebook für Unruhe gesorgt zu haben. Denn im Mai 2010 wurde jene Sicherheits-Funktion eingeführt. Facebook legt auch Wert auf die Feststellung, dass man bereits im Jahr 2009 einen »Sicherheitsbeirat« aus fünf Vertretern von internationalen Internetsicherheits-Organisationen gegründet habe. Dieser berät das Netzwerk bei der Überarbeitung von Sicherheitshinweisen im »Hilfe-Bereich« der Website.

Der geniale Coup mit dem »Dislike«-Button

Schadsoftware, also sogenannte Viren oder Trojaner, sind inzwischen nicht mehr nur im Bereich von E-Mails und auf unsauberen Webseiten verbreitet. Trojaner greifen längst auch Facebook an. Angesichts der explodierenden Mitgliederzahl werden soziale Netzwerke wie Facebook sogar »in Zukunft einer der wesentlichen Faktoren für die Infektion von Rechnern mit Schadsoftware sein«, sagt BKA-Ermittler Manske, »da bin ich absolut sicher«. Denn das soziale Netzwerk funktioniert wie eine Website, auf der die Freunde der Freunde auch Links hinterlassen können, es sei denn, der Nutzer ist so klug, diese Funktion einzuschränken.

Facebook-Nutzer haben im Schnitt 130 Freunde, einige noch viel mehr, und da kommt es vor, dass sich »falsche« Freunde von Freunden in das Netzwerk schleichen und dort auf die Pinnwände posten. Auch greifen Verteiler von Schadsoftware einfach Facebook-Accounts ab und posten dann im Namen unserer Freunde einen Link auf unsere Pinnwand. Und wir freuen uns über ein schönes Video, das wir »uns unbedingt gleich ansehen sollen«, und klicken es vertrauensvoll an. Die im Link versteckten Trojaner bereiten nun das eigentlich Verbrechen vor, wie Mirko Manske erklärt: »In den allermeisten Fällen sind es Trojaner, die, nachdem sie sich auf dem PC des Opfers unerkannt eingenistet haben, alle Online-Aktivitäten mitschneiden.« Dabei greifen die Täter unsere E-Mail-Login-Daten, unsere Passwörter für das Online-Banking oder den Paypal-Account ab. Und bereits das E-Mail-Passwort genügt, um an weitere Daten zu kommen, denn die meisten Internetshops arbeiten mit einer Authentifizierung via E-Mail-Bestätigung.

Manchmal sind die Kriminellen noch pfiffiger. Viele Nutzer beklagen seit Jahren, dass auf Facebook alles, was uns interessiert, uns auch automatisch »gefällt.« Dabei gibt es hässliche Neuigkeiten, die uns nicht gefallen, die wir aber trotzdem unseren Freunden ans Herz legen wollen.

Also kam eine Bande auf die Idee, einen »Dislike«-Button zu erfinden, der dem Original sehr ähnlich sieht. Auf so einen Button hatten Millionen von Facebook-Nutzern schon lange gewartet, und sie fielen prompt darauf herein. Fortan spähte die Schadsoftware die digitalen Identitäten auf Facebook aus – und da gibt es auch für Kriminelle eine Menge zu beobachten. Der Coup mit dem »Dislike«-Button nötigt sogar den BKA-Ermittlern Respekt ab: »Eine geniale Idee. Wir waren beeindruckt, denn die Täter hatten erkannt, dass so etwas auf Facebook fehlt, und diese ›Lücke‹ zu ihren eigenen Zwecken ausgenutzt.« Soweit Manske weiß, wurden die Täter bis heute nicht geschnappt.

Das Gefühl des Privaten in einem Netzwerk, das doch so öffentlich ist, kommt auch den Ermittlungsbeamten zugute. Im Unterschied zu den Kriminellen müssen sie sich allerdings an enge gesetzliche Vorgaben halten, wenn sie sich auf Facebook bewegen. Eigentlich, so sagt Mirko Manske, mache die Polizei im Netz auch nichts anderes als draußen nach einem Einbruch. »Nur suchen wir nach digitalen Spuren, die auch Kriminelle zuhauf hinterlassen.« Und was die Ermittler an elektronischen Spuren finden, können sie sichern, auch Screenshots gelten heute als Beweismittel.

Die Cyberkriminellen
nehmen unsere Identität ins Visier

Wie wird sich die Internetkriminalität in Zukunft entwickeln? Die BKA-Ermittler Mirko Manske und Fred-Mario Silberbach sind es gewohnt, sich an handfeste Tatsachen zu halten. Zugleich haben sie ein sehr praktisches Wissen darüber erworben, wie sich unsere Welt bereits verändert hat. Die Digitalisierung vieler Lebensbereiche schreitet voran. Längst fordern nicht nur Finanzämter digitale Steuererklärungen. Auch unsere Gesundheitsdaten werden auf einer Chipkarte digitalisiert, und der neue Personalausweis soll das Kaufen im Internet erleichtern. Um ein Konto einzurichten, brauchen wir demnächst nicht einmal mehr einen Fuß in eine Bank zu setzen. Viele Geschäftsbereiche auch öffentlicher Verwaltungen würden ins Internet verlagert, argumentiert Manske. »Der Kunde soll letztendlich die Arbeit der Datenerfassung und -verarbeitung machen. Er soll sagen, was er haben will. Er soll es sich aussuchen, möglichst ohne Beratung. Er soll bezahlen. Er soll den kompletten Vorgang abwickeln. Und das Produkt wird am Ende über ein automatisiertes Paketzentrum ausgeliefert.« Manske ist sich daher sicher, dass auch Kriminelle ihre Aktivitäten immer mehr ins Internet verlagern werden.

Zahl oder ich lösch dich!

Im Jahr 1995 war es nur Stoff für einen Cyber-Thriller im Kino: Angela Bennett, gespielt von Sandra Bullock, ist eine ziemlich vereinsamte Computerexpertin, die auf Umwegen an eine Software gerät, mit der sie sich in geheime Dokumente hacken kann. Deshalb hetzt man ihr einen Killer auf den Hals. Doch der tötet sie nicht körperlich, sondern ihre Identität. Nachdem sie dem Killer entkommen ist, stellt sie fest, dass sie keinen Zugriff mehr auf ihr Bankkonto hat. Sogar ihren elektronischen Gesundheitsausweis hat der Identitätskiller manipuliert. Da sie immer von zu Hause aus gearbeitet hatte, kann sie sich nicht einmal bei ihrem Arbeitgeber, einer Softwarefirma, als die ausweisen, die sie ist. Niemand glaubt ihr mehr, dass sie sie ist.

BKA-Ermittler Manske zweifelt nicht daran, dass solche Szenarien die Zukunft der Kriminalität darstellen:

»Der digitalen Identität des Einzelnen wird eine zentrale Bedeutung zukommen. Die Gesellschaft hat heute Mechanismen gefunden, wie die Gesellschaft in der realen Welt einigermaßen sicher sein kann, dass Sie Sie sind. Irgendwann hat es eine Geburtsurkunde gegeben, Sie haben einen Personenausweis mit Geburtsdaten, Nummer und Passbild. Ihr Weg ist nachvollziehbar. Die Frage ist, ob solche Mechanismen in zehn oder fünfzehn Jahren auch für die digitale Identität existieren werden. Die Kriminellen-Sicht wird sein: ›Was muss ich tun, um Ihre digitale Identität vollständig zu übernehmen? Sie zu werden – im Netz‹.«

Schutzgelderpresser, die Jahrzehnte lang gut davon lebten, Pizzerien in Brand zu stecken, wenn die Besitzer nicht zahlten, würden künftig ebenfalls ins Netz ausweichen, sagt der BKA-Ermittler: »Zahl oder ich lösch dich!«

Kinderpornografie: Wo virtuelle Taten reale Seelen zerstören

Soziale Netzwerke wie Facebook bieten nicht nur mehr Möglichkeiten, Menschen um eine Menge Geld zu erleichtern. Sie werden auch von Tätern benutzt, die ihren Opfern die Würde rauben – Sexualstraftäter und Vertreiber von Kinderpornos. Gegen beide Gruppen ermitteln Polizisten heute auch im Internet. Mit der Entstehung sozialer Netzwerke öffnen sich aber auch hier neue Wege, denn mancher Täter bekommt nun plötzlich ein Gesicht. Die Täter kommunizieren in ihren Netzwerken sowohl mit potenziellen Käufern wie auch mit ihren jugendlichen Opfern. In Fällen von organisierter Kinderpornografie können die Ermittler regelmäßig auch verdeckt vorgehen: »Die Polizei nimmt Einblick in seine offene Kommunikation und gelangt durch social-engineering in eine geschlossene Gruppe.«[236] Zudem müssen die Betreiber der Plattform Verbindungs- und Kommunikationsdaten auch rückwirkend herausgeben.

Bei der Bekämpfung organisierter Menschenhändler-Ringe betreten die Ermittler allerdings heikles Gelände – denn sie werden zunächst Teil des Spiels: »Ermittler nehmen im Netzwerk direkt bzw. indirekt (über Vertrauensperson) mit längerfristigem Ziel Kontakt mit Verdächtigen des Menschenhandels auf und steuern dadurch deren Aktivitäten. Gleichzeitig werden sämtliche Aktivitäten der Verdächtigen mit anderen Teilnehmern (auch Kommunikation) durch den Betreiber beauskunftet.«[237]

Komplizierter liegen die Dinge bei der Bekämpfung von

Einzeltätern. Den Polizeiexperten zufolge ist es oft nicht einfach zu erkennen, wo die Grenze zur Kriminalität überschritten wird. So gebe es Pädosexuelle, die es beim Chatten belassen, andere wiederum nutzten das Netz, um sich mit ihren späteren Opfern zu treffen: »Die Grenzen zwischen Cyber-Crime und realem Leben verschwimmen häufig.«[238]

Eine Journalistin stellt Sextäter im Fernsehen bloß

Wenn die Polizei Kinderporno-Ringe zerschlägt, haben die Opfer schon einen langen Leidensweg hinter sich und die Täter hohe Summen an diesem Leiden verdient. Die Journalistin Beate Krafft-Schöning hat sich vorgenommen, die Verbrechen an Kindern zu verhindern. Sie recherchiert seit elf Jahren zum Thema sexuelle Gewalt an Kindern im Internet. Um eine möglichst breite Öffentlichkeit zu erreichen, ist sie seit 2003 in Chatrooms präsent, wo sie sich als Kind ausgibt. Will ihr erwachsener Gesprächspartner dann ein reales Treffen anbahnen, geht sie darauf ein und stellt ihn zum Teil vor laufender Kamera zur Rede. Für die RTL-2-Serie »Tatort Internet« stellte sie auf diese Weise insgesamt 56 Männer zur Rede, die sich mit ihr zum Sex treffen wollten. Das Serienformat hat eine große Debatte entfacht. Kritiker werfen der Sendung vor, nicht verurteilte Täter an den Pranger zu stellen. Andererseits ist die Beweislast, die die Sendung regelmäßig erbringt, erdrückend.

Allerdings sind der Redaktion der Produktionsfirma im Eifer des Gefechts Fehler unterlaufen.[239] Nachdem der 61-jährige Leiter eines Caritas-Kinderheims sich vor versteckter Kamera mit einer angeblich 13-jährigen getroffen hatte, die eine Schauspielerin war, und von deren »Mutter« vor laufender Kamera mit seinem Kontakt konfrontiert worden war, wurde er von seinem Arbeitgeber, der ihn trotz Verpixelung erkannt hatte, suspendiert und verschwand für einige Zeit spurlos. Medienbeobachtern war klar, dass die Sendung am Ende gewesen wäre, hätte der Mann sich etwas angetan. Glücklicherweise tauchte er wohlbehalten wieder auf und beteuert, nie eine Straftat geplant zu haben. Sein Arbeitgeber, die Caritas, kritisierte RTL 2 dafür, dass man nach den Dreharbeiten im Mai mit der Information der Heimleitung noch fünf Monate gewartet habe – bis zur Ausstrahlung der Folge.

Der Würzburger Strafrechtsexperte und Missbrauchsbeauftragte des Bistums, Professor Klaus Laubenthal, kritisierte dieses Verhalten völlig zu Recht: »Wenn ich Prävention betreiben will, warte ich nicht vier oder fünf Monate mit so einer Kenntnis.« Beate Krafft-Schöning hält das für einen »bedauerlichen Fauxpas«, auf den RTL 2 auch entsprechend reagiert habe.

Der Berliner Sexualtherapeut Christoph Joseph Ahlers von der Charité betreut seit Jahren pädophile Männer in seinem Projekt »Dunkelfeld«. Er kritisiert, dass das Phänomen in der Sendung verkürzt dargestellt werde, da viele Pädophile tatsächlich enthaltsam lebten. Sexuelle Übergriffe würden in der überwiegenden Mehrzahl nicht von Fremden, sondern mitten in den Familien verübt. Solche Sendungen würden Menschen mit eingeschränktem Wissensstand »mit einem Gruselszenario versorgen«, sagt Ahlers.[240]

Aber ist das wirklich nur ein Gruselszenario? Sicher ist: Pädophile sind nicht automatisch gewalttätig, was Beate Krafft-Schöning bestätigt. Die meisten Täter, die sie in elf Jahren mit ihren Taten konfrontiert hat, sind nicht pädophil veranlagt, sondern Leute, die einfach den Kick im Internet suchen. »Ich lernte einen Typen kennen, dessen Frau schwanger war und bei denen es nach seiner Aussage gerade sexuell nicht lief. Da hat er es einfach mal mit einem 12-jährigen Mädchen im Netz versucht. Andere gehen in SM-Foren schnuppern, das sind klassische Internettäter, die das ›just for fun‹ tun.« Und immer häufiger seien Jugendliche unter 20 Jahren darunter. Im klassischen Sinne pädosexuelle Täter seien dort auch aktiv, aber unterrepräsentiert. Wenn sie mit den Tätern persönlich spreche, sähen sogar viele ein, dass sie dabei Kinderseelen verletzen, und zwei hätten sich kürzlich sogar in das Selbsthilfeprojekt der Berliner Charité begeben.

Es wäre bedauerlich, wenn angesichts der öffentlichen Mediendebatte über eine Fernsehsendung das Problem selbst aus dem Blick geriete. Denn was sich dort zwischen Erwachsenen, Halberwachsenen und Kindern abspielt, wäre in diesem gigantischen Ausmaß ohne das Internet und ohne soziale Netzwerke wie Facebook undenkbar.

Schüler, Eltern oder Polizisten sitzen jedes Mal ungläubig in den Vorträgen der Journalistin. Denn sie geht live ins Internet, und es gelingt ihr sofort, mit den virtuellen Sexualstraftätern Kontakt aufzunehmen. »Viele denken dann immer, ich habe die da irgendwo hingesetzt«, erzählt sie, »aber es ist so. Diese Leute sind immer im Netz und sprechen Kinder an.«

Seit elf Jahren versucht Beate Krafft-Schöning, Kinder und Eltern, Lehrer und Polizisten zu informieren. Sie hat dazu die Initiative »Netkids« (www.kindersindtabu.de) gegründet. Informieren kann sie aber nur, weil sie sich von Beginn an intensiv mit den Profilen potenzieller Täter befasst hat. Mit dieser Arbeit stört sie aber auch die Kreise von Kinderporno-Ringen, die eine Menge Geld verdienen, und diese Leute können sehr ungemütlich werden. Je häufiger und erfolgreicher sie potenziellen Tätern auf die Schliche kam, desto öfter erhielt sie Drohungen, sogar Morddrohungen. Krafft-Schöning gehört zu den wenigen Menschen in Deutschland, die etwas gegen Sexualstraftäter im Internet unternehmen. Aus mehr als zehn Jahren Erfahrung weiß sie, wie diese zwielichtige Szene sich Facebook und andere Netzwerke zunutze macht. Das »soziale« Netzwerk erfüllt hierbei vor allem den Zweck der Anbahnung von Straftaten. Sexualstraftäter und Pädophile betrachten unter anderem Facebook wie eine Art Katalog, in dem sie so lange blättern können, bis sie ein Opfer ihrer Wahl gefunden haben. In den Profilen sehen sie dann, auf welche Schule oder Universität das Opfer geht, wo es wohnt, und im Zweifel finden die Täter sogar die Telefonnummer, E-Mail-Adresse und Postanschrift vor. Sexualstraftäter müssen nicht mehr real auf der Lauer liegen, ihre Opfer sind nur einen Mausklick entfernt. Gerade Kinder im Alter zwischen 12 und 14 Jahren sind sehr kontaktfreudig und fühlen sich aufgewertet, wenn sie von Älteren beachtet werden. Sie lassen sich auf Chats mit potenziellen Sexualstraftätern ein, die natürlich immer erst eines sind: nett. »Das ist wie in Hamburg auf dem Kietz. Ich habe den Kontakthof und gehe dann mit der Prostituierten in ein Hotel«, sagt Beate Krafft-Schöning, »nur dass die Mädels oder Jungs nicht wissen, dass sie gerade im Begriff sind, Opfer eines Sexualstraftäters zu werden.«

Krafft-Schönings Arbeitsprinzip ist einfach: Sie meldet sich unter dem Pseudonym eines minderjährigen Kindes in einschlägigen Foren und Chats an. Um aber mit potenziellen Tätern einen vertrauensvollen Kontakt aufzubauen, braucht es Zeit. Deshalb chattet sie zunächst zwei Wochen lang unauffällig mit. Erst wenn sie sichergehen kann, dass ihr Chatpartner kriminelle Interessen verfolgt, lässt sie sich auf das Angebot eines Treffens ein, bei dem sie den Täter vor laufender Kamera auf seine Absichten anspricht. »Ich merke meistens sofort, worauf die Männer hinauswollen; fragen sie dann, ob man sich mal treffen kann, ist die Gewissheit da.« Und bei den realen Treffen setzt sie dann »Scheinkinder« ein, die im direkten Gespräch herausfinden sollen, ob die Männer tatsächlich sexuelle Absichten haben. So will Krafft-Schöning verhindern, dass Unschuldige beschuldigt werden. Auf diese Weise ist sie bereits 85 Tätern auf die Spur gekommen

Der Mann einer Pastorin machte Nacktfotos von Kindern

Die meisten erwachsenen Internettäter kommen aus der Mittel- oder Oberschicht, sagt Beate Krafft-Schöning. Sie sind gebildet und interneterfahren und verstehen es, ihre Taten einzufädeln. Weil auch sie sich im Schutz des Internets wähnten, stellten sich viele allerdings sehr unvorsichtig an. »Viele haben selber Familie und reisen mit dem Kindersitz auf der Rückbank an. Sie entsprechen so gut wie immer dem Durchschnitt der Gesellschaft.«

Überrascht musste sie feststellen, dass auch Frauen an sexueller Gewalt im Netz beteiligt sind. »Ich habe viel Bildmaterial gesehen, wo Frauen die Kinder festhielten oder selbst sexuelle Gewalt an Kindern ausübten,« fährt die Journalistin fort. Sie selbst erinnert sich an den Fall des Ehemannes einer Pastorin, mit dem sie unter dem Pseudonym einer 13-jährigen »Leyla« chattete. Irgendwann lud der 36-Jährige sie ein, bei ihm zu übernachten. Allerdings müsse sie um sieben Uhr morgens wieder gehen, weil dann seine vier- und sechsjährigen Söhne zum Kuscheln zu ihm ins Bett kämen. Auch Fotos wolle er von ihr machen. Die daraufhin von ihr alarmierte Staatsanwaltschaft fand dann Nacktfotos von den Freunden der Kinder auf dem Computer des Mannes. Die Ehefrau wurde von ihrem kirchlichen Arbeitgeber versetzt. Sie muss von dem Treiben ihres Mannes gewusst haben, denn sie äußerte gegenüber Zeugen, dass die Mädchen doch selber schuld seien. Der Mann kam mit einer Therapie davon.

Es ist erstaunlich, wie schnell die Täter auf Bewegungen im Netz reagieren. Einmal meldet Krafft-Schöning sich als »Sarahessen« in einem Chat an. In ihrem Profil steht, dass sie 1,54 Meter groß ist und 45 Kilo wiegt. Es dauert nicht lange, da spricht sie »Bär75« an: »Nettes Profil, wie geht's dir?« Und kurz darauf: »Du bist 'ne ganz Süße.« Krafft-Schöning antwortet in naiver, fehlerhafter Sprache. Sie benutzt in Chats Abkürzungen und Begriffe wie »voll cool«.

Nach fünf Minuten Smalltalk fordert »Bär75« »Sarahessen« auf, Minirock und Nylonstrümpfe anzuziehen. »Echt jetzt? wieso denn«, fragt »Sarahessen«. »Sieht sexy aus«, antwortet »Bär75« der sich als 35-Jähriger outet, »bist echt was Besonderes«. Nach dreizehn Minuten hat er »Sarahessen« zu einem Treffen überredet. »Was würdest du machen wollen bei treffen was trinken gehen oder einfach spaß haben, Gaudi haben dann« und »kommst du im Minni?«, sagt »Bär75«. Krafft-Schöning verlässt den Chat.

In sozialen Netzwerken bewegen sich Täter wie in einem abgeschotteten, rechtsfreien Raum. Brauchen Erwachsene im realen Leben das Einverständnis der Betroffenen, wenn sie Kinder fotografieren wollen, liegen die Dinge im Internet anders. Denn entweder haben Eltern die Fotos bereits hochgeladen und somit »veröffentlicht«, oder die Kinder tun es selbst. Damit haben die Fotos den Schutz verloren, den sie im realen Leben genießen: Jeder kann sie kopieren, manipulieren und weiterreichen. Und um am Ende eine Urheberrechtsklage durchzusetzen, müssen Eltern erst einmal davon wissen.

»In der Kinderpornografie-Szene ist die Fotomontage ganz üblich«, berichtet Krafft-Schöning. Ein hübsches Gesicht wird einfach auf einen anderen nackten Körper kopiert. Das macht den Nachweis oder die Identifizierung des Opfers nahezu unmöglich. Die Nachfrage nach kinderpornografischem Material ist riesig. Jeden Tag kommen 200 neue kinderpornografische Fotos ins Netz, weltweit sollen es 15 Millionen sein, und Experten schätzen, dass es allein in Deutschland rund 50 000 Konsumenten gibt.[241]

Die Quellen für solche Fotos und Montagen werden immer unerschöpflicher. Pädosexuelle und andere mögen sich an den Bildern nur aufgeilen, ohne selber handgreiflich zu werden, hinter jedem Bild steckt jedoch eine Geschichte. Und selbst Fotomontagen haben immer zwei Opfer: »das Kind, dem der Kopf gehört und das, dem der nackte Körper gehört, sowieso« (Krafft-Schöning). Doch selbst wenn jemandem auffallen sollte, dass ein Bild oder Daten seines Kindes missbraucht wurden, ist es längst zu spät. Denn in seinen Nutzungsbestimmungen erklärt uns Facebook, dass auch Dritte auf Daten zurückgreifen können, die wir offen in Facebook einstellen. »Und keine Sau liest sich die Bestimmungen durch«, sagt die Journalistin.

Am Ende stand die Vergewaltigung

Bereits mit jedem Foto wird Kindern seelischer Schaden zugefügt. Und manchmal enden Kontakte im Chat in purer Gewalt. Als Beate Krafft-Schöning einmal an einer Schule Jugendliche vor laufender Kamera zu ihren Erfahrungen in Chats befragte, betrat eine Schülerin den Raum, die von zwei Freundinnen an den Händen gehalten wurde. Sie erzählte der Journalistin, sie habe im Chatforum Knuddels einen Mann kennengelernt. Der Mann verwies sie auf sein Facebook-Profil, wo er sich mit schönen Fotos und vielen persönlichen Informationen rundweg sympathisch präsentierte. Das Mädchen fasste Vertrauen, und nach einer Weile trafen sich die beiden. Der Mann überredete sie, mit ihm in eine Jugendherberge zu gehen. Dort vergewaltigte er sie. Ein Jahr lang schwieg das Mädchen. Selbst ihrer Mutter erzählte sie nichts, da sie den Mann heimlich getroffen hatte. »Sie hatte Schuldgefühle, weil sie sich selbst in die Situation gebracht hatte, weil sie sich selbst für den Täter entschieden hatte«, erzählt Beate Krafft-Schöning.

Gewalttäter verstehen es, nicht nur ihr eigenes Image zu manipulieren, sondern auch ihre Opfer. Und sie setzen sie unter Druck. In Fall des vergewaltigten Mädchens hatte der Mann gedroht, sie zu Hause zu finden und ihr etwas anzutun, falls sie reden würde. Das Strafverfahren endete nach einem Jahr wie viele solcher Verfahren. Der Mann wurde nicht verurteilt, weil sich keine Beweise mehr sichern ließen und der Mann bestritt, das Mädchen zu kennen. Die Aussagen des Mädchens über die verübte Gewalt genügten dem Gericht nicht.

Facebook reagiert schleppend

Die New Yorker Staatsanwaltschaft hat im Jahr 2010 auf die Welle von Internet-Übergriffen auf Kinder und Jugendliche reagiert und die Einrichtung einer neuen Datenbank initiiert.[242] Sämtliche registrierten Straftäter erhalten nun ein digitales Profil, das die Justiz sozialen Netzwerken wie Facebook, MySpace oder Flickr zur Verfügung stellt. Decken sich Daten wie beispielsweise die IP-Adresse mit denen des Profils, müssen diese gelöscht werden. Der langjährige Hauptkonkurrent von Facebook, MySpace, hatte bereits im Jahr 2007 insgesamt 29 000 Profile von Sexualstraftätern gelöscht – allerdings auch erst auf Druck mehrerer Staatsanwaltschaften in den USA.[243] Zwei Jahre später waren es bereits 90 000.[244] Das Magazin *TechCrunch* berichtete, 8 000 der gefundenen Nutzer-Profile seien zugleich auch bei Facebook registriert. Ein Facebook-Sprecher bat daraufhin um die Liste, denn man wisse nicht, wer die Leute seien. *TechCrunch*- Autor Erik Schonfeld ließ das nicht gelten und führte kurzerhand vor, wie einfach man Profile mit der nationalen Sexualstraftäter-Datenbank abgleichen könne. Im Handumdrehen hatte er 100 Personen herausgefischt.[245] Im Mai 2009 schloss sich dann auch Facebook dem Verfahren an und gleicht seitdem die Profile mit der Sexualstraftäter-Datenbank ab – wiederum auf Druck der Justiz. In Deutschland gab es besonders im Vorfeld der Bundestagswahl 2009 viele kontroverse Debatten über die Frage, ob der Staat bei solchen Problemen eingreifen sollte. Die von der Bundesregierung beschlossene Möglichkeit von Internetsperren hat großen Widerstand provoziert – zu Recht. Denn erstens haben sich diese Sperren – zum Beispiel in Dänemark – als ineffizient und leicht zu umgehen erwiesen, und zweitens bedeuten sie einen schweren Eingriff in die bis dato freie Öffentlichkeit des Netzes. Gibt man staatlichen Behörden ein solches Instrument gegen Kinderschänder an die Hand, kann die Zensur morgen schon politisch missliebige Internetseiten treffen. Mittlerweile hat die Bundesregierung verkündet, dieses Instrument ruhen zu lassen; im Zweifel soll Löschen vor Sperren gehen.[246]

Dass das Bundesverfassungsgericht auch die Vorratsspeicherung von Verbindungsdaten bei den Kommunikationsprovidern zunächst untersagt hat, ist angesichts der Datenunsicherheit nachvollziehbar. Die Journalistin Beate

Krafft-Schöning fordert dennoch, dass dieses Ermittlungsinstrument irgendwann wieder zur Verfügung steht: Die Aufhebung sei ein »Super-Gau« gewesen, denn Datenspuren von Tätern könnten nun nicht mehr legal als Beweismaterial verwendet werden, selbst wenn der Provider die Daten freigibt. »Das Internet wird ein rechtsfreier Raum und leider auch kinderschutzfreier Raum, wenn hier nicht schnell etwas passiert.«

Rechtsextreme unterwandern die Netzwerke

Glaubt man Mark Zuckerberg, dann macht Facebook die Welt nicht nur offener, sondern auch besser. Nach allem, was wir bis jetzt erfahren haben, ist das eine ziemlich gewagte These. Denn wer wollte bestreiten, dass zum Beispiel eine Welt ohne Nazis eine bessere wäre? Zugleich dürfte es niemanden überraschen, dass es sie noch gibt. Ebenso wenig überrascht die Information, dass in Deutschland seit Jahren stabile ca. 25 Prozent der Bevölkerung mit ausländerfeindlichen Positionen sympathisieren.[247] Wir sollten also auch nicht überrascht sein, dass rechtsextremistische Gruppen Facebook ebenso für ihre Werbezwecke entdeckt haben wie Vodafone oder BMW. Denn neonazistische Organisationen und Personen expandieren im gesamten Internet. Laut der jüngsten Studie von Jugendschutz.net gab es im Jahr 2009 insgesamt 1872 rechtsextremistische Websites in deutscher Sprache und damit zehn Prozent mehr als im Vorjahr.[248]

Je größer Facebook in Deutschland wird, desto einflussreicher werden auch die Extremisten auf dieser Plattform. Allerdings verweist Jugendschutz.net auch darauf, dass vier von fünf unzulässigen Einträgen erfolgreich von den Providern gelöscht würden, wenn kritische Netzbeobachter darauf hinweisen.

An diesem aufreibenden Katz-und-Maus-Spiel mit den Extremisten beteiligt sich seit gut zwei Jahren auch Simone Rafael. Unter dem Dach der Berliner Amadeu-Antonio-Stiftung betreibt sie mit einem Kollegen die von der Wochenzeitschrift *Die Zeit* mitgegründete Website »Netz gegen Nazis« und die Plattform »Soziale Netzwerke gegen Nazis«. »Im Fokus unserer Arbeit stehen Leute, die gegen andere User hetzen und sie bedrohen. Diskurse an sich reißen und sie stören, das machen Nazis im Netz, um Demokraten zu verunsichern und einzuschüchtern«, sagt Rafael. »Und es ist mein Interesse, das zu verhindern.« Deshalb klärt sie über die Unterwanderung der sozialen Netzwerke durch Neonazis auf und regt Diskussionen zu dem Thema an.

Bei den Recherchen für ihre Artikel stößt die Berlinerin immer wieder auf rechtsradikale Seiten und bewirkt deren Löschung. Und manchmal fordern rechte Seitenbetreiber die Aufmerksamkeit Rafaels erst heraus, indem sie ihr bedrohliche E-Mails schreiben. »Die schreiben mir sehr gerne«, sagt die Journalistin ironisch. Anscheinend nimmt sie solche Drohungen nicht wirklich ernst. Der Inhalt von Schreiben wie »Was hast du gegen Nazis?« oder »Wir ficken deine Familie« verrät denn auch mehr über die intellektuellen Fähigkeiten der Absender als über ihr tatsächliches Gewaltpotenzial.

Viel ernster als die Ausbrücher solcher Wirrköpfe ist die Ausbreitung gezielter Propagandalügen im World Wide Web durch rechtsextreme Netzstrategen, die versuchen, sich in Diskussionen einzuschalten. Dabei haben sie nicht unbedingt Gruppen mit vermeintlich rechten Tendenzen im Visier, sondern unterwandern alltagsbezogene Facebook-Gemeinschaften wie »Vegetarier essen mir mein Essen weg«. Dort tauchen sie zunächst eher zurückhaltend auf und lassen sich ihre Gesinnung kaum anmerken. Sind sie erst einmal integriert, beginnen sie die Diskussionen in ihre Richtung zu lenken.

»Sehr gut funktioniert im Internet das Thema Meinungsfreiheit«, sagt Rafael. »Nazis gerieren sich im Netz gerne als die wahren Kämpfer für die Meinungsfreiheit.« Mit Aussprüchen wie: »Nichts darf ich hier sagen! Wenn ich das schreibe, was ich wirklich denke, werde ich wieder gelöscht. Ist das eure Meinungsfreiheit? Ist das eure Demokratie?« Dabei geht es ihnen allerdings nicht um die klassische Meinungsfreiheit, sondern um das Verbot der »Auschwitz-Lüge«, der Leugnung des Holocaust. Das wird natürlich nicht offen ausgesprochen, aber mit Verweis auf angebliche Denkverbote gelingt es Rechtsextremisten, sich zu Opfern einer politisch korrekten Meinungsdiktatur zu stilisieren. Diese Strategie richtet sich an Menschen mit unterschwellig rechten Sympathien, die sie auf ihre Seite ziehen wollen. Hetzen die rechtsextremen Agitatoren aber offen gegen Migranten, tritt ein anderer Effekt ein: »Wenn bei Diskussionen – beispielsweise an der Facebook-Pinnwand – immer wieder dieselben Nazi-Parolen auftauchen, steigen die User, die dagegen sind, irgendwann aus«, hat

Simone Rafael beobachtet, »Und dann passiert etwas, das es im richtigen Leben zum Glück noch nicht gibt: Die Nazis haben die Meinungshoheit.«

Ein digitaler Katalog zur Rekrutierung neuer Aktivisten

Die zweite Strategie ist eher offensiv. Viele rechtsextreme Institutionen, Magazine oder Musikgruppen haben Facebook als Forum entdeckt, um ganz offen ihre Inhalte zu verbreiten. Damit stärken sie psychologisch auch die eigene Anhängerschaft. Denn allein die »Gefällt-mir«-Klicks oder die Möglichkeit, »Freund« oder »Fan« zu werden, suggerieren Zusammenhalt und Gemeinschaftsgefühl.

»Ich war anfangs verblüfft, wie offen sich Leute zu rechtsextremen und rassistischen Inhalten auf Facebook bekennen«, sagt die Journalistin. Sie klickt auf die Fanseite einer rechtsextremistischen Sängerin. Ein »Fan« heißt Antonia M. Antonia präsentiert sich ziemlich bieder mit langen, dunklen Haaren und einem Baby im Arm. Die Berufsschülerin wirkt nicht gerade wie ein Skinhead. Aber was »gefällt« dieser Antonia M.? Ihr gefällt unter anderem der Slogan »Stoppt Tierversuche, nehmt Kinderschänder!!!!!!« – ein typisches Nazi-Thema. Auch Thilo Sarrazin gefällt ihr und natürlich die »NPD – die soziale Heimatpartei«. Auf ihrer Facebook-Seite fordert das Mädchen den EU-Austritt Deutschlands. Außerdem ist Antonia bekennendes Mitglied des »Rings Nationaler Frauen« und der NPD. Auch Sepp B. sieht auf den ersten Blick harmlos aus. Doch unter seinen Aktivitäten, wie »Musikhören« und »TSV

1860 München«, steht plötzlich »Vergeltungswaffen« – zu seinen Interessen rechnet er die »Weltherrschaft«. Am schnellsten erkennt die Expertin die Gesinnung von Sepp. B. an seinem Musikgeschmack: »Alle diese Bands spielen rechtextreme Musik.«

Ein Fan des NPD-Vorsitzenden Udo Voigt wiederum präsentiert sich auf den ersten Blick als das, was er ist: ein kahl rasierter Schädel, und sein Profilbild zeigt die weißen Lettern »W.A.W«, die Abkürzung für »Weißer Arischer Widerstand«. Ein weiterer Fan, Oliver S., hat für sein Profilbild eine Powerranger-Puppe in Springerstiefel gestellt und ihr eine Reichsflagge in den Arm gedrückt. Und Daniel K. hat als Profilbild die Nahaufnahme eines Auges, in dem sich der Reichsadler spiegelt.

»Der Wunsch nach Selbstdarstellung ist dort, wie bei vielen anderen Facebook-Usern, vorhanden«, erklärt Rafael. »Ich habe es schon erlebt, dass Rechtsextreme ihr Baby in einem Strampelanzug mit Reichskriegsflagge präsentieren oder ihre eintätowierten Hakenkreuze.« Simone Rafael beobachtet, dass es viele rechtsextreme Frauen in der Szene gibt. Sie halten sich in Mütterforen auf und posten dort offen rassistisch: »Warum müssen in der Kita Fotos von Schwarzen hängen, wenn es doch in unserem Dorf keine Neger gibt?«

Die Mechanismen in solchen Gruppen ähneln sich: Erst versuchen die Akteure, ihre Meinung zu streuen, dann beobachten sie aufmerksam, wer empfänglich für rechte Ideen ist. Jugendliche sind besonders ansprechbar, wenn man ihnen Musikgruppen empfiehlt – natürlich mit rechten Songtexten. Und wer erst einmal in rechten Gruppen mitdiskutiert, wächst Stück für Stück in diese Welt hinein und muss sich dafür nicht einmal Springerstiefel kaufen. Ganz gezielt spielen die rechten Facebook-Aktivisten mit den Emotionen von Nutzern, die selbst gar nicht rechtsextrem sind. In Gruppen mit Namen wie »Todesstrafe für Kinderschänder« appellieren sie an das Empörungspotenzial, das diesem Thema innewohnt – mit Erfolg, denn solche Gruppen haben Tausende Mitglieder. Und verirrt sich ein differenzierter denkender Nutzer in diese Zirkel, wird ihm gleich entgegengehalten: »Sind Sie etwa für Kinderschänder?«

Ob bei den Themen Antiglobalisierung, Kapitalismuskritik oder Umweltschutz, überall mischen die Rechten mit. Und dabei geht es nicht nur um die Verbreitung rechter Botschaften. Facebook dient den rechtsextremen Organisationen als perfekte Plattform zur Rekrutierung potenzieller neuer Aktivisten. Das bestätigt auch Hans Wargel, Präsident des niedersächsischen Verfassungsschutzes, in *Welt Online*: »Jugendliche werden über den Austausch in den Foren vermehrt an die rechtsextremistische Szene herangeführt und auch angeworben.«[249]

Manchmal scheinen auch NPD-Funktionäre zu vergessen, dass sie auf Facebook nie allein sind. An einem warmen Juliabend 2010 müssen dem Kreisvorsitzenden von Cham-Schwandorf, Oliver Kasack, die Nerven durchgegangen sein. Jedenfalls postete er auf Facebook ganz offen, was sonst vielleicht zu später Stunde an NPD-Stammtischen palavert wird. Auf die Frage, wie man denn am besten mit »bunten Zecken«, sprich: alternativ oder links orientierten Menschen, umgehen sollte, postete Kasack: »Ja, man sollte ihre verfluchten Kehlen aufschneiden und sie in ihrem eigenen Blut ersaufen lassen.«[250] Als ein anderer Nutzer vorschlug, sie zu verbrennen, erwiderte Kasack, es sei »schade um das Benzin«, und schlug als Alternative vor, sie »für medizinische Versuche ala Mengele« zu nehmen. Das menschenverachtende Gerede hat ihm nicht geschadet, weder in der NPD noch auf Facebook. Denn auf der Seite seines Kreisverbandes können sich Nutzer noch immer als »NPD-Fan« anmelden – via Facebook.

Da solche Ausfälle vermutlich nicht zum neuen Image der Biedermann-Rechten passen, hat der NPD-Parteivorstand eine Strategie für soziale Netzwerke entwickelt. In der *Deutschen Stimme*, dem Organ des NPD-Parteivorstands, gibt die Partei ihren Mitgliedern klare Anweisungen, wie sie sich in sozialen Netzwerken verhalten sollen:

>»Der erste Schritt: Ein interessantes, detailreiches und sympathisches Profil [...]. Was beim Profil zu beachten ist: Anonyme Nationalisten und in gesellschaftlicher Selbstisolation befindliche Kameraden werden hier nicht benötigt. Das Profil sollte möglichst einen offenen Menschen beschreiben. Ein Mensch mit Humor, Beruf, Hobbys, ernstzunehmenden Interessen, Literatur- und Musikgeschmack. Ihr solltet schon einiges über Euch verraten. Nur das bindet andere an Euer Profil, schafft Sympathien, bringt ins Gespräch, zum Lachen oder zum Nachdenken.«[251]

Die Spitzen der NPD haben das längst beherzigt. So zeigen die Profile von Holger Apfel und Jürgen Gansel von der NPD-Sachsen eine friedliche Welt mit Kindern und Hunden. Auf ihrer neuen Facebook-Seite »NPD – die soziale Heimatpartei« ist die Partei vorsichtig mit Äußerungen.

»Wenn ich Facebook zur Sperrung auffordern würde, hieße es: ›Da sind keine verbotenen Inhalte auf der Seite, also unternehmen wir nichts‹,« sagt Simone Rafael. »Es ist Teil dieser Strategie, normal zu wirken,« ergänzt sie. Was Nutzer mit Namen wie »Adolf 88« und »Terror Mieze« indes nicht daran hindert, sich weiter im Netz zu produzieren. Und manchmal starten rechte Nutzer regelrechte virtuelle Angriffe auf ihre »Feinde«. Wer sich entschieden gegen Nazis äußert, wird auf seiner Pinnwand bedroht oder erhält Drohnachrichten. Mit Parolen und Symbolen zeigen die Rechten Präsenz, selbst wenn sie wissen, dass daraufhin die Löschung erfolgt.

Solche Spuren werden offenbar gerne an Orten hinterlassen, an denen nicht damit gerechnet wird. So erwarten Facebook-Nutzer, die Fan der Gruppe »Netz gegen Nazis« werden, dort nur Gleichgesinnte vorzufinden. Überrascht müssen sie dann feststellen, dass ausgerechnet dort immer wieder rechte Parolen auf der Pinnwand auftauchen. Ein besonders hartnäckiger Nazi trat der Gruppe bei und schrieb unter jeden Beitrag auf der Pinnwand »Sieg Heil« und ähnliche Parolen. Als Administrator der Gruppe löschte Simone Rafael ihn, doch er meldete sich beharrlich wieder an und postete nationalsozialistische Grußformeln.

»Jede Stunde diese Parolen von der Pinnwand zu löschen und diese Person rauszuwerfen nahm viel Zeit in Anspruch. Das ist auch Teil der Strategie«, sagt Rafael. Sie hat dann regelmäßig mit dem Customer Service von Facebook zu tun, um die Löschung von Profilen zu erwirken. Leider ist das bei dem amerikanischen Unternehmen nicht so einfach. Denn in den USA steht beispielsweise die Holocaust-Leugnung nicht unter Strafe. »Während die VZ-Gruppen schnell gemerkt haben, dass Rechtsextremismus ein Thema ist, bei dem etwas unternommen werden muss, hat das Facebook lange überhaupt nicht interessiert«, erklärt Rafael. »Zum einen haben die Facebook-Betreiber nicht gesehen, welche Relevanz das Thema in Deutschland hat, und zum anderen haben die als Unternehmen eine andere Auffassung dazu.« Als private Firma kann Facebook frei entscheiden, wem es seine Dienste zur Verfügung stellen möchte und wem nicht. In den Nutzungsbedingungen steht zwar: »Du wirst andere Nutzer weder tyrannisieren noch einschüchtern oder schikanieren«, allerdings weiß Rafael, dass die Begriffe »Tyrannei« und »Schikane« in den USA sehr viel weiter gefasst sind als in Deutschland. Die VZ-Gruppe hat der NPD eigene Seiten mit der Begründung verweigert, die Partei sei deutlich rechtsextrem und grenze ganze Bevölkerungsgruppen aus – selbst wenn sie sich im Netz nicht entsprechend äußere. Facebook hat eine andere Philosophie: Solange die NPD nichts ins Netz stelle, was strafbar sei, könne man sie auch nicht verbannen.

Brauchen wir den Staat im Internet?

Wie reagiert die Justiz auf den Durchmarsch der Rechtsextremisten im Internet? Ohne konkreten Verdacht ermitteln nur wenige deutsche Polizeibeamte im Internet – darunter die »Zentralstelle für anlassunabhängige Recherchen in Datennetzen« beim Bundeskriminalamt. Dort hat man vor allem die Kinderpornografie im Visier. Alle anderen Arten von Kriminalität wolle man aber nicht aus dem Blick verlieren, heißt es auf der Homepage.[252]

Sogenannte Netzpatrouillen unterhalten auch die Landeskriminalämter Bayern, Baden-Württemberg, Niedersachsen, Rheinland-Pfalz, Hessen und Nordrhein-Westfalen.[253] In Bayern gehen elf Beamte auf Netzstreife, in Nordrhein-Westfalen sind es gerade mal zehn. Angesichts von weltweit schätzungsweise drei Milliarden Webseiten hat die schwarz-gelbe Bundesregierung nun beschlossen, das zu ändern – allerdings nur für den Bereich linker Gewalt. In einem internen Papier mit dem Titel »Konzept zur Bekämpfung linker Gewalttaten« schlägt das Bundesinnenministerium laut *Spiegel Online* den Einsatz von »virtuellen Agenten« im Internet vor. Ermittler sollen sich in die Szene einschleusen, indem sie »durch den Aufbau von Blogs bestimmte Personengruppen ansprechen und zur Teilnahme an Diskussionen anregen sowie Kontakte knüpfen«.[254]

Ein solches Vorgehen wirft mehrere Fragen auf: Warum will die Bundesregierung ausgerechnet linke Gewalttäter durch den Einsatz von »Agents Provocateurs« überwachen und nicht auch rechtsextreme? Die zweite – weitaus gewichtigere – Frage lautet: Brauchen wir den Staat im Internet? Bislang hat die Staatsmacht nicht gerade ein rühmliches Bild abgegeben, hängt es doch von der politischen Windrichtung und von aktuellen Sparzwängen ab, wann, wo, von wem gegen wen ermittelt wird. Vor allem: Wer sagt uns, dass solche Instrumente – sind sie erst legalisiert – nicht im Sinne eines Überwachungsstaates ausgenutzt werden?

Weit erfolgreicher sind bislang zivilgesellschaftliche Lösungen, wie die Aktivitäten von »Netz gegen Nazis« und anderen belegen. Überraschend ist zudem die Vitalität dieser Gegenbewegung. So startete am 1. Mai 2010 die Facebook-Gruppe »Kein Facebook für Nazis«, und schon nach vier Tagen hatten 100 000 Facebook-Mitglieder per Klick ihre Unterstützung dokumentiert. Im August waren es bereits 375 000. Die Initiative möchte Druck auf das Unternehmen Facebook ausüben, die offizielle Seite der NPD zu löschen. Darüber hinaus verabreden die Initiatoren, die NPD-Seite möglichst mit unsinnigen Inhalten »zuzustopfen«.[255]

Die Aktivitäten von Volksverhetzern und Gewalttätern im Netz ausbremsen können solche Initiativen aber nur, wenn die kommerziell orientierten Netzwerke auch bereit sind, sie zu unterstützen. Im Jahr 2010 startete Simone Rafael mit ihren Kollegen eine neue Initiative unter dem Motto: »Soziale Netzwerke gegen Nazis«. 57 Netzwerke, darunter alle einschlägigen deutschen Netzwerke, aber auch StayFriends, MySpace und YouTube, traten ihr bei. Facebook macht vorerst nicht mit, wenngleich ein Facebook-Sprecher die Initiative gegenüber dem *Handelsblatt* begrüßte: »Wir freuen uns auf eine Kooperation in der Zukunft. Momentan ist unser Unternehmen in Deutschland allerdings noch im Aufbau.«[256] Facebook, so hat es das *Handelsblatt* treffend formuliert, »verschiebt den Kampf gegen rechts«. Damit deutet das Unternehmen an, in der Zukunft möglicherweise von seiner bisherigen Haltung abzurücken.

Dass üble Gestalten aus der realen Welt das digitale Netzwerk Facebook missbrauchen, hat auch in der Unternehmenszentrale von Facebook für Gesprächsstoff gesorgt. Im Jahr 2009 wurde intern darüber diskutiert, wie man mit den vielen rechtsextremistischen US-Seiten, auf denen der

Holocaust geleugnet wird, umgehen soll. Ezra Callahan aus der PR-Abteilung, und übrigens jüdischer Abstammung, argumentierte für die Duldung solcher Einträge: »Wir bekämpfen die Ignoranz nicht, indem wir vertuschen, dass es Ignoranz gibt. Wir müssen uns damit auseinandersetzen, und Facebook macht diese Welt nicht besser, indem es ihre Gedankenpolizei wird.«[257]

Diese respektable Äußerung verweist zurück auf die Ausgangsfrage dieses Kapitels: Gelingt es Facebook, die Welt offener und damit besser zu machen? Sicher ist: Holocaust-Leugner gibt es trotz Facebook, aber es gäbe sie auch ohne Facebook. Kinderporno-Ringe und globale Massenbetrüger allerdings haben es in der digitalen Welt leichter als jemals zuvor. Die Parole von der »besseren Welt«, die Mark Zuckerberg und andere Vertreter des Unternehmens ständig im Munde führen, geht an der Wirklichkeit vorbei: Facebook macht die Welt nicht besser.

KAPITEL 7

Wir sind bald eine Milliarde Freunde

Warum uns das Facebook-Experiment mit der Freundschaft magisch anzieht und wie daraus eine Welt-Datenbank entsteht, die alles andere als freundlich ist

Ein Buch über Facebook ist zwangsläufig auch ein Buch über Freundschaft und Liebe, denn die Freundschaft ist der »Markenkern« des US-Unternehmens. Daher beginnt dieses Kapitel mit einer Hochzeit im US-Bundesstaat Maryland: Die Braut heißt Tracy. Sie trägt ein tief ausgeschnittenes weißes Brautkleid und einen Schleier um ihr schwarzes Haar, der Bräutigam Dana einen schwarzen Anzug mit einem Blumensträußchen am Revers. Der Pfarrer ist ein ziemlich junger Bursche, der sagt, was er zu solchen Gelegenheiten immer sagt: »Dana und Tracy, ihr habt euch nun dieses Versprechen gegeben im Angesicht dieser Zeugen hier und – wichtiger noch – im Angesicht des allmächtigen Gottes. Daher erkläre ich euch nun zu Mann und Frau. Was Gott zusammengeführt hat, soll der Mensch nicht trennen.« Die versammelte Hochzeitsgesellschaft wartet nun auf den Kuss, aber der Informatiker Dana Hanna kramt in seinem Sakko und fingert ein Smartphone heraus. Er beginnt zu tippen. »Oh, ich sehe, Dana ändert erst seinen Beziehungsstatus auf Facebook«, sagt der Pfarrer. Die Gemeinde bricht in schallendes Gelächter aus. Nachdem er seinen Beziehungsstatus geändert hat, schreibt Dana noch schnell auf Twitter: »Stehen am Altar, wo @TracyPage vor einer Sekunde meine Frau wurde! Muss jetzt los, Zeit, die Braut zu küssen. Hochzeitstag.«[258] Dana gibt nun auch Tracy ihr Mobiltelefon, die ganz in Ruhe zu tippen beginnt. Die Zeremonie verzögert sich also, aber eine gute Minute später steckt Dana die Handys wieder ein. Der Pfarrer fährt fort: »So, ich war gerade dabei, euch zu Mann und Frau zu erklären, und das ist ja jetzt auch offiziell auf Facebook, und es ist offiziell in meinem Buch, also du darfst die Braut jetzt küssen.«

Helden der digitalen Romantik

Dana und Tracy aus Abingdon im US-Bundesstaat Maryland waren nicht prominent, aber sie sind es geworden, denn ein Freund nahm die Vermählung auf Video auf und stellte die Szene bei YouTube ein. Noch am Tag ihrer Hochzeit sahen sich 700 000 Menschen das Video an. Die besonderen Umstände der Hochzeit von Dana und Tracy verbreiteten sich wie ein Lauffeuer. Fast zwei Millionen Menschen haben seitdem das Video »At my Wedding Twittering and Facebooking at the Altar« angeklickt.[259] Dana und Tracy sind so etwas wie Helden der digitalen Romantik geworden.

Auch Boris Becker ließ im Jahr 2009 Millionen Menschen bei seiner Eheschließung mit Lilly Kerssenberg zuschauen, allerdings aus eher unromantischen Motiven. Denn Becker hatte die Exklusivrechte an der Zeremonie für viel Geld an RTL verkauft. Den Talkmaster Frank Plasberg inspirierte das zu einer Sendung über die Zurschaustellung des Privaten in digitalen sozialen Netzwerken: »Sind wir alle Boris?«[260] Man kann die Frage weiter fassen: Wie verändert unsere plötzliche digitale Präsenz Freundschaften und Liebesbeziehungen? Und: Geht es bei Facebook überhaupt um Freundschaft, oder entsteht aus dem gigantischen »Freunde-Experiment« eine übermächtige Welt-Datenbank, die alles andere als freundlich ist?

Bleiben wir noch kurz bei Dana und Tracy: in einem Augenblick, den die meisten wohl als sehr emotional empfinden dürften, greifen sie zu ihren Handys. Den vielleicht ergreifendsten Augenblick ihrer Liebe digitalisieren sie in »Echtzeit« und legen damit eine beeindruckende Geschwindigkeit an den Tag, ja, sie überholen sich fast selbst. Und man fragt sich unwillkürlich, ob der digitale Geschwindigkeitsrausch die Natur unserer Beziehungen verändert.

Blicken wir sechzig Jahre zurück: Die Schriftstellerin Ingeborg Bachmann und der Dichter Paul Celan waren damals ein Liebespaar, nur gelang es ihnen nicht, diese Liebe als Paar zu leben. Jahrelang schrieben sie sich Briefe. An diesem Briefwechsel besticht neben der Zärtlichkeit, dem Verlangen, und auch der zeitweiligen Härte der Zeilen vor allem eines: seine Langsamkeit. Paul Celan schrieb am

16. Februar 1952 einen klarstellenden Brief, auf den Ingeborg Bachmann viele Wochen warten musste: »Wir wissen genug voneinander, um uns bewusst zu machen, dass nur Freundschaft zwischen uns möglich bleibt.«[261] Heutzutage würden wir vielleicht mailen: »Lass uns Freunde bleiben!?«, und es würde im Zweifelsfall nur wenige Minuten dauern, bis eine Antwort in unserem E-Mail-Eingang liegt. Oder es käme gar keine Reaktion mehr; die Beziehung wäre abgehakt.

Wer hingegen den Briefwechsel zwischen Bachmann und Celan liest, kann noch heute nachempfinden, wie besonders aus der quälenden Langsamkeit ungeheure Intimität erwächst. Die Worte erhalten mehr Gewicht, und sie sind besser gewählt und überlegt. Paul Celan hatte seine Abschiedsworte übrigens nicht zum ersten Mal aufgeschrieben, was den Satz erklärt: »Hoffentlich ist es diesmal der Brief, den ich auch abschicke.« War die Langsamkeit des Briefzeitalters eine unnötige Qual, oder ist unsere heutige Geschwindigkeit ein ausgesprochenes Glück?

Heutzutage gilt als ungeschriebene Regel: Eine E-Mail, die nicht am selben Tag beantwortet wird, wird mit hoher Wahrscheinlichkeit am zweiten Tag beantwortet oder nie mehr. Die Unmittelbarkeit des Mailens, Chatten oder Postens auf Facebook schenkt uns Zeit und raubt sie uns zugleich, weil sie uns Rastlosigkeit abverlangt, wo wir vielleicht mehr Zeit zum Nachdenken gebraucht hätten. Überträgt sich dieser Geschwindigkeitsrausch der Online-Kommunikation auch auf unsere Beziehungen?

In dem hübschen Berliner Internetcafé »Treffpunkt-Weltweit« spreche ich mit zwei Menschen, die ohne Facebook möglicherweise nie ein Paar geworden wären. Vor vier Monaten begegnete Ines Drescher zum ersten Mal ihrem heutigen Freund Sören Grzondziel, dem Mit-Inhaber des Cafés. Sie saß häufig oben auf einer Empore vor dem PC, er stand hinter dem Tresen und bediente. Wochenlang chatteten sie über Facebook, oft stundenlang. Im realen Leben blieben sie lieber auf Distanz. Wenn sie das Café betrat oder verließ, grüßten sie sich nur knapp. Ab und an warfen sie sich ein freundliches Lächeln zu. Der Chatroom von Facebook war der geschützte Ort, um ihre Schüchternheit zu überwinden. Hier konnten sie sich schneller kennenlernen, als sie es sich im realen Leben zugetraut hätte. »Im Chat bin ich irgendwie lockerer, frecher, man traut sich mehr, man haut auf die Kacke, tut so, als wenn einem nichts peinlich ist«, sagt Ines.

An einem warmen Sommerabend war sie bei einer Freundin schräg gegenüber eingeladen. Es gab reichlich Bowle, aber den Kontakt mit Sören konnte sie auch nicht für einen Abend ruhen lassen. Sie setzte sich an den Laptop ihrer Freundin und chattete. Sie schrieb ihm, dass ihre Waschmaschine repariert werden müsse, weil sie undicht sei. »Na ja, daraus entspann sich ein ziemlich heißer Dialog über leckende Waschmaschinen, das ging über einein- halb Stunden«, erzählt Ines, und ihre Augen strahlen vor Freude. Als die Party vorüber war, schlich sie sich aus dem Haus ihrer Freundin und wechselte die Straßenseite. Sie wollte auf dem Nachhauseweg nicht an Sörens Internetcafé vorbeigehen. »Oh Gott, Hauptsache, der sieht mich nicht, wenn ich nach Hause gehe«, dachte sie damals.

An ihrer Echtzeit-Kommunikation hat sich bis heute

nichts geändert, denn die beiden haben sehr unterschiedliche Lebensrhythmen. Er schlägt sich in seinem Lokal die Nacht um die Ohren, sie arbeitet tagsüber in einem Altenpflegeheim. Wenn sie sich verabschieden, tun sie das nicht per Zettel, sondern schicken sich eine Facebook-Nachricht. »Das tue ich, wenn ich aufstehe, Sören noch schläft, dann wünsche ich ihm auf Facebook schon mal einen guten Morgen oder frage, ob er gut geschlafen hat«, erzählt Ines, »es ist ein schönes Gefühl, weil ich weiß, wir haben voneinander gehört.« Abends chatten sie häufig lange, wenn Sören arbeitet. Sören wünscht ihr dann schöne Träume, während sie schon schläft.

Mit ihrem Online-Verhalten folgen Ines und Sören einem Trend, der ganz im Sinne des Unternehmens Facebook ist: Laut dem Marktforschungsunternehmen GFK klickten im August 2010 immerhin 27,4 Prozent aller privaten Internetnutzer in Deutschland wenigstens einmal Facebook an – sechs Mal so viele wie noch im März 2009.[262] Immer mehr Menschen verlagern auch ihre private Kommunikation ins Internet.

Erweist uns das US-Unternehmen einen Freundschaftsdienst?

Facebook behauptet, eine »Freunde«-Suchmaschine zu sein. »Finde Personen auf Facebook, die du kennst«, fordert uns das Unternehmen auf und verspricht: »Deine Freunde auf Facebook sind dieselben Freunde, Bekannten und Familienmitglieder, mit denen du in der realen Welt kommunizierst.« Facebook-Chef Zuckerberg ist sich »fast sicher«, dass das Netzwerk schon bald eine Milliarde »Freunde« vereinen wird.[263]

Erweist uns der milliardenschwere US-Konzern wirklich nur einen Freundschaftsdienst? Wir sollten dafür den Begriff »Freundschaft« etwas genauer unter die Lupe nehmen. Stellen wir uns eine imaginäre Facebook-Gruppe aus lauter Philosophen vor, die sich über das Thema Freundschaft austauschen. In seinem Königsberger Arbeitszimmer sitzt Immanuel Kant ebenso vor seinem Computer wie Aristoteles auf einer Veranda in Griechenland vor seinem Laptop. Auch Arthur Schopenhauer, Friedrich Nietzsche und Michel de Montaigne sind online. Was sie im Folgenden ›posten‹, haben sie übrigens tatsächlich geschrieben.[264]

Aristoteles, Kant, Schopenhauer und Nietzsche im Chat

»Alle Menschen brauchen Freunde«, beginnt Aristoteles die Debatte. »Bei der Vorliebe für leblose Gegenstände spricht man nicht von Freundschaft. Denn es wäre gewiss lächerlich, dem Weine Gutes zu wünschen.« Michel de Montaigne protestiert gegen diese Überhöhung der Freundschaft und erwidert: »Bei dem, was wir gewöhnlich ›Freunde‹ und ›Freundschaft‹ nennen, handelt es sich allenfalls um nähere Bekanntschaften, die bei gewissen Anlässen oder um irgendeines Vorteiles willen geknüpft wurden.« Friedrich Nietzsche hat kaum Freunde und will auch keine. Er ist ein ausgemachter Misanthrop. Aber der Frauenverächter sieht dennoch gewisse Vorteile der Freundschaft gegenüber der, wie er schreibt, »scheußlich-gierigen Geschlechtsliebe«. Er verteidigt die Freundschaft gegen Montaigne: »Und so ist es mit der Liebe der Freunde: ohne Mahnung, ohne Rücksicht, in aller Stille fällt sie nieder und beglückt. Sie begehrt nichts für sich und gibt alles von sich.« Arthur Schopenhauer schaltet sich nun ein. Er pflichtet Montaigne bei und bestreitet überhaupt, dass es Freundschaft gebe: »Wahre echte Freundschaft setzt eine starke, rein objektive und völlig uninteressierte Teilnahme am Wohl und Wehe des anderen voraus. Dem steht der Egoismus der menschlichen Natur entgegen.« Schließlich meldet sich Kant zu Wort. Er glaubt, dass es nur zwei Triebfedern für den Menschen gebe, die Selbstliebe und die Menschenliebe: »Dieses ist die Idee der Freundschaft, wo die Selbstliebe verschlungen ist in der Idee der großmütigen Wechselliebe. Die allgemeine Freundschaft ist, ein Menschenfreund überhaupt zu sein, aber jedermanns Freund zu sein, das geht nicht an, denn wer ein Freund von allen ist, hat keinen besonderen Freund.«

Wir sehen: Freundschaft war schon immer ein höchst umstrittener und dehnbarer Begriff. Wenn überhaupt, ist sie ein sehr exklusives Gefühl, das wenige Menschen mit wenigen teilen. Unsere Philosophen würden heutzutage energisch bestreiten, dass Facebook-Freunde echte Freunde sind – denn dafür sind es entschieden zu viele. Eingedenk dessen, was sie zu dem Thema zu sagen hatten, müssen wir uns auch fragen, ob wir uns von diesen »Freundschaften« wirklich einen Nutzen versprechen, oder ob diese Freunde uns bloß die Zeit vertreiben. In letzterem Falle wären wir Entertainer auf Gegenseitigkeit und keine Freunde im strengen Sinne.

Die Berliner Studentin der Kommunikationswissenschaft Sarah Weinknecht hat 498 »Freunde« auf Facebook, würde aber entschieden bestreiten, dass sie alle »echte« Freunde sind: »Der Facebook-Begriff ist nur ein Synonym, ich ziehe es vor, von ›Facebook-Freund‹ oder ›Friend‹ zu sprechen.« Natürlich sind unter den 498 Menschen auch ihre wahren Freunde. Außerdem ihr Bruder, ihre Eltern und sogar ihre 87-jährige Oma.

Auf die Frage, wer denn ihre wirklichen Freunde seien, muss sie einen Augenblick überlegen: »Freunde, das sind vielleicht zwanzig Leute aus meiner Kindheit, die ich immer noch treffe, eine Freundin aus Kanada und alle, die ich zu meinem Geburtstag einlade, das sind auf jeden Fall meine Freunde.« Die machen aber nur einen Bruchteil von Sarah Weinknechts 498 »Facebook-Freunden« aus.

Die US-amerikanischen Forscher Nicholas A. Christakis und James H. Fowler untersuchten an einer Universität, wie viele »echte« Freunde es auf Facebook gibt.[265] Sie gingen davon aus, dass Facebook-Mitglieder, die Fotos anderer Mitglieder in ihren digitalen Fotoalben veröffentlichen, diesen auch menschlich näher stehen. Nachdem sie 140 Facebook-Acounts untersucht hatten, kamen sie zu dem Ergebnis, dass jedes Mitglied 6,6 echte Freunde hat, denen im Schnitt 130 »Facebook-Freunde« gegenüberstehen.[266]

Ein Facebook-Freund ist ein Zehntel Whopper wert

Ist Freundschaft auf Facebook womöglich nur ein Marketing-Gag? Davon muss zumindest die Fast-Food-Kette Burger King ausgegangen sein, die im Jahr 2009 auf Facebook die Aktion »Whopper Sacrifice« startete: Wer zehn Freunde löschte, erhielt dafür einen Whopper. Der Frikadellenbrater hat der Facebook-Freundschaft damit einen realen Marktwert verschafft: Ein Freund ist ein Zehntel Whopper wert. Es geht also nicht um das, was Menschen seit Jahrtausenden als Freundschaft bezeichnen.

Allerdings nimmt auch kaum ein Facebook-Nutzer den Freundesbegriff von Facebook für bare Münze. Allenfalls im ersten Augenblick der Anmeldung steht für viele die Suche nach »echten« Freunden im Zentrum. Dass wir uns im Laufe unserer Facebook-Karriere mit immer mehr »falschen« Freunden umgeben, hat das Unternehmen geschickt eingefädelt – indem es uns einen Haufen Werkzeuge zur »Freundessuche« anbietet und nicht vergisst, uns dauernd daran zu erinnern, dass da draußen noch jede Menge weiterer »Freunde« auf uns warten. Die Legende von der »Freunde«-Suchmaschine ist also schnell enttarnt.

Anders als uns das Facebook-Marketing suggeriert, sind umgekehrt wir es, die dem Unternehmen einen Freundschaftsdienst erweisen. Denn wir liefern dem Facebook-Konzern doch freiwillig eine Fülle persönlicher Daten über das, was uns interessiert, und obendrein automatisch die Daten über unsere sozialen Kontakte. Und mit Hilfe dieses digitalisierten Beziehungsgeflechts kann die Firma dauerhaft viel Geld mit uns verdienen.

Wie aber gelingt es einem kommerziellen Unternehmen, sich auf so elegante Weise in unser Leben zu schleichen? Was treibt Hunderte Millionen Menschen in dieses soziale Netzwerk? Die Verheißung von Freundschaft mag gut für die Marke Facebook sein, sie allein erklärt aber kaum den kometenhaften Aufstieg dieses digitalen Imperiums.

30 Tage offline – ein Experiment über die Sucht

Die Schweizer Agentur Rod Kommunikation AG unternahm im Jahr 2009 einen bemerkenswerten Versuch mit dem Titel »Facebookless«. Die Autoren setzten auf einen einfachen psychologischen Effekt: »Wie untersucht man die Bindung einer Generation an das meistgeliebte und -gehasste Medium der Gegenwart? Ganz einfach: Indem man sie kappt.«[267] Über eine eigene Facebook-Seite suchte die Agentur »Facebook-Junkies«, die bereit waren, für 30 Tage auf das Netzwerk zu verzichten, und ihre Abstinenzerfahrung aufzuschreiben. 50 Facebook-Nutzer im Alter von 17 bis 52 Jahren machten mit und erhielten dafür jeweils 300 Franken. Zuvor mussten sie ihr Facebook-Passwort der Agentur überlassen. So konnte diese kontrollieren, ob die Probanden rückfällig wurden. Parallel dazu versuchte man Prominente zu gewinnen, die zumeist absagten. Die Gründe sind durchaus aufschlussreich. So schrieb die TV-Moderatorin Racha Fajjari: »Vielen Dank für die Anfrage. Wenn ich Facebook lediglich privat nutzen würde, wäre dies absolut kein Problem für mich, jedoch bin ich nur schon geschäftlich auf die Plattform angewiesen :-) Daher leider nein.«[268] Die Popsängerin Nubya schrieb: »Ich bekomme über Facebook auch geschäftliche Anfragen und deshalb lieber nicht ... Abgesehen davon bin ich wahrscheinlich auch nicht süchtig genug. Facebook ist für mich abgesehen von der E-Mail-Funktion wie Fernsehen. Mit ist das Leben schön und ohne genauso ;-).« Ihre Sängerkollegin Fannie Lüscher sagte ab und gestand zugleich: »Ich wollte einmal mein Fanprofil auf Facebook löschen, aber mein Management hat mir davon abgeraten ... Es sei zu wichtig.« Auch bei Politikern hatte die Agentur angefragt. Die Schweizer Nationalrätin Natalie Rickli fand die Idee sehr spannend. Sie gebe Anlass zum Nachdenken, aber: »Der Aufwand ein Facebookless-Tagebuch zu führen, würde meinen täglichen Facebook-Zeitaufwand wohl übertreffen, weshalb ich von einer Teilnahme absehe. Zudem nutze ich Facebook fast nur politisch und nicht privat.«

Noch vor Beginn des Experiments fragte die Agentur die Teilnehmer nach ihrer Facebook-Nutzung und erfuhr, dass diese meist einem täglichen Ritual folgte: morgens vor der Arbeit ein kurzer Facebook-Check und abends die hemmungslose Langzeit-Session. Bei der Frage, was die Teilnehmer angesichts von 30 Tagen Abstinenz am meisten fürchteten, offenbarten die meisten das Hauptmotiv für ihre Facebook-Mitgliedschaft: Neugier. Vor allem bei Frauen gehört der Facebook-Check zu den ersten Anbahnungspflichten einer Beziehung: »Vor einem Date ist es Pflicht, den Typen auf Facebook auszuchecken und zu sehen, was er auf dem Portal so für Spuren hinterlässt«, sagt eine 28-Jährige. »Postet er nur inhaltlosen Schrott, oder hat das Witz und Stil? Ein Facebook-Profil sagt meist schon viel über die Person aus.«[269] Ein 27-jähriger Mann fürchtet sogar, seine leibhaftige ehemalige Freundin aus den Augen zu verlieren: »Mir wird es im kommenden Monat fehlen, dass ich meine Ex-Freundin nicht mehr ausspionieren kann und nicht mehr mitbekomme, was in ihrem Leben jetzt so läuft.«

Mit Liebe und Freundschaft hat das alles herzlich wenig zu tun, es sei denn, man erklärte das berühmte Lenin-Wort »Vertrauen ist gut. Kontrolle ist besser« zum Leitmotiv aller Sozialbeziehungen. Die Ergebnisse des Experiments deuten jedenfalls darauf hin, dass sich Beziehungsaspekte wie Neugier und Kontrollbedürfnis allein wegen der neuen technischen Möglichkeiten über Gebühr verstärken. Am Tag der Passwortübergabe mussten die Probanden ihre Gefühle beschreiben. Hier eine kleine Auswahl: »Wie wenn man einem ein Spielzeug weggenommen hätte.« (23, männlich) – »Wie beim Zoll am Flughafen, wenn man seine Wertsachen abgeben muss. Man weiß, dass man alles gleich wiederbekommt. Trotzdem bleibt ein Gefühl der Unsicherheit.« (19, männlich) – »Wie wenn ich mein Tagebuch aus der Hand geben würde.« (21, weiblich) – »Facebook ist wie ein Fenster zur Welt, und ich bin jetzt nicht am Fenster.« (52, weiblich).

In ihren Tagebüchern dokumentierten die Teilnehmer, wie stark die vorübergehende Facebook-Abstinenz ihr Leben und ihre Befindlichkeit beeinflusste: »Heute Abend zum ersten Mal den Phantomschmerz gespürt.« – »Wollte kurz reinschauen, aber nix da. Alle Synapsen Vollstop. Finger weg von der Tastatur.« – »Ich habe den krampfhaften Drang, meine Freizeit möglichst produktiv auszufüllen, und ich glaube, dass das kein Zufall ist. Überspitzt gesagt, fühle ich so eine Art ›innere Leere‹. Vielleicht war sie schon vor Facebook da, aber ich habe sie nicht bemerkt.« – »Facebook war meine ZEITUNG! Jetzt bin ich nicht mehr auf dem Laufenden.« Eine Frau ist erschrocken, als sie per Telefon erfährt, dass ihre Freundin bereits seit zehn Tagen im Krankenhaus liegt. Die hatte das nur per Facebook mitgeteilt. Eine andere Teilnehmerin verpasste beinahe eine Party und musste sich dafür von ihren Freunden am Telefon hämische Kritik anhören, sie sei doch selber schuld, wenn sie nicht mehr bei Facebook sei. Mit diesem sozialen Druck hatten viele vorher nicht gerechnet, wie eine 27-Jährige schreibt: »Es ist unglaublich. Meine Facebookless-Zeit schlägt riesige Wellen. Freunde aus New York kontaktieren mich sogar und wollen wissen, ob ich mich unflätig verhalten habe, dass ich von Facebook gesperrt wurde.«

Die Ergebnisse des Schweizer Experiments sind zwar nicht repräsentativ, geben aber doch eindeutige Hinweise auf den starken Einfluss, den Facebook auf das Leben seiner Nutzer ausübt. Sind wir online, folgen wir damit einer schleichenden Sucht und dem sozialen Druck. Dafür spricht auch, dass im Nachhinein fast alle Teilnehmer einräumten, sie seien während ihrer Abstinenz entspannter, ausgeglichener gewesen. Viele gaben auch an, ihre Zeit im realen Leben intensiver verbracht zu haben als zuvor und Facebook nun weniger zu nutzen.[270]

Wir können weder einsam noch gemeinsam sein

Alles deutet darauf hin, dass, wer Facebook abschaltet, die Chance hat, intensiver zu leben, zu lieben und realen Freundschaften einen größeren Stellenwert einzuräumen. Denn um all das geht es dem globalen Konzern am wenigsten. Facebook benötigt uns »Freunde« lediglich als digitales Futter für die kommerzielle Verwertung unserer Interessen. Die soziale Orientierungslosigkeit ganzer Generationen spielt dem Unternehmen dabei in die Hände. Im Zeitalter der Konsumindustrie haben wir verlernt, allein zu sein, was an sich schon schlimm genug wäre, hätten wir nicht gleichzeitig auch verlernt, gemeinsam zu sein. Schon vor dreißig Jahren beschrieben die Soziologen Richard Sennett und Michel Foucault, warum dieses »Nie Ankommen« des modernen Menschen gerade im modernen Kapitalismus so gut funktioniert: »Wenn ein menschliches Wesen nicht ganz gut allein sein kann, kann es nicht mit anderen zusammen sein.« [271] Weil wir verlernt haben, Zeit mit uns allein zu verbringen, sind wir nicht mehr in der Lage, den Wert von Geselligkeit zu schätzen. Beides geht verloren, und in einer fragmentierten Gesellschaft, in der jeder seiner Wege geht, fällt das nicht einmal auf. Ist dieses Einsamkeits-Geselligkeits-Problem womöglich der Grund, warum wir in der Facebook-Falle stecken?

Im Januar 2010 interviewte der *Spiegel* Richard Sennett zu seiner Einschätzung der Internet-Konzerne Google und Facebook. Während er Google wegen der massenhaften Datensammlung mit der Stasi vergleicht, analysiert er zugleich die Internetkonzerne sehr kühl als technische Werkzeuge einer unaufhaltsamen Entwicklung. Sie seien unsere Zukunft: »Per Maschine werden wir uns kennen und begegnen. Man muss die Gefahren verstehen, aber man muss auch verstehen, was die Maschinen-Kommunikation erst möglich macht, was im direkten Gegenüber nicht funktioniert hätte.«[272]

Wie die Verliebten Ines und Sören aus Berlin, wie die Frischvermählten in Maryland, weichen viele Menschen heute auf die Technik aus. Sennett sagt, wir hätten die Rituale verlernt, uns mit Fremden wohlzufühlen: »In den Städten ist der öffentliche Raum verloren gegangen, an dem die Leute miteinander umgehen.« Sennett selbst ist übrigens alles andere als ein Internetmuffel. Er sei in zahlreichen Foren und Chatrooms angemeldet, aber in Facebook sieht er keinen vielversprechenden Weg, verloren gegangene soziale Räume zurückzuerobern: »Facebook? Nie und nimmer. Das ist wirklich die schlechte Seite der Entwicklung. Vielleicht bin ich zu alt. Ich schätze Takt, Diskretion, Privatsphäre, all diese Sachen.«

Es ist also weit mehr als die Sehnsucht nach Freundschaft, die uns in das Netzwerk des US-Unternehmens treibt. Vielen erscheint Facebook als die einzige Möglichkeit, ihre Geselligkeit ohne allzu große Mühe auszuleben. In diesem Sinne ist das Geschäftsmodell von Facebook genial und perfide zugleich: Es nutzt unser archaisches Verhalten als Katalysator für seine Expansion. Dabei greift es auf uralte Muster unseres Sozialverhaltens zurück.

Soziale Netzwerke gab es schon lange bevor digitale Netzwerk-Organizer wie Friendster, MySpace, VZ oder Facebook in unser Leben eindrangen. Ohne soziale Netzwerke ist das Leben von Menschen auf unserem Planeten undenkbar. Der Soziologe und Mediziner Nikolas A. Christakis und der Politologe James H. Fowler haben in ihrem Buch *Connected!* eine Menge erstaunlicher Forschungsergebnisse über die Bildung und Wirkung dieser Netzwerke zusammengetragen.[273] Netzwerke, so schreiben sie, verbreiteten nicht nur Geschlechtskrankheiten, sondern auch Zufriedenheit und Glück. Aggression, Depression und Kriminalität seien in Netzwerken ebenso ansteckend wie Wohltätigkeit oder Gesundheit.[274] Dabei würden nicht nur wir die Netzwerke prägen, sondern auch unsere Freunde und die Freunde unserer Freunde.[275] Nach diesem uralten Prinzip generiert das Unternehmen Facebook seine Werbeeinnahmen durch »Empfehlungsmarketing«. Je offener und durchlässiger die Gemeinschaft dabei nach außen wird, desto mehr Milliarden spült sie in die Konzernkassen.

Die digitale Klassengesellschaft

Die Berliner Studentin Sarah Weinknecht zum Beispiel weiß das alles. Sie mag auch die sogenannte soziale Werbung mit dem »Gefällt-mir«-Button nicht: »Ich will nicht, dass eine Modemarke oder ein Stifte-Hersteller mit meinem Bild bei meinen Freunden wirbt, das finde ich total schrecklich.« Sie sei auch kein »Fan des Unternehmens Facebook«, aber persönlich gebe ihr Facebook trotzdem viel. Und das betrifft nicht nur die Handvoll echter Freunde oder ihre 87-jährige Oma auf Facebook.

Sarah Weinknecht arbeitet neben ihrem Studium in einer PR-Agentur und will beruflich dort einsteigen. Spätestens an diesem Punkt ihres Lebens wird aus der Neigung zu Facebook eine Pflicht: »In der PR und Kommunikation läuft alles über persönliche Kontakte und damit über Facebook.« Vernetzt sein gilt heute als das Erfolgsrezept für berufliches Fortkommen und scheint beinahe wichtiger zu sein als tatsächlich vorhandene Bildung und Kompetenz. Denn zuerst muss eine potenzielle Arbeitskraft gefunden werden. Und die suchen laut Branchenverband Bitkom schon heute zwölf Prozent der Unternehmen in sozialen Netzwerken.[276] Der Handelsriese Otto zum Beispiel hat eine eigene Facebook-Karriere-Seite, um Bewerber anzulocken. Über den Twitter-Hauskanal informiert der Konzern über offene Stellen. »Social Media-Recruiting« heißt der neue Trend. »Zwei Mitarbeiter durchforsten Business-Plattformen wie Xing oder LinkedIn und sprechen Kandidaten gezielt an«, erklärt Otto-Personaldirektor Michael Picard der *Zeit*.[277]

Wer im modernen Wirtschaftsleben mithalten möchte, sitzt längst in der Facebook-Falle: vom kleinen Immobilienmakler über die Headhunter und Jobvermittler bis hin zu den Werbe- und PR-Strategen der Industrie. Marken und Menschen wandern scharenweise unter ein Dach: Facebook. Und wer sich weigert, läuft Gefahr, sich ökonomisch ins Abseits zu stellen.

Andererseits erleichtert Facebook die praktische Seite unseres Lebens. Eine Freundin berichtete kürzlich, sie habe für das Konzert einer Bekannten dringend nach einem Klavier gesucht und das auf ihrer Pinnwand gepostet. Nach nur drei Stunden hatte sich das Problem erledigt. Vielleicht werden wir noch erleben, dass über Facebook Organspender gefunden werden.

Aber je mehr wir uns Facebook anvertrauen, desto verletzlicher wird unsere Kommunikationsfähigkeit. Spätestens, wenn wir die Kontakte unserer herkömmlichen E-Mail-Provider gelöscht haben, bleibt uns nur noch das Netzwerk des Unternehmens aus Palo Alto / Kalifornien. Schon heute kommunizieren eingefleischte Facebook-Nutzer nur noch über das Netzwerk, die herkömmliche E-Mail ist für sie überflüssig geworden, ja, sie gilt als altbacken.

Diese wachsende Abhängigkeit bedeutet zugleich die Ausgrenzung all jener, die nicht in der weltweiten Gemeinschaft mitmischen wollen oder können. Diese haben dann kein großes digitales Netzwerk mehr, auf das sie hilfesuchend zurückgreifen können, geschweige denn eines, das sie selbst mit prägen und sich somit ihren Einfluss in der Gesellschaft sichern. Sie werden digitale Underdogs und bleiben es. Ähnlich wie die analoge Klassengesellschaft wird auch die digitale konserviert, weil nicht mehr alle Menschen den gleichen Zugang zu Informationen haben.

Jahrhundertealte Gesetze werden auf den Kopf gestellt

Einige Beobachter sahen Facebook bereits in die gleiche Falle tappen wie den Internetriesen AOL, der, wie Facebook, zu einem eigenen Internet werden wollte – und grandios scheiterte. Facebook geht jedoch völlig anders vor und hat dabei einen entscheidenden Vorteil: Das Netzwerk lebt vom archaischen Wunsch des Menschen, nicht einsam zu sein. Je mehr Menschen auf Facebook vernetzt sind, desto schneller verlieren andere, noch Unvernetzte die Nerven und schließen sich an, um bloß nicht auf der Strecke zu bleiben.

Gleichzeitig rechnet das Unternehmen auf filigrane Weise mit den Gesetzmäßigkeiten realer menschlicher Netzwerke und stellt sie zugleich auf den Kopf. In den Sechzigerjahren des vergangenen Jahrhunderts wollte der amerikanische Psychologe Stanley Milgram herausfinden, wie viele Kommunikations-»Schritte« wir benötigen, um uns mit jedem beliebigen Erdenbürger in Verbindung zu setzen.[278] Dazu überreichte er mehreren hundert Menschen im US-Bundesstaat Nebraska einen Brief, der sich an einen Geschäftsmann im 1500 Kilometer entfernten Boston richtete. Die Probanden kannten weder eine Adresse, noch durften sie den Brief einfach zur Post bringen. Sie sollten sich Gedanken machen, wer der nächste Mensch sein könnte, der jemanden kennt, der jemanden kennt und so weiter, um schließlich bei dem Bostoner Geschäftsmann zu landen. Milgrams Ergebnis war erstaunlich: Im Schnitt brauchten die Versuchspersonen nur sechs Schritte, um den Brief zu dem Unbekannten zu befördern.

Das gleiche Experiment wiederholten der Soziologe Duncan Watts und seine Kollegen vier Jahrzehnte später. Diesmal sollten 98 000 Probanden aus den USA E-Mails an Zielpersonen in aller Welt versenden. Jede Versuchsperson loste 18 Zielpersonen aus 13 Ländern aus, darunter Menschen unterschiedlichster Berufsgruppen: der Leiter eines Archivs aus Estland, ein indischer Technologieberater, ein australischer Polizist und ein Tierarzt, der bei der norwegischen Armee angestellt war. Wieder waren im Schnitt nur sechs Schritte notwendig, um mit diesen zwar nicht prominenten, aber außergewöhnlichen Menschen in Kontakt zu treten.

Facebook ermöglicht uns heute, mit jedem Menschen auf der Welt in nur einem einzigen Schritt in Kontakt zu treten, zumindest dann, wenn der Betreffende ebenfalls zur Gemeinschaft gehört. Die wissenschaftlichen Nachfolger Milgrams müssen jedenfalls keine globalen Experimente mehr veranstalten – die haben Mark Zuckerberg und seine Kollegen längst überflüssig gemacht. Dieser Quantensprung ist ebenso faszinierend wie monströs, denn am Ende könnte das Internet Facebook heißen.

Facebook wird zum globalen Profiler des Homo sapiens

Das Netzwerk interessiert sich, wie gesagt, nicht für die Datensätze einzelner Menschen. Die dürften, jeder für sich genommen, belanglos sein. Es geht um die Summe aller Daten, Namen und sozialen Beziehungen, die Facebook global zusammenträgt. Die Forscher Christakis und Fowler bezeichnen reale soziale Netzwerke als »Überorganismen mit einer ganz eigenen Anatomie und Physiognomie« und vergleichen sie mit der Organisation von Ameisenhaufen: »Soziale Netzwerke zeichnen sich durch eine Intelligenz aus, die die Intelligenz des Einzelnen ergänzt oder transzendiert.«[279] Sie entwickelten sogar ein Erinnerungsvermögen: »Soziale Netzwerke haben ein Gedächtnis. Sie erinnern sich an ihre Struktur und an ihre Funktion, das heißt, ihre Form und Kultur bleiben erhalten, obwohl die Individuen ausgetauscht werden.« Das Netzwerk als Summe aller seiner Teilnehmer wird zu einem eigenen Organismus, der auch überlebt, wenn der eine oder andere Teilnehmer ausfällt.

Facebook ist in dieser Hinsicht ein bereits heute perfekter »Überorganismus«. Wir sind das Netzwerk, zugleich erinnert sich das Netzwerk mit seinen 40 000 weltweiten Datenspeichern an uns und an alles, was wir dort an Spuren hinterlassen haben. Facebook bietet uns nicht nur diverse Räume an, in denen wir uns bewegen, sprich: miteinander kommunizieren können. Es verfolgt auch all diese Bewegungen, es lauscht unseren Gesprächen, unserem Liebesgeflüster im Chat, unseren Hinweisen auf den Pinnwänden unserer Freunde, unseren beruflichen Nachrichten, und es registriert, was uns gefällt oder missfällt. Und selbst wenn wir den digitalen Raum verlassen und uns auf das kalte Pflaster der Außenwelt begeben, bleibt das Netzwerk mit unseren Smartphones verbunden, wenn wir möchten, und verfolgt per GPS, wo wir einkaufen, speisen oder uns amüsieren. Facebook wird damit zum bestinformierten globalen Profiler des Homo sapiens als gesellschaftlichem Wesen. Denn alle Informationen können sozialen Gruppen, Geschlechtern, kulturellen und kommerziellen Interessen zugeordnet werden. Die Computerserver des Unternehmens werden in jeder Sekunde weltweit mit dem gefüttert, was uns Menschen bewegt. So entsteht allmählich ein computergestütztes kollektives Weltgedächtnis.

Forscher weltweit arbeiten seit vielen Jahrzehnten an der

Entwicklung einer Künstlichen Intelligenz (KI), also eines Computers, der genauso intelligent ist wie ein Mensch – ein Projekt, das bislang keinen Erfolg hatte. Stellt die nie dagewesene Möglichkeit der gleichzeitigen Auswertung der Reaktionen und Aktionen Hunderter Millionen Menschen jetzt das fehlende Glied bei der Entwicklung eines KI-Computers dar? Genügen die riesigen Datenmengen aus Facebook als digitales Futter für eine KI-Maschine, damit diese klüger wird als der einzelne Mensch?

Geheimdienste und Konsum-Konzerne haben längst damit begonnen, soziale Netzwerke nach bestimmten Inhalten und Meinungen zu durchforsten. Sie tun das mit Hilfe von Filtern, die von der KI-Forschung entwickelt wurden.

Das Deutsche Forschungszentrum für Künstliche Intelligenz (DFKI) hat bereits Programme entwickelt, um bestimmte Inhalte zum Beispiel aus Facebook herauszufiltern und diese auch zu bewerten. Wo früher aufwändige Meinungsumfragen mit tausend Befragten notwendig waren, genügt heute ein Mausklick: »Wir haben heute freien Zugriff auf absolute Massendaten von Menschen, die in sozialen Netzwerken unbefangen ihre Meinung äußern«, erklärt der Leiter des DFKI, Professor Wolfgang Wahlster. »Die Menschen betreiben dort einen Erfahrungsaustausch über Hotels, Geschäfte, Produkte und Persönlichkeiten, und unsere Informationsextraktions-Technologie dient dazu, all diese Datenströme zu analysieren und dann in einer Tabelle zusammenzufassen: 20 000 Leute haben sich negativ geäußert, 10 000 Leute positiv.« Allein an der Modalität von Sätzen kann diese Sprachtechnologie erkennen, ob sie Positives oder Negatives enthalten. Und sogar Analysewerkzeuge für den Dienst Twitter haben die Forscher entwickelt. Die semantische Analyse für diese Kurzsprache mit einer begrenzten Zeichenzahl und starkem Slang sei natürlich schwierig gewesen, berichtet der KI-Forscher.

Die Programme erfassen die Meinungstendenzen nicht nur quantitativ, sondern sie sind sogar in der Lage, besonders aussagekräftige Meinungen herauszufischen: »Wenn jemand schreibt, er habe im Hotel X drei Wanzen im Bett gefunden, kann dieser Textauszug als sogenannter Snippet extrahiert werden«, erklärt Wahlster. Solche Verfahren werden »opinion mining« genannt. Meinungen aus dem weltweiten Netz herauszufiltern, könnte im Sinne des Verbraucherschutzes durchaus sinnvoll sein – man denke an die sofortige Entfernung der Wanzen aus dem Hotel –, allerdings lässt das Beispiel auch an einen übelwollenden Konkurrenten denken, der das Gerücht von Wanzen im Netz streut. Für die Industrie ist das Aushorchen der Konsumenten in jedem Fall von unschätzbarem wirtschaftlichen Wert. Denn sie kann herausfinden, was uns interessieren könnte, ohne uns direkt nach unserer Meinung zu fragen. Das »Trendscouting« geschieht automatisch, sobald wir online sind.

Aber auch für Politik und Geheimdienste sind diese Verfahren von großer Bedeutung. Wolfgang Wahlster glaubt allerdings, dass solche Verfahren in Deutschland bislang ausschließlich kommerziell genutzt werden. Allerdings hatten er und seine Kollegen schon häufiger Anfragen von Vertretern des US-Geheimdienstes NSA (National Security Agency) und anderer Dienste, die sich brennend für die deutschen Technologien interessierten.

Die »freundschaftsbasierte« Künstliche Intelligenz

Könnte die Datenflut aus Facebook ausreichen, um damit eine Art »freundschaftsbasierter« Künstlicher Intelligenz zu entwickeln? Die Beantwortung dieser Frage verlangt einen kurzen Exkurs in die Geschichte der KI-Forschung. Diese ist mit dem Namen eines Mannes verbunden, der mit der Entwicklung der Computertechnik ebenso verknüpft ist wie Bill Gates oder Steve Jobs – mit dem Unterschied, dass Jeff Hawkins geschäftlich nicht ganz so erfolgreich war.

Vielleicht erinnert sich der eine oder andere noch an ein Gerät namens Palm Pilot, das Mitte der Neunzigerjahre des vorigen Jahrhunderts auf den Markt kam. Es war der erste sogenannte Handheld-Computer. Und sein Erfinder hieß Jeff Hawkins, zugleich Gründer der Firma Palm. Doch das Gerät, das man mit einem Stift bedienen musste, setzte sich nur bedingt durch. Jeff Hawkins jedoch begriff Niederlagen stets als Ansporn, und seit der Informatiker sich mit Computern befasste, ließ eine Frage ihn nie los: »Ich will nicht nur verstehen, was Intelligenz ist und wie das Gehirn funktioniert, sondern auch, wie man Maschinen bauen könnte, die in derselben Weise arbeiten. Ich möchte wirklich intelligente Maschinen bauen.«[280]

Der britische Mathematiker Alan Turing, eine der Schlüsselfiguren der frühen KI-Forschung und Erfinder der Idee eines Allzweckrechners, definierte schon im Jahr 1950, was ein intelligenter Computer leisten müsse: Wenn es ihm gelänge, einen Menschen im Gespräch davon zu überzeugen, dass er nicht mit einem Computer spreche, sondern mit einem Menschen, dann sei der Computer intelligent.

Hawkins war schon früh davon überzeugt, dass Künstliche Intelligenz nicht ohne den Faktor Mensch zu bewerkstelligen sei. Der legendäre IBM-Superrechner Deep Blue schlug zwar 1997 sogar Schachweltmeister Gary Kasparow, aber nicht weil er klüger war als Kasparow, sondern weil er schneller rechnen konnte als ein menschliches Hirn.

Deep Blue hatte keinerlei Intuition, er spielte Schach, ohne das Schachspielen zu verstehen, wie ein Taschenrechner, der rechnen kann, ohne die Mathematik zu verstehen. Deutschlands führender KI-Forscher Wahlster drückt es plastisch aus: »Hier sind wir auf dem Stand eines Siebenjährigen, und es gibt keinen Computer weltweit, der ein Abitur schaffen würde – allenfalls das Mathe-Abitur.« Die bislang entwickelten Maschinen seien hochgezüchtete Spezialintelligenzen und auf ihrem Gebiet beeindruckend gut. Große Bereiche der menschlichen Intelligenz besäßen diese Maschinen hingegen nicht: die Intuition, die Emotionalität und letztlich die Fähigkeit, auch spontan auftretende Alltagsprobleme zu lösen. »Computersysteme können sich noch nicht intelligent durchs Leben schlagen wie wir Menschen«, sagt Wahlster.

Der Informatiker und Veteran der KI-Forschung John McCarthy stellte schon im Jahr 1959 fest, eine solche Intelligenz müsse über »Common Sense«, gesunden Menschenverstand oder Alltagsverstand verfügen.[281] Sie müsse beispielsweise wissen, dass das Geburtsdatum eines Menschen vor seinem Todestag liegt, dass Bäume nicht laufen können und dass man an einem Strick ziehen, ihn aber nicht schieben kann. McCarthy schätzt, dass der Mensch etwa 30 bis 50 Millionen solcher »Tatsachen« weiß. »Auf vielen Gebieten der KI-Forschung scheiterte man bislang an umfassenden Wissensbasen, das musste man dreißig Jahre lang mühsam per Hand in die Softwaresysteme einfüttern«, sagt Wolfgang Wahlster, »dies war sehr teuer und zeitaufwändig und führte nur auf Spezialgebieten zum Erfolg.«

Das Einsammeln von Alltagserfahrungen besorgen seit einigen Jahren aber soziale Netzwerke wie Facebook. Sie tun das in Echtzeit gleichzeitig bei mehreren hundert Millionen Menschen weltweit. Wolfgang Wahlster sieht darin sehr langfristig eine Chance für die weitere Entwicklung der Künstlichen Intelligenz: »Durch diese Massenbewegungen im Web und die extremen Datenmengen gibt es die Chance, sich schrittweise diesem Common Sense anzunähern, da braucht man Medien wie Facebook, das ist der Grundmotor. Mit maschinellem Lernen und Sprachtechnologie können wir aus diesen Massendaten zuverlässige und maschinenverstehbare Wissensbasen erzeugen.«

»Social Computering« ist der nächste Schritt

Europäische Forschungsinstitute, darunter das deutsche DFKI, haben bereits ein Arbeitsprogramm entwickelt, um diese Vision Realität werden zu lassen. Das Projekt soll den Titel »Social Computering« tragen, und es basiert auf Künstlicher Intelligenz, die ständig durch das Wissen Hunderter Millionen Internet-Nutzer, angereichert wird – auf dem Wege des sogenannten »Crowdsourcing«.

Angenommen, die Stadt Wanne-Eickel beschließt ein ehrgeiziges Programm zur Reduzierung ihres CO_2-Ausstoßes, ein ziemlich kompliziertes Vorhaben, weil nicht nur die öffentliche Infrastruktur, sondern alle Einwohner und Unternehmen der Stadt betroffen wären und einbezogen werden müssen, damit das Ziel erreicht wird. Anschließend wären komplizierte Berechnungen erforderlich, die Rechner leisten könnten, die von Wissenschaftlern bedient würden. Diese Berechnungen würden am Ende in politische Entscheidungen einfließen. Leider würde das Projekt auf ganzer Linie scheitern. Denn in Wanne-Eickel fehlt die Erfahrung, wie sich der CO_2-Ausstoß einer Stadt erfolgreich reduzieren lässt. Um eine entsprechende Wissensbasis zu gewinnen, würde nun in einem zweiten Schritt die ganze Welt einbezogen. Was in Singapur funktioniert hat, könnte auch in Wanne-Eickel funktionieren. Um aber zu wissen, was aus Singapur in Wanne-Eickel nicht funktioniert, bräuchte es eine Expertise aus Gelsenkirchen oder Pittsburgh. Das Ganze ähnelte in diesem Stadium der Suche nach der berühmten Nadel im Heuhaufen. Also würden die Planer auf sogenannte Ontologien zurückgreifen – Programme, die das gesammelte Wissen von Wikis, Netzwerken und Blogs systematisch auswerten. Wer hier eine Frage eingibt, sucht nicht nach Webseiten wie auf Google, sondern nach einer konkreten Antwort. Eine solche Wissensbasis gibt es in Deutschland bereits, und zwar als Prototyp des Max-Planck-Instituts für Informatik in Saarbrücken. Das System heißt Yago und führt immerhin zwei Millionen Begriffe und 20 Millionen Tatsachen.[282]

Das gesammelte Wissen um die Machbarkeit des Projekts in Wanne-Eickel wäre also jetzt vorhanden. Aber irgendjemand muss es in die Praxis umsetzen. Das Programm hat bereits Aufgabenstellungen für Menschen formuliert, echte physische Arbeitsaufgaben. Für die Übertragung der Befehle an Menschen muss allerdings eine Sprache erfunden werden, die der Mensch ebenso versteht wie der Computer. Denn der Computer überwacht die Arbeitsausführung des Menschen und will laufend informiert werden. Auch diese Sprache haben die Informatiker bereits entwickelt: Die »Unified Service Description Language« (USDL) sei eine Dienstbeschreibung nicht nur für Computer, sagt Wolfgang Wahlster, sondern auch für »Humandienste«. Es ist das erklärte Ziel dieser Forschung, die virtuelle mit der realen Welt zu verknüpfen. Auf die Frage, ob der sogenannte ›Social Computer‹ am Ende zu einer wirklich intelligenten Maschine führen könne, antwortet Wahlster: »Ich glaube schon. In diesem ›Social Computer‹ ist ja die menschliche Intelligenz schon drin, da will man über die Intelligenz eines Einzelnen hinausgehen.« Wahlster sagt, diese Form der Intelligenz könne sogar eines Tages globale Probleme wie die Energieversorgung oder die Klimaerwärmung für uns lösen. Denn in diesem Konzept stecke nicht nur die Künstliche Intelligenz, sondern die Kombination mit der natürlichen Intelligenz vieler Menschen.

Ein Facebook-Investor will den Menschen überwinden

Steckt hinter dem Unternehmen Facebook womöglich doch ein Experiment mit einem verwegenen Plan? Wir wissen nicht, ob Facebook-Chef Mark Zuckerberg sich für Künstliche Intelligenz interessiert. Was wir wissen, ist, dass sein erster großer Investor, Berater und Facebook-Vorstand Peter Thiel bizarre Visionen von einem »neuen« Menschen hat.

Im Kern zielen die pseudo-philosophischen Ideen Thiels auf die Überwindung des Menschen in seiner jetzigen Form. So kündigte er im September 2006 an, die Methusalem Foundation, deren Mittel in Forschungen zur Überwindung des Alterungsprozesses fließen, mit insgesamt 3,5 Millionen Dollar zu fördern.[283] Darüber hinaus ist Thiel Berater und Finanzier des »Singularity Institute for Artificial Intelligence«.[284] Die Anhänger dieser Futurologenbewegung verstehen unter Singularität den Augenblick, in dem Künstliche Intelligenz sich selbstständig weiterentwickelt. Die Wege dahin beschreibt das Institut auf seiner Internetseite: Sie reichen von der Entwicklung einer computergesteuerten Künstlichen Intelligenz und dem biologischen Nachbau des menschlichen Gehirns bis hin zu Twitterwesen, also menschlichen Körpern, die über künstliche Implantate hyperintelligent gemacht werden.[285]

Im Dezember 2009 hielt Thiel an der Stanford University einen Vortrag mit dem Titel »Singularität ist der einzige Weg«, in dem er seine Ideen zur Lösung der Weltprobleme unterbreitete. Der gefilmte Vortrag ist auf YouTube abrufbar.[286] Thiel fragt sein Publikum, welche der von ihm erwähnten Probleme wirklich bedrohlich seien: »Roboter töten oder versklaven die Menschheit«, »Eine Pandemie zerstört die Zivilisation«, »Atomkrieg«, »Regierungen nutzen Computer, um jedermann zu kontrollieren«, »Die Klimaerwärmung zerstört die Zivilisation« oder »Es passiert gar nichts von dem?« Viele Zuschauer sind über einen möglichen Atomkrieg und die Klimaerwärmung besorgt, einige melden sich bei den anderen Themen. Thiel will klarmachen, dass nichts davon passieren wird, und erklärt, dass die technologische Entwicklung zu den Grundfesten unserer Kultur gehöre. Thiel ist ein Technik-Positivist. Häufig verweist er auf den englischen Philosophen Thomas Hobbes und dessen Ansicht, das Leben sei »schmutzig, brutal und kurz«.[287] Diese Grundkonstanten menschlicher Befindlichkeit sollen in Thiels neuer virtueller Welt keinen Platz mehr haben.

Dass seine Ideen im Kern alles andere als menschenfreundlich sind, fiel auch ehemaligen Weggefährten auf. Elon Musk, weltbekannt geworden als erster Unternehmer, der privat finanzierte Spaceshuttle-Flüge durchführte, und damals der größte Anteilseigner von PayPal, erinnert sich, dass Peter Thiel, Max Levchin und er nicht dieselben Einstellungen geteilt hätten[288]: »Peters Philosophie war ziemlich seltsam. Das ist nicht normal zu nennen. In Investmentfragen hatte er konträre Ansichten. Er dachte eine Menge über Singularität nach. Ich war davon weniger begeistert. Ich bin pro-human.«

Zuckerberg – Dr. Mabuse oder Zauberlehrling?

Wir können getrost davon ausgehen, dass Zuckerberg und sein Team ein sehr gutes Gespür für die sozialen Bedürfnisse des Menschen haben, sonst hätten sie kaum solchen Erfolg. Nach wie vor wächst die Mitgliederzahl von Facebook. Zugleich hat sein Gründer das bis dahin geschlossene Netzwerk für das gesamte Internet geöffnet. So ist es möglich, Facebook-Seiten anzusehen, ohne auf Facebook registriert zu sein.

Rastlos flicht das Unternehmen immer neue Funktionen in das Netzwerk ein, die weit über die alltägliche Kommunikation hinausgehen: Online-Spiele werden über Facebook betrieben, sogar Waren werden mit der Facebook-Weltwährung Credits verkauft, die Internet-Telefonie wird integriert und sogar die Suchmaschinenfunktion Bing von Microsoft. Damit hoffen Microsoft und Facebook, den Konkurrenten Google erfolgreich anzugreifen. Eine realistische Hoffnung, denn warum sollten wir Facebook verlassen, wenn wir auch dort suchen können. Die Datenmengen, die das »Freunde«-Netzwerk durch eine Suchfunktion in seine Server saugen könnte, würden dann allerdings alles in den Schatten stellen, was Menschen je über Menschen wussten. Was aber denkt der Erfinder des Netzwerks über sein Experiment? Welche Risiken sieht er für die menschliche Privatsphäre?

Auffällig ist, dass Internet-Konzerne – insbesondere Facebook – ziemlich ungeniert einen inneren Widerspruch praktizieren. Auf der einen Seite propagieren sie die weitestgehende Öffnung des Menschen und seiner Privatsphäre, auf der anderen Seite entziehen sie sich als Unternehmen sowohl publizistischen wie auch staatlichen Nachfragen und Kontrollen. Zuckerberg gibt vor, die Welt offener machen zu wollen, und verweigert seit Jahren Interviews.

Während des Internetgipfels D 8 im Juni 2010 jedoch stellte sich Zuckerberg den kritischen Fragen der beiden *Wallstreet Journal*-Reporter Karan Swisher und Walt Mossberg. Die beiden fragten, ob Facebook nicht die Rechte seiner Nutzer, ihre Privatsphäre zu kontrollieren, missachte.

Und ob die Funktion der »Instant Personalization« – der umgehenden Personalisierung von Interessen – nicht den Datenschutz verletze.[289] Zuckerberg wusste mit diesen Fragen offenkundig wenig anzufangen und leierte seine üblichen Sätze herunter, dass Facebook sehr viele Einstellungsmöglichkeiten habe, dass es aber auch Nutzer gebe, denen das zu viel werde und dass man großen Wert auf die Kontrolle der Daten durch die Nutzer lege. Konkrete Antworten blieb er schuldig. Stattdessen geriet er gewaltig ins Schwitzen und musste sogar mit einem von ihm selbst aufgestellten Tabu brechen: Er zog seine Kapuzenjacke aus. Die Moderatorin flachste über das eingenähte Facebook-Symbol, es erinnere an die Illuminati-Sekte. Sie hatte die Lacher auf ihrer Seite, und der Zuschauer erfuhr ein weiteres Mal, dass Zuckerberg mit dem Privatsphäre-Thema nicht viel am Hut hat. Schon der ehemalige Facebook-Programmierer Charlie Cheever hatte dem Buchautor David Kirkpatrick anvertraut: »Ich habe immer gespürt, dass Mark nicht wirklich an Privatsphäre glaubt oder darin gar den springenden Punkt sieht.«[290]

Mark Zuckerbergs Experiment wirkt wie das Werk eines soziologisch und psychologisch ausgebufften Netz-Mabuse. Wenn er öffentlich auftritt, wirkt er eher wie ein 26-jähriger Computerfreak, der selber nicht so genau weiß, was er da eigentlich mit seiner Erfindung in Bewegung gesetzt hat. Nein, Zuckerberg ist kein Dr. Mabuse, eher der Zauberlehrling des Internets. Und wenn Facebook übermorgen an die Börse ginge und Zuckerberg seinen Platz räumen müsste, änderte das auch nichts an der monströsen Macht des Netzwerks, das längst ein Eigenleben führt. Man kann Facebook auch mit einer La-Ola-Welle vergleichen: Der einzelne aufspringende Fußballfan erklärt das Phänomen allein nicht. Und wenn einer nicht aufspringt, ändert das auch nichts, denn die Welle rollt weiter.[291]

Das Welt-Experiment verselbstständigt sich

Am Ende wird es gleichgültig sein, ob das Unternehmen Facebook eine gezielte Absicht verfolgt, oder ob dieses Experiment sich einfach vollzieht, ohne dass es einer besonderen Absicht bedarf. Viele neue Technologien wurden nur erfunden, um andere abzulösen, und nicht selten kam dabei etwas völlig Neuartiges heraus. Das Telefon löste vor 140 Jahren den Telegrafen ab und ist mittlerweile eine Kommunikationstechnologie, die weit über das »Fernsprechen«, also den elektronischen Austausch von Worten, hinausgeht. Und wer hätte sich vor vierzig Jahren vorstellen können, dass Videokonferenzen physische Präsenz immer häufiger ersetzen?

Wir wissen nicht, was Facebook im Schilde führt – vielleicht gar nichts. Vielleicht hätte man ebenso gut fragen können, was das Telefon oder das Fernsehen im Schilde führen. Sicher wissen wir nur, dass sich das Unternehmen Facebook gegenwärtig vor allem auf die kommerzielle Verwertung unserer Interessen konzentriert. Es wäre aber nicht das erste Mal in der Menschheitsgeschichte, dass Experimente ausufern. Wernher von Braun, NS-Raketen-Ingenieur und späterer NASA-Vizedirektor, war angeblich auch ausschließlich mit der Entwicklung zielgenauer Raketen befasst und nicht mit der Vernichtung Tausender unschuldiger Zivilisten. Der als »Vater der Atombombe« bekannte Physiker Robert Oppenheimer distanzierte sich von seinen erfolgreichen Experimenten, nachdem er die Verwüstungen durch die US-Atombombenabwürfe in Japan gesehen hatte.

Natürlich ist Facebook keine Waffe, aber es kann als solche eingesetzt werden. Gegen einige iranische Oppositionelle geschah dies bereits, denn das Regime nahm deren Einträge auf Facebook zum Anlass, sie zu inhaftieren. Die Bedrohung unserer Freiheit aber ist universeller. Das Internet, lange Zeit ein Hort der vielen Quellen und Stimmen und damit der Demokratie, wird immer stärker von einigen wenigen globalen Konzernen wie Google oder Facebook dominiert. Längst ist das Gefühl, dass uns das Internet gehört, eine naive Verklärung der Realität. Vielmehr gehören wir inzwischen den Internet-Konzernen, und zwar in Form einer massenhaften Wissensquelle, die sich beliebig anzapfen lässt.

Ein Milliarden-Netzwerk, aber keine Freunde

In welchem Maße ein solcher digitaler Machtkomplex manipulierbar ist, darüber hat sich der Schriftsteller Cory Doktorow in seinem jüngsten Werk *Little Brother* Gedanken gemacht.[292] Seine Hauptfigur, der 17-jährige Schüler Marcus Yallow, tut nebenbei nichts lieber als sich in die Sicherheitssysteme der Schule zu hacken, wofür er sich eine Menge Ärger einhandelt. Marcus trotzt einem allmächtigen digitalen Überwachungssystem. Damit er die Schule unerkannt verlassen kann, hat er sich einen amüsanten Trick ausgedacht, um das biometrische Schritterkennungssystem der Schule zu täuschen. Dieses System speichert den Gang von Schülern und kalkuliert dabei sogar Abweichungen ein: Schlendern sie in Basketballschuhen, nur mit einem Schuh oder mit verknackstem Knöchel, funktioniert das System trotzdem. »Deshalb gehe ich meine Angriffe auf die Schritterkennung mit einer Zufallskomponente an: Ich kippe 'ne Handvoll Kiesel in jeden Schuh. Billig und wirksam, keine zwei Schritte sehen gleich aus. Und klasse Reflexzonenmassage gibt's gratis dazu.«

Hat Cory Doktorow eine Idee für ein Netzwerk wahrer Freunde? Während des Interviews mit ihm scheint er für einen kurzen Augenblick in seinen eigenen Roman einzutauchen. Im Bad seines Hotelzimmers beginnt plötzlich das Badewasser zu sprudeln. Er hatte nicht vor zu baden und will ungestört ein Interview geben. An der Rezeption entschuldigt man sich. Die Badewannen-Vollautomatik habe verrückt gespielt. Genau dies ist Doctorows wichtigstes Thema: die Technik, die aus den Fugen gerät und den Menschen unterwirft.

Irgendwann meldete sich auch Doktorow bei Facebook an. Er tat es, weil viele es taten und weil er gerne kommuniziert. Viele Wochen später fiel ihm auf, dass er das Konto nie genutzt hatte. »Für Leute, die öffentlich agieren und zugleich privat kommunizieren wollen, ist Facebook alles andere als eine gute Option.« Denn für Cory Doktorow interessierten sich plötzlich Freunde nicht, weil er ein so umgänglicher und kluger Kerl ist, sondern weil sie seine Bücher lieben. Natürlich hat er auch reale Freunde, die er gerne als Facebook-»Freunde« aufnahm, aber was sollte er mit all den anderen anfangen? Irgendwann hatte er mehr als tausend »Freundschaftsanfragen« und fast tausend Freunde. Das alles zu kontrollieren und zu ordnen wurde ihm einfach zu viel. Ein Jahr lang ignorierte er daraufhin sein Facebook-Konto. Als er sich wieder einmal einloggte, hatte er bereits Zigtausende Anfragen und bekam Skrupel: »Ich dachte, ich nutze Facebook nicht, weil es mir nichts bringt, und diese vielen Leute melden sich womöglich sogar bei Facebook an, um mit mir zu kommunizieren.«

Dass Facebook Ende 2009 die Profile seiner Mitglieder öffentlich für das gesamte Internet freischaltete, gefiel ihm als Verfechter der Privatsphäre ganz und gar nicht, also löschte er sein Konto. »Das Problem sind die unfreiwilligen Enthüllungen bei solchen Netzwerken«, sagt er, »du bist nicht der Kunde in diesem Geflecht, der Kunde ist die Werbewirtschaft. Du selbst bist das Produkt, und du wirst herumgereicht, sodass du attraktiv für den Kunden bist.«

Aber Doktorow ist ein Internetmensch und kein Eremit. Er hofft, dass es eines Tages gelingt, ein Netzwerk zu schaffen, welches das Attribut »sozial« wirklich verdient. Ein Netzwerk, das uns nicht nach unseren Konsuminteressen bündelt und der Wirtschaft präsentiert, sondern eines, das uns ausschließlich hilft, unsere sozialen Kontakte zu pflegen. Informatiker, die kein Interesse am Kommerz, dafür an Datenschutz haben, bauen solche Netze gerade in den USA (Diaspora) und Deutschland (Safebook) auf. Diese Netzwerke sollen wirklich unter Freunden bleiben, und ein Erfolg ist ihnen zu gönnen. Es wird aber für sie nicht leicht werden, weil der Mensch seine Kontakte gewöhnlich dort sucht, wo er sie auch finden kann. Und diese Kontakte befinden sich schon heute häufiger bei Facebook als anderswo. So wie die Dinge sich entwickeln, werden sich in dem Netzwerk demnächst eine Milliarde Facebook-»Freunde« eingefunden haben. Wir werden also gezwungen sein, uns anzufreunden. Doch damit erweist uns Facebook keinen Freundschaftsdienst. »Jedermanns Freund zu sein, das geht nicht an, denn wer ein Freund von allen ist, hat keinen besonderen Freund«, schrieb Kant. Nicht nur als Bürger und Konsumenten drohen wir also in die Facebook-Falle zu tappen, sondern auch als Freunde. Denn wenn alle Menschen Freunde sind, gibt es keine mehr.

Danksagungen

Mein Dank gilt allen, die sich die Zeit genommen haben, mit mir über Facebook zu diskutieren. Mit ihren vielen unterschiedlichen Erfahrungen und Hinweisen haben sie aus meinen gesammelten Recherchen ein lebendiges und anschauliches Buch gemacht.

Danken möchte ich auch allen Menschen, die ihr profundes Wissen mit mir »teilten«. Für die kritische Durchsicht des Manuskripts in verschiedenen Stadien danke ich:

Dr. Marit Hansen vom Unabhängigen Landeszentrum für Datenschutz Schleswig-Holstein, Professor Norbert Pohlmann vom Institut für Internetsicherheit der FH Gelsenkirchen, Professor Wolfgang Wahlster vom Deutschen Forschungszentrum für Künstliche Intelligenz, Rechtsanwalt Simon Bergmann, dem »social media«-Experten Nico Lumma, dem Geheimdienstkenner Erich Schmidt-Eenbohm und schließlich meinem Freund Martin Hahn.

Für ihre Recherchen der Datenschutzlücken bei Facebook danke ich meiner Kollegin Monika Wagener aus der »Monitor«-Redaktion. Vielen Dank auch Simone Hamm und Markus Schmidt für ihre Unterstützung. Dieses Buch wäre ohne Michael Neher in dieser Form nicht erschienen.

Für sein wunderbares Lektorat danke ich Thomas Bertram.

Besonders herzlich danken möchte ich Helen Ahmad für die spannenden Interviews, die sie für dieses Buch mit Beate Krafft-Schöning, Simone Rafael und Mitarbeitern des BKA geführt hat, sowie ihrer gewissenhaften Recherche.

Herzlich möchte ich mich bei meinen Söhnen Max und Nils dafür bedanken, dass sie mir manch klärenden Einblick in ihre Netzwelt gewährten und selbst recherchierten.

Lieben Dank an Mélanie Angoujard. Ihr kritischer Blick, ihre Zuversicht und ihre Liebe haben dafür gesorgt, dass ich die Nerven behalten habe.

Sascha Adamek, im Februar 2011

Kleines Netzwerk-Lexikon

Account   Ein Konto, das jeder Nutzer für seine Person im Internet einrichtet, meist genügt hierfür die Eingabe von E-Mail-Adresse und Namen, bei Facebook ist allerdings auch das Geburtsdatum notwendig.

Adden   In der Slangsprache der Facebook-Nutzer das »Hinzufügen« (to add, engl.; hinzufügen) eines neuen Freundes.

Avatar   Eine eigene Identität der Person in der Netzwelt, die nicht unbedingt der realen entsprechen muss. Insbesondere bei Online-Spielen suchen sich Nutzer oft »starke« Avatare aus, die sie repräsentieren.

Community   Gemeinschaft aller Mitglieder eines Netzwerks.

Cookie   Textdatei, die ein Website-Betreiber auf dem Computer installiert, sobald Nutzer die entsprechende Seite aufrufen. Cookies erlauben es dem Website-Betreiber, den Nutzer beim erneuten Zugriff auf die Seite wiederzuerkennen, indem der Inhalt des Cookies (meist Identifikationsnummern) automatisch übertragen wird.

Cyberspace Zurzeit noch gebräuchlicher, aber veralteter Begriff für das Internet.

Data mining Verfahren zur Erkennung von Mustern oder Regelmäßigkeiten in großen Datenbeständen, um zum Beispiel gezielt die Inhalte aus der Kommunikation in sozialen Netzwerken, Websites oder Blogs zu analysieren.

Deadden Gegenteil von → »adden«, also das Löschen eines Freundes aus einem Facebook-Profil.

Facebook Connect Um seinen Nutzern nicht mehrere Anmeldungen mit eigenen Passwörtern zuzumuten, hat sich Facebook mit anderen Websites weltweit verbunden. Das Nachfolgeprojekt seit 2010 heißt → »Open Graph«.

Fanpage Vor Einführung des → »Like-Buttons« setzten zum Beispiel Firmen vor allem auf Fanpages, »Fanseiten«, bei denen sich Nutzer anmelden und somit ihr Interesse für Werbungen bekunden konnten.

Freund Alle von den Nutzern auf Facebook akzeptierten Kontakte nennt das Unternehmen »Freund«. Solche »Freunde« sind je nach → Privatsphäre-Einstellungen privilegiert und können sich auf einer Facebook-Seite mehr Inhalte ansehen als andere.

Gruppe Jeder Nutzer kann auf Facebook eine Gruppe zu Themen, Marken oder Personen gründen. Andere können sich diesen Gruppen anschließen und erhalten regelmäßig Informationen.

Instant Personalization (»sofortige Personalisierung«) bedeutet, dass mit Facebook verbundene andere Websites auf persönliche Daten aus dem Facebook-Profil zurückgreifen können, sobald wir diese Seiten anklicken. Welche Daten dabei genau eingesehen werden können, sagt Facebook nicht.

IP-Adresse Die Adresse eines Computers im Internet, die bei jeder Kommunikation übertragen wird. Sie ist jeweils einmalig. Website-Betreiber können normalerweise aus der IP-Adresse von Nutzerrechnern nicht direkt deren persönliche Daten entnehmen. Nur im Falle einer Strafermittlung sind Internetprovider verpflichtet, die hinter der IP-Adresse stehenden Personendaten preiszugeben, sofern sie ihnen vorliegen.

Like-Button In Deutschland wird er als »Gefällt-mir-Button« auf Websites angezeigt. Klickt ein Facebook-Mitglied auf den kleinen blauen Daumen, der nach oben zeigt, signalisiert es seine Zustimmung zum Inhalt der Website. Diese Zustimmung wird automatisch auf seiner Facebook-Seite angezeigt. Dahinter verbirgt sich auch eine permanente Abstimmung über Netzinhalte wie zum Beispiel Produktangebote, Online-Berichte oder Personen. Diese kann Facebook auswerten und Werbepartnern zur Verfügung stellen. Unter Facebook-Mitgliedern ist daraus das Wort »liken« für »mögen« entstanden.

MySpace Ein soziales Netzwerk, das mittlerweile vor allem dem Austausch von Musik-Interessen dient. Bands können hier zum Beispiel auch Musikvideos zu Werbezwecken einstellen.

Nerd Das amerikanische Wort für Informatikfreaks. Es bezeichnet Entwickler, die nichts so sehr schätzen wie an ihrem Computer zu sitzen und Programme zu entwickeln

Newsfeed bedeutet »Einspeisung« oder »Zufuhr« von Nachrichten, im Falle Facebook erhält ein Nutzer Informationen auf seine Pinnwand, die seinen Interessen entsprechen.

Newsstream Ähnliche Bedeutung wie Newsfeed: der Fluss von Informationen auf der Pinnwand des Nutzers.

Open Graph Nachfolgeprojekt zu → Facebook Connect. Mittlerweile haben sich eine Million Websites weltweit mit Facebook verbunden. Klickt ein Nutzer beispielsweise den »Gefällt-mir-Button« auf Bild.de an, erscheint diese Zustimmung automatisch auf seiner Facebook-Seite. Dafür ist keine weitere Authentifizierung nötig.

Opinion mining Verfahren, das der Industrie, aber auch Geheimdiensten dazu dient, gezielt Meinungen aus sozialen Netzwerken, Websites oder Blogs herauszufiltern.

Pinnwand Von Nutzern auch als »Wall« bezeichnet, ist diese Oberfläche der zentrale Ort der Kommunikation auf Facebook. Hier wird angezeigt, was Nutzern selbst gefällt, und andere Mitglieder können, je nach → Privatsphäre-Einstellungen, Texte auf diese Pinnwand schreiben oder dort Netzinhalte empfehlen.

Posten Das Hinterlassen von Texten oder das Empfehlen von Netzinhalten wie Videos auf der → Pinnwand.

Privatsphäre-Einstellungen Wer ein Profil bei Facebook anlegt, kann selbst bestimmen, wer auf welche Inhalte zugreifen darf. Die Einstellungen sind sehr detailliert, sodass jeder Nutzer genau festlegen kann, welche Inhalte im Profil nur seine Freunde oder auch die Freunde der Freunde einsehen dürfen – oder gar alle Facebook-

Mitglieder, was zugleich bedeutet, dass alle Internet-Nutzer darauf Zugriff haben, selbst, wenn sie nicht Facebook-Mitglied sind. Der Ausdruck → »Privatsphäre-Einstellungen« führt trotzdem in die Irre, denn alle Inhalte sind zumindest für das Unternehmen Facebook einsehbar.

Profil   Quasi die Visitenkarte bei Facebook. Um ein Profil zu erstellen, verlangt Facebook die Bekanntgabe einer E-Mail-Adresse und eines Namens sowie des Geburtsdatums. Letzteres können Nutzer aber durch die → Privatsphäre-Einstellungen vor anderen verbergen. Facebook zielt jedoch darauf ab, dass Nutzer möglichst viel im Profil preisgeben, um auf den Pinnwänden der Nutzer entsprechend viele Werbungen platzieren zu können.

Ranking   Die Positionierung von Websites in einer Rangfolge. Dies beschreibt das Prinzip von Suchmaschinen wie Google. Je häufiger eine Website im Netz von Nutzern aufgerufen wird, desto höher steigt sie im Ranking. Hierauf basiert vor allem der Werbewert einer Website, auf die Google Werbungen stellt.

Sentimental analysis   Im Rahmen des → Opinion mining gelingt es Programmen, die Tendenz von im Netz gemachten Äußerungen am »Tonfall« herauszufiltern.

Social media   Der Begriff »soziale Medien« steht für ein interaktives Internet, in dem Nutzer nicht nur Webinhalte konsumieren, sondern auch selbst solche Inhalte produzieren.

Taggen   Das Markieren von Daten oder Bildern mit Schlagworten, sogenannten Tags. Anhand der Häufigkeit der Tags wird auf ihre Relevanz geschlossen.

Das Verfahren ist auch Grundlage des → Data mining oder → Opinion mining.

Tracking   Das Verfolgen der Nutzer-Bewegungen im Internet, möglicherweise sogar in Echtzeit. Google zum Beispiel trackt Klicks auf gesuchte Seiten und kann analysieren, wie lange jemand auf welcher Seite verweilt. Facebook kann das auf mit dem Netzwerk verbundenen Seiten ebenfalls tun.

Twitter   Eine sogenannte Mikroblogging-Plattform, die 2006 gegründet wurde. Nutzer können pro Nachricht 140 Zeichen verwenden, aber auch Links auf andere Websites verbreiten. Diese Nachrichten heißen Tweets. Wer angemeldet ist, kann anderen Twitterern auf ihre Seite folgen, ihre Anhängerschaft wird daher »Follower« (to follow, engl.; folgen) genannt. Dort können sie auf Einträge mit sogenannten Retweets antworten.

VZ (MeinVZ, StudiVZ, SchuelerVZ)   ist im Bereich sozialer Netzwerke der größte Konkurrent von Facebook in Deutschland. Im Jahr 2005 startete StudiVZ, später folgten SchuelerVZ und MeinVZ. Die zu Holzbrinck gehörende Gruppe hat nach eigenen Angaben etwa 17 Millionen Mitglieder.

Web 2.0.   Gebräuchlich als Synonym für »social media«. Der Begriff geht auf den Internetverleger Tim O'Reilly zurück und beschreibt den technischen Rahmen für »social media«.

Anmerkungen

1 http://www.facebook.com/press/info.php?statistics Stand: September 2010.

2 *Berliner Zeitung* vom 04.10.2010.

3 http://www.welt.de/kultur/article10088507/Zuckerberg-ein-einsames-selfmade-Arschloch.html vom 05.10.2010.

4 Stand: 16.10.2010.

5 Ben Mezrich: *Milliardär per Zufall. Die Gründung von Facebook. Eine Geschichte über Sex, Geld, Freundschaft und Betrug*, München 2010.

6 Name zum Schutz der Privatsphäre geändert.

7 http://www.gew.de/Binaries/Binary31974/GEW%20Brosch%FCre%20mit%20Tipps%20und%20Hinweisen.pdf

8 Name zum Schutz der Privatsphäre geändert.

9 Siehe zum Folgenden: http://www.spiegel.de/netzwelt/web/0,1518,650340,00.html vom 21.09.2009.

10 http://cgi.uni-muenster.de/exec/Rektorat/upm.php?rubrik=Alle&neu=0&monat=201004&nummer=12792 Pressemitteilung vom 28.04.2010.

11 Catarina Katzer: »Cyberbullying in Germany. What has been done and what is going on«, in: *Zeitschrift für Psychologie*, Bd. 217, 4/2009 (Sonderband); Catarina Katzer: »Tatort Internet: Cyberbullying und sexuelle Viktimisierung von Kindern und Jugendlichen in Chatrooms«, in: *Forum Kriminalprävention*, 3/2008, S. 26–33.

12 Namen zum Schutz der Privatsphäre geändert.

13 ARD/ZDF-Onlinestudie 2010.

335

14 dimap-Umfrage zu Haltung und Ausmaß der Internetnutzung von Unternehmen zur Vorauswahl bei Personalentscheidungen, Juli 2009.

15 Name und Wohnort des Ermittlers wurden auf seinen Wunsch hin geändert.

16 Namen und Orte zum Schutz der Privatsphäre geändert.

17 Anonymisierter Original-Ermittlungsbericht.

18 http://www.focus.de/digital/internet/facebook-unfreiwillige-offenheit-statt-privatsphaere_aid_461819.html vom 10.12.2009.

19 http://gawker.com/5423914/facebook-ceos-private-photos-exposed-by-the-new-open-facebook/gallery/

20 http://www.readwriteweb.com/archives/facebooks_zuckerberg_says_the_age_of_privacy_is_ov.php

21 http://www.destatis.de/jetspeed/portal/cms/Sites/destatis/Internet/DE/Presse/pm/2009/12/PD09_464_IKT.psml

22 Vgl. ARD-Magazin »Monitor« vom 20.05.2010.

23 http://www.internet-sicherheit.de/aktuelles/mitteilungen/nachricht/nachricht-detail/facebook-uebertraegt-zugangsdaten-anderer-dienste/

24 Siehe Norbert Pohlmann: *Sicher im Internet. Tipps und Tricks für das digitale Leben*, Zürich 2010.

25 http://techcrunch.com/2010/10/10/being-eric-schmidt-on-facebook/ vom 10.10.2010.

26 Stand: Juli 2010.

27 http://facebookmarketing.de/news/facebook-jetzt-mit-deutscher-geschaftsstelle vom 03.02.2010.

28 http://www.nytimes.com/interactive/2010/05/12/business/facebook-privacy.html?ref=personaltech

29 http://blog.facebook.com/blog.php?post=434691727130

30 http://www.spiegel.de/netzwelt/web/0,1518,721783,00.html vom 07.10.2010.

31 Stand: 26.09.2010.

32 http://www.bfdi.bund.de/DE/Oeffentlichkeitsarbeit/Pressemitteilungen/2006/PM-41-06ErfolgreicherTransatlantischerDialogZumDatenschutz.html

33 http://www.itpro.co.uk/612280/facebook-hires-eu-lobbyist vom 01.07.2009.

34 http://portal.gmx.net/de/unternehmen/presse/pressemitteilungen/8784724.html

35 Ebda.

36 http://www.accel.com/news/news_one_up.php?news_id=197 vom 17.07.2008.

37 http://www.hamburg.de/datenschutz/aktuelles/nofl/2365640/pressemitteilung-2010-07-07.html

38 http://www.bmelv.de/SharedDocs/Standardartikel/Verbraucherschutz/Internet-Telekommunikation/Facebook-Datenschutz-Aigner.html

39 http://www.spiegel.de/politik/deutschland/0,1518,687255,00.html vom 05.04.2010.

40 http://facebookmarketing.de/zahlen_fakten/facebook-nutzerzahlen-im-november-2010

41 http://www.youtube.com/watch?v=CvVp7b5gzqU

42 http://www.ftd.de/it-medien/medien-internet/:exorbitante-bewertung-facebook-wird-sich-selbst-zu-gross/50160945.html vom 25.08.2010.

43 http://www.forbes.com/wealth/forbes-400#p_4_s_arank_-1_ vom 16.09.2010.

44 http://www.facebook.com/press/info.php?statistics Stand: September 2010.

45 http://www.facebook.com/press/info.php?statistics Stand: September 2010.

46 http://weblogs.hitwise.com/heather-dougherty/2010/03/facebook_reaches_top_ranking_i.html

47 David Kirkpatrick: *The Facebook Effect: The Inside Story of the Company That Is Connecting the World*, New York/London/Toronto/Sydney 2010, S. 326.

48 http://blog.nielsen.com/nielsenwire/online_mobile/what-americans-do-online-social-media-and-games-dominate-activity/ vom 02.08.2010.

49 http://www.comscore.com/Press_Events/Press_Releases/2010/5/Americans_Received_1_Trillion_Display_Ads_in_Q1_2010_as_Online_Advertising_Market_Rebounds_from_2009_Recession vom 13.5.2010.

50 http://www.insidefacebook.com/2010/03/02/facebook-made-up-to-700-million-in-2009-on-track-towards-1-1-billion-in-2010/ vom 02.03.2010.

51 http://www.businessinsider.com/chart-of-the-day-monthly-active-users-of-various-widgets-on-facebook-2010-4

52 http://www.datacenterknowledge.com/archives/2010/09/16/
facebook-50-million-a-year-on-data-centers/

53 http://facebookmarketing.de/ Stand: 13.09.2010.

54 http://www.horizont.net/aktuell/marketing/pages/
protected/Procter-&-Gamble-plant-massive-Praesenz-bei-Facebook_
89901.html

55 http://faz-community.faz.net/blogs/netzkonom/archive/2010/
09/20/jeder-mitarbeiter-sollte-die-gespraeche-im-social-web-mithoeren.
aspx vom 20.09.2010.

56 http://www.spiegel.de/netzwelt/web/0,1518,688975,00.html

57 http://venturebeat.com/2010/07/07/facebook-like-buttons/ vom
07.07.2010.

58 Nicholas A. Christakis / James H. Fowler: *Connected! Die Macht
sozialer Netzwerke und warum Glück anstrengend ist*, Frankfurt am Main
2010, S. 40 ff.

59 Jeff Jarvis: *Was würde Google tun? Wie man von den Erfolgsstrategien
des Internet-Giganten profitiert*, München 2009.

60 http://www.facebook.com/f8

61 http://faz-community.faz.net/blogs/netzkonom/archive/2010/04/
26/facebook-zieht-deutscher-konkurrenz-davon.aspx

62 http://www.facebook.com/advertising/?campaign_id=40204744918
6&placement=pflo&extra_1=0, Stand: Juli 2010.

63 http://faz-community.faz.net/blogs/netzkonom/archive/2010/04/
26/facebook-zieht-deutscher-konkurrenz-davon.aspx

64 http://www.facebook.com/advertising/?pages Stand: Juli 2010.

65 http://www.facebook.com/privacy/explanation.php

66 http://www.faz.net/s/Rub2F3F4B59BC1F4E6F8AD8A246962
CEBCD/Doc~EF58151FD75F442CF9FDC2E12E724E3F0~ATpl~Ecommon~
Scontent.html: Microsoft und Facebook schließen Partnerschaft, 14.10.2010.

67 Ebda.

68 http://kress.de/alle/detail/beitrag/106161-facebook-credits-
zuckerberg-hat-zynga-im-sack.html vom 09.09.2010.

69 http://kress.de/alle/detail/beitrag/104183-wieder-frieden-in-
farmville-facebook-und-zynga-ketten-sich-fuenf-jahre-aneinander.html
vom 19.05.2010.

70 http://www.businessweek.com/magazine/content/10_18/
b4176047938855.htm vom 22.04.2010.

71 Zit. aus: Kirkpatrick, *The Facebook Effect*, a. a. O., S. 318.

72 http://www.insidesocialgames.com/2009/11/23/the-latest-stats-on-zynga-new-traffic-revenue-and-a-1-billion-valuation/ vom 23.11.2009.

73 http://www.insidefacebook.com/2010/09/01/credits-gets-more-promotion-with-redeemable-target-gift-cards/ vom 01.09.2010.

74 http://www.heise.de/newsticker/meldung/Ein-Drittel-der-Deutschen-soll-bis-2012-Social-Networking-Dienste-nutzen-204644.html

75 http://www.focus.de/digital/internet/facebook/online-netzwerke-facebook-will-mit-skype-telefonieren_aid_557268.html vom 29.09.2010.

76 http://www.spiegel.de/netzwelt/web/0,1518,729298,00.html vom 15.11.2010.

77 http://www.rp-online.de/digitale/internet/Facebook-stellt-offenbar-E-Mail-Dienst-vor_aid_930508.html vom 15.11.2010.

78 http://www.bloomberg.com/video/64520116/ vom 15.11.2010.

79 http://www.dailymail.co.uk/news/article-1197562/MI6-chief-blows-cover-wifes-Facebook-account-reveals-family-holidays-showbiz-friends-links-David-Irving.html vom 5.7.2009.

80 Mezrich, *Milliardär per Zufall, a. a. O.*

81 Ebda., S. 219 ff.

82 http://www.spiegel.de/wirtschaft/0,1518,460645,00.html vom 18.01.2007.

83 http://money.cnn.com/2007/11/13/magazines/fortune/paypal_mafia.fortune/index.htm vom 26.11.2007.

84 http://www.guardian.co.uk/technology/2008/jan/14/facebook

85 David. O. Sacks / Peter A. Thiel: *The Diversity Myth*, Oakland 1998.

86 http://reason.com/archives/2008/05/01/technology-is-at-the-center

87 Sacks / Thiel, *The Diversity Myth*, a. a. O., S. 75.

88 Ebda., S. 23.

89 Ebda., S. 239 f.

90 Ebda., S. 244.

91 Ebda., S. 242.

92 Kirkpatrick, *The Facebook Effect, a. a. O.*

93 http://www.guardian.co.uk/technology/2008/jan/14/facebook

94 http://www.sourcewatch.org/index.php?title=TheVanguard.Org#Board_of_Advisors

95 http://www.thevanguard.org/ August 2010.

96 http://www.facebook.com/group.php?gid=2232332828

97 http://www.thevanguard.org/leadership.php

98 http://t3n.de/news/e-commerce-ernst-facebook-startet-eigenen-payment-267931/

99 http://www.facebook.com/press/info.php?factsheet, Stand: August 2010.

100 http://www.spiegel.de/netzwelt/web/0,1518,99478,00.html »In öffentlicher Mission« vom 23.10.2000.

101 http://www.greylock.com/news_events/portfolio_news/442/vom 19.04.2006.

102 http://www.guardian.co.uk/technology/2008/jan/14/facebook

103 http://www.greylock.com/news_events/portfolio_news/442/ vom 19.04.2006.

104 http://techcrunch.com/2010/04/06/mike-arrington-talks-to-reid-hoffman-and-david-sze-full-video/ vom 06.04.2010.

105 http://www.ftd.de/it-medien/medien-internet/:exorbitante-bewertung-facebook-wird-sich-selbst-zu-gross/50160945.html vom 25.08.2010.

106 http://www.greylock.com/team/team/4/

107 http://www.greylock.com/team/team/4/

108 http://nixon.archives.gov/virtuallibrary/documents/PDD/1971/045%20December%201971.pdf

109 http://www.whitehouseforsale.org/candidate.cfm?CandidateID=C0005&SortOrder=Last_Name%2C%20First_Name%2C%20Middle_Name%2C%20Suffix%2C%20campaignsource%20DESC&StartRow=101

110 http://dbb.defense.gov/pdf/SecDef.pdf

111 http://dbb.defense.gov/charter.html

112 http://dbb.defense.gov/mission.html

113 http://www.bens.org/about-us/leadership/board-of-directors.html

114 http://www.bens.org/our-work/principles-tenets/goals.html

115 http://www.bens.org/our-work/principles-tenets/achievements.html

116 http://www.bens.org/our-work/policy-agenda/cyber-security-new.html

117 http://www.iqt.org/about-iqt/our-team/board-of-trustees.html

118 Zit. nach http://www.iqt.org/about-iqt/history.html

119 http://www.thefirstpost.co.uk/55018,news-comment,technology,cia-reveals-plans-to-monitor-the-internet-facebook-youtube-online vom 21.10.2009.

120 http://www.usatoday.com/tech/news/2004-03-03-cia-cover_x.htm

121 http://www.technologyreview.com/biomedicine/13481/ vom März 2004.

122 https://www.cia.gov/library/publications/additional-publications/ in-q-tel/index.html#imperatives

123 http://www.darpa.mil/Docs/FY2011PresBudget28Jan10%20Final.pdf

124 http://www.spiegel.de/netzwelt/web/0,1518,99478,00.html vom 23.10.2000.

125 Matthew M. Aid: *The Secret Sentry. The Untold History of the National Security Agency*, NewYork/Berlin/London 2010, S. 310.

126 http://www.iqt.org/about-iqt/history.html

127 http://www.usatoday.com/tech/news/2004-03-03-cia-cover_x.htm

128 http://www.usatoday.com/tech/news/2004-03-03-cia-cover_x.htm

129 http://www.usatoday.com/tech/news/2004-03-03-cia-cover_x.htm

130 http://www.usatoday.com/tech/news/2004-03-03-cia-cover_x.htm

131 Michael E. Belko: »Government Venture Capital. A Case Study of the In-Q-Tel Model«, Airforce Institute of Technology, März 2004.

132 https://www.cia.gov/library/publications/additional-publications/ in-q-tel/index.html

133 http://www.bbn.com/news_and_events/press_releases/2004_ press_releases/04_10_27

134 http://www.guardian.co.uk/technology/2008/jan/14/facebook

135 http://www.informationweek.com/news/government/info-management/showArticle.jhtml?articleID=220900005

136 Der Vertrag vom 16.4.2003 findet sich unter: http://epic.org/ privacy/wiretap/nsf_mou.pdf

137 http://news.cnet.com/2100-7348_3-5466140.html vom 24.11.2004.

138 http://www.usatoday.com/money/smallbusiness/2004-03-03-cia-cover_x.htm vom 3.3.2004.

139 https://www.cia.gov/library/publications/additional-publications/ in-q-tel/index.html

140 http://www.spiegel.de/netzwelt/web/0,1518,99478,00.html vom 23.10.2000.

141 http://venturebeat.com/2009/11/18/cias-in-q-tel-funds-fireeye-anti-botnet-security-firm/

142 http://www.iqt.org/news-and-press/press-releases/2009/Visible_ Technologies_10-20-09.html

143 http://www.wired.com/dangerroom/2009/10/exclusive-us-spies-buy-stake-in-twitter-blog-monitoring-firm/ vom 19.10.2009.

144 http://www.visibletechnologies.com/visible-intelligence.html Stand:
September 2010.

145 http://www.thefirstpost.co.uk/55018,news-comment,technology,cia-
reveals-plans-to-monitor-the-internet-
facebook-youtube-online

146 Matthew M. Aid: *The National Security Agency and the Cold War*,
New York 2001, S. 50.

147 Ebda., S. 53.

148 http://www.wired.com/dangerroom/2009/10/exclusive-us-spies-
buy-stake-in-twitter-blog-monitoring-firm/

149 Vgl. Heinz Boberach: (Hg.): *Meldungen aus dem Reich 1938–1945.*
Die geheimen Lageberichte des Sicherheitsdienstes der SS, 17 Bde., Herrsching
1984.

150 http://www.washingtonpost.com/wp-dyn/content/artic-
le/2009/06/18/AR2009061804043.html vom 18.06.2009.

151 http://soprweb.senate.gov/index.cfm?event=getFilingDetails&filing
ID=3F324DD4-A528-4F8A-B7CA-C8494AF0D80D

152 http://venturebeat.com/2010/04/22/facebook-lobbying/

153 http://www.spiegel.de/netzwelt/netzpolitik/0,1518,719843,
00.html vom 27.09.2010.

154 http://www.nytimes.com/2010/09/27/us/27wiretap.html?_r=1 vom
27.09.2010.

155 http://www.spiegel.de/netzwelt/netzpolitik/0,1518,719843,00.html
vom 27.09.2010.

156 Aid, *The Secret Sentry*, S. 313.

157 http://www.bverfg.de/entscheidungen/rs20100302_1bvr025608.
html vom 02.03.2010.

158 http://www.wired.com/dangerroom/2010/07/exclusive-google-cia/
vom 28.07.2010.

159 http://www.wired.com/dangerroom/2008/09/download-
hayden/

160 http://www.spiegel.de/netzwelt/web/0,1518,580202,00.html vom
26.09.2008.

161 Zit. nach Stephen Coleman / Jay G. Blumler: *The Internet*
and Democratic Citizenship. Theory, Practice and Policy, Cambridge /
New York 2009, S. 8.

162 http://en.wikipedia.org/wiki/Organizing_for_America

163 Stand: 29.09.2010.

164 Zit. nach http://www.wahl.de/politiker/spd/sigmar-gabriel Stand: 01.10.2010.

165 http://twitter.com/kristinakoehler

166 Stand: 15.10.2010.

167 Benjamin Gürkan: »Der dialogorientierte Onlinewahlkampf zur Bundestagswahl 2009« (Masterarbeit), Darmstadt 2010.

168 Ebda., S. 72.

169 http://www.youtube.com/watch?v=ZKQ_1cWKOHk

170 http://www.zeit.de/online/2009/03/spd-internet-wahlkampf?page=1 vom 04.09.2009.

171 http://www.netzpolitik.org/wp-upload/kurzstudie-politik-im-web-2-auflage4.pdf, S. 8.

172 http://www.zeit.de/online/2009/03/spd-internet-wahlkampf?page=1 vom 04.09.2009.

173 Rüdiger Schmidt-Becker/Ansgar Wolsing: »Der Wähler begegnet den Parteien«, in: Karl-Rudolf Korte (Hg.): *Die Bundestagswahl 2009. Analysen der Wahl-, Parteien-, Kommunikations- und Regierungsforschung*, Wiesbaden 2010, S. 48–69.

174 Gürkan, »Onlinewahlkampf«, a. a. O., S. 53.

175 Ebda., S. 8.

176 Ebda., S. 76.

177 http://twitter.com/hubertus_heil/status/898663113

178 http://twitter.com/muentefering

179 http://www.netzpolitik.org/2009/muentefering-ruecktritt-auf-twitter vom 29.09.2009.

180 http://politik-digital.de/politiker-twitter-typen-online-aktivitaet-web2.0 vom 10.08.2010.

181 Stand: 03.10.2010.

182 http://blog.halina-wawzyniak.de/wp-content/uploads/2009/03/redebeitrag-60-jahre-grundgesetz.pdf

183 http://www.hnf.de/Veranstaltungen/Paderborner_Podium/02_Freiheitliche_Demokratie/Vortrag_Prof._Dr._Peter_Glotz.asp vom 07.05.1999.

184 http://vorstand.piratenpartei.de/

185 Neil Postman: *Wir amüsieren uns zu Tode. Urteilsbildung im Zeitalter der Unterhaltungsindustrie*, Frankfurt am Main 1988, S. 25.

186 Ebda., S. 17.

187 Ebda., S. 15.

188 Jürgen Habermas: *Strukturwandel der Öffentlichkeit. Untersuchungen zu einer Kategorie der bürgerlichen Gesellschaft*, Frankfurt am Main 1990, S. 226 ff.

189 Siehe ebda., S. 228 ff.

190 Ebda., S. 250.

191 Postman, *Wir amüsieren uns zu Tode*, a. a. O., S. 133.

192 http://www.bildblog.de/5704/wie-ich-freiherr-von-guttenberg-zu-wilhelm-machte/

193 http://www.taz.de/1/netz/artikel/1/ein-wilhelm-zuviel/vom 11.02.2009.

194 Andrew Keen: *Die Stunde der Stümper. Wie wir im Internet unsere Kultur zerstören*. Aus dem Amerik., München 2008, S. 10.

195 Frank Schirrmacher: *Payback. Warum wir im Informationszeitalter gezwungen sind zu tun, was wir nicht tun wollen, und wie wir die Kontrolle über unser Denken zurückgewinnen*, München 2009, S. 15.

196 http://www.lobbycontrol.de/blog/index.php/2009/05/lobbycontrol-enthullt-verdeckte-pr-aktivitaten-der-deutschen-bahn/

197 http://www.drpr-online.de/upload/downloads_99upl_file/DRPR_Bahn_Berlinpolis_Beschluss_090824.pdf

198 Ebda.

199 http://www.lobbycontrol.de/blog/index.php/2009/07/erneut-verdeckte-meinungsmache-heute-biosprit/ vom 10.07.2009.

200 http://www.ftd.de/meinung/kommentare/:gastkommentar-daniel-dettling-kuenstlicher-konflikt/340648.html vom 09.04.2008.

201 http://www.lobbycontrol.de/blog/index.php/2009/07/erneut-verdeckte-meinungsmache-heute-biosprit/ vom 10.07.2009.

202 http://www.lobbycontrol.de/blog/index.php/2009/08/skandallobbyist-dettling-erhaelt-grossauftrag-von-nrw-ministerium/ vom 11.08.2009.

203 http://www.derwesten.de/nachrichten/wirtschaft-und-finanzen/Teilzeitjobs-schueren-Angst-und-Unsicherheit-id3607234.html vom 25.08.2010.

204 http://www.zukunftspolitik.de/fileadmin/user_upload/100420_Laudatio_Trittin.pdf vom 20.04.2010.

205 http://www.ruhrbarone.de/hat-fpd-europaspitzenkdandidatin-koch-mehrin-falschen-eid-geleistet/ vom 29.05.2009.

206 http://www.faz.net/s/Rub4D092B53EEAA4A45A7708962A9AD06AF/Doc~EAF23FE848FB342629F84718A76687EEC~ATpl~Ecommon~Scontent.html vom 4.6.2009.

207 http://drpr-online.de/upload/downloads_110upl_file/DRPR_
Ruhrbarone%20FDP_Beschluss_100719.pdf vom 19.7.2010.

208 http://techcrunch.com/2009/11/15/president-obama-twitter/

209 http://www.spiegel.de/netzwelt/web/0,1518,650004,00.html vom
18.09.2009.

210 Stand: 27.09.2010.

211 http://venturebeat.com/2009/12/10/facebook-gamers-offered-
virtual-cash-to-oppose-obamas-health-care-reform-bill/ vom 10.12.2009.

212 Siehe zum Folgenden http://www.taz.de/1/netz/netzkultur/
artikel/1/kein-sendeschluss-mehr/ vom 14.04.2010.

213 http://www.tagesschau.de/ausland/facebook120.html vom
24.05.2009.

214 http://www.tagesschau.de/ausland/iran638.html vom 10.07.2009.

215 Name geändert.

216 http://www.faz.net/s/Rub117C535CDF414415BB243B181B8B60AE/
Doc~EC60D9A844BDB4FB0980E1D5030F0A9D3~ATpl~Ecommon~
Scontent.html vom 11.04.2010.

217 http://peace.facebook.com/

218 http://www.businessandmedia.org/articles/2010/20100722112232.
aspx vom 22.07.2010.

219 http://news.bbc.co.uk/2/hi/8563109.stm vom 12.03.2010.

220 *Matrix*, Spielfilm, USA 1999, Regie: Andy und Larry Wachowski.

221 http://www.matrix-architekt.de/matrix-1/transcript-deutsch.txt

222 Axel Henrich / Jörg Wilhelm: »Polizeiliche Ermittlungen in Sozialen
Netzwerken«, in: *Kriminalistik* 1/2010. S. 36.

223 Ebda., S. 32.

224 http://www.bild.de/BILD/news/2010/05/03/gangster-
rapper-ludwigsburg-auf-flucht/jetzt-wurde-er-im-irak-gefasst.html vom
03.05.2010.

225 Siehe http://www.taz.de/1/netz/netzpolitik/artikel/1/moechtest-du-
polizei-als-freund-hinzufuegen/ vom 22.02.2010.

226 http://www.rp-online.de/digitale/internet/Facebook-wird-Betrueger-
zum-Verhaengnis_aid_770211.html vom 14.10.2009.

227 http://www.freitag.de/politik/1032-staatsschutz-auf-facebook-streife
vom 13.08.2010.

228 Pressemitteilung BKA und BITKOM vom 06.09.2010.

229 http://auslandsjournal.zdf.de/ZDFde/inhalt/8/0,1872,8091016,00.
html vom 21. 07.2010.

230 Siehe 14. 01.2009, http://pressetext.de/news/090114016/polizei-nutzt-facebook-zur-einbrecherjagd/Zuletzt überprüft am 01.10.2010.

231 http://www.taz.de/1/netz/netzpolitik/artikel/1/gerichtsbescheid-per-facebook-verschickt/ vom 20.10.2010.

232 http://www.wiwo.de/technik-wissen/dax-konzerne-sperren-facebook-445166/ vom 23.10.2010.

233 http://www.fit.fraunhofer.de/presse/10-10-19.html vom 19.10.2010.

234 http://computer.t-online.de/e-mail-betrueger-erbeuten-6-7-milliarden-euro/id_21573900/index vom 01. 02.2010.

235 http://computer.t-online.de/facebook-betrugsfaelle-auf-facebook-nehmen-weiter-zu/id_42918728/index vom 22. 09.2010.

236 Axel Henrich / Jörg Wilhelm: »Virtuelles Betretungsrecht«, in: *Kriminalistik* 4/2010. S. 218.

237 Ebda.

238 Henrich / Wilhelm, *Polizeiliche Ermittlungen*, a. a. O., S. 32.

239 »Auf der Jagd«, *Berliner Zeitung*, 05.11.2010.

240 »Nichts gelernt«, *Berliner Zeitung*, 23.10.2010.

241 http://www.dradio.de/dlf/sendungen/hintergrundpolitik/1216929/ vom 04. 07.2010.

242 http://diepresse.com/home/techscience/internet/574783/Neue-Filter-sollen-Kinderpornos-auf-Facebook-verhindern?from=gl.home_tech vom 16. 06.2010.

243 http://www.heise.de/newsticker/meldung/MySpace-sperrt-in-den-USA-den-Zugang-fuer-29-000-vorbestrafte-Sexualstraftaeter-155062.html vom 25. 07.2007.

244 http://techcrunch.com/2009/02/03/responding-to-subpoena-myspace-says-90000-sex-offenders-blocked-from-site/vom 03. 02.2009.

245 http://techcrunch.com/2009/02/03/thousands-of-myspace-sex-offender-refugees-found-on-facebook/ vom 03. 02.2009.

246 http://www.zeit.de/politik/deutschland/2010-08/leutheusser-netzsperren-bka vom 21. 08.2010.

247 Siehe O. Decker / M. Weissmann / J. Kies / E. Brähler: *Die Mitte in der Krise – Rechtsextreme Einstellungen in Deutschland 2010*, Berlin: Friedrich-Ebert-Stiftung, 2010, S. 23 und 82.

248 www.hass-im-netz.info/fileadmin/dateien/dokumente/PDFs/Jahresberichte/RE_bericht_2009.pdf, März 2010.

249 http://www.welt.de/politik/deutschland/article7087244/Die-NPD-unterwandert-Facebook-und-StudiVZ.html vom 07.04.2010.

250 http://blog.zeit.de/stoerungsmelder/2010/07/16/%E2%80%9Eihre-verfluchten-kehlen-aufschneiden%E2%80%9C-wie-die-npd-auf-facebook-zum-mord-aufruft_3991

251 http://www.deutsche-stimme.de/ds/?p=3160 vom 09. 04.2010.

252 http://www.bka.de/profil/zentralstellen/zard.html

253 Siehe zum Folgenden: http://www.freitag.de/politik/1032-staatsschutz-auf-facebook-streife vom 13.08.2010.

254 http://www.spiegel.de/spiegel/print/d-70500966.html vom 17.05.2010.

255 http://www.spiegel.de/netzwelt/netzpolitik/0,1518,694558,00.html vom 12.05.2010.

256 12.10.2010. http://www.handelsblatt.com/technologie/it-internet/soziales-netzwerk-facebook-verschiebt-den-kampf-gegen-rechts;2671677. Zuletzt überprüft am 27.10.2010.

257 http://techcrunch.com/2009/06/15/facebook-employees-speak-their-mind-on-holocaust-denial/ vom 15.6.2009.

258 http://juiced.de/blog/hochzeit-auf-youtube-erst-facebook-dann-kuss/3488/ vom 4.12.2009.

259 http://www.youtube.com/watch?v=VSkT5XykJzo: »At my Wedding Twittering and Facebooking at the Altar« vom 22.11.2009.

260 ARD-Talk »hart aber fair« vom 24. 06.2009.

261 Ingeborg Bachmann / Paul Celan / Bertrand Badiou (Hg.): *Herzzeit. Ingeborg Bachmann – Paul Celan, der Briefwechsel; mit den Briefwechseln zwischen Paul Celan und Max Frisch sowie Ingeborg Bachmann und Gisèle Celan-Lestrange*, Frankfurt am Main 2008, S. 42.

262 Auswertung der GFK-Panel Services Deutschland 2010.

263 http://www.spiegel.de/wirtschaft/unternehmen/0,1518,719920,00.html vom 29. 09.2010.

264 Alle Zitate aus: Klaus-Dieter Eichler: *Philosophie der Freundschaft*, Leipzig 1999.

265 Christakis / Fowler: *Connected! a. a. O.*, S. 348 ff.

266 http://www.facebook.com/press/info.php?statistics, 2010.

267 Rod Kommunikations: »Facebookless«, Zürich 2010.

268 Ebda., S. 35.

269 Ebda., S. 47.

270 Ebda., S. 237.

271 Michel Foucault: *Von der Freundschaft*, Berlin 1982, S. 31.

272 http://www.spiegel.de/netzwelt/web/0,1518,671506-3,00.html vom 15. 01.2010.

273 Christakis/Fowler, *Connected!*, a. a. O.

274 Ebda., S. 53.

275 Ebda., S. 33 ff.

276 http://www.zeit.de/karriere/bewerbung/2010-10/soziale-netzwerke vom 27.10.2010.

277 Ebda.

278 Siehe zum Folgenden Christakis/Fowler, *Connected!*, a. a. O., S. 46 ff.

279 Ebda., S. 366.

280 Siehe zum Folgenden: Jeff Hawkins: *Die Zukunft der Intelligenz*, Hamburg 2006, S. 7 und 23 f.

281 http://www.zeit.de/2006/29/T-Intelligenz vom 13.07.2006.

282 http://www.mpi-inf.mpg.de/yago-naga/yago/

283 http://www.mprize.org/index.php?pagename= newsdetaildisplay&ID= Methusalem-Foundation, Mitteilung vom 18.09.2006.

284 http://singinst.org/aboutus/advisors,

285 http://singinst.org/overview/whatisthesingularity

286 http://www.youtube.com/watch?v=HOB7nezuQ7g

287 http://www.guardian.co.uk/technology/2008/jan/14/facebook

288 http://money.cnn.com/2007/11/13/magazines/fortune/paypal_mafia.fortune/index2.htm v. 26.November (2007).

289 http://d8.allthingsd.com/20100602/d8-video-facebook-ceo-mark-zuckerberg-on-privacy/ vom 02.06.2010.

290 Kirkpatrick, *The Facebook-Effect, a. a. O.*, S. 203.

291 Christakis / Fowler, *Connected!*, a. a. O., S. 43.

292 Cory Doktorow: *Little Brother*, Reinbek bei Hamburg 2010.

Register